21世纪新闻传播学核心教材

U1019794

广播电视新闻评论

[第二版]

■ 王振业 李舒 著

中国传媒大学出版社

目 录

第一章　新闻评论及其体裁特征

广播新闻评论（以下简称“广播评论”）和电视新闻评论（以下简称“电视评论”），是新闻评论这种新闻体裁或话语形式，同广播、电视这两种分别形诸声音、音像的传播媒介相互结合的产物。这意味着无论广播评论还是电视评论，都需要既具备新闻评论的基本特征，又适应广播、电视的传播方式；弱化其中任何一方面，都可能沦于名不副实的境地。但是，新闻评论这种新闻体裁，毕竟是发端于印刷媒介——近、现代报刊的文章形式，已经在长期的发育过程中形成相当成熟的基本规范，并在事实上对后起的广播、电视媒介运用这种体裁构成了某种“约束”。况且，媒介和体裁虽然都是传播信息的载体，但媒介属于依托于一定的物质、技术条件的“硬载体”，而体裁或话语形式则是由不同表意符号按一定的表达规律组成的“软载体”；两相比较，在既有体裁与不同媒介结合过程中，体裁无疑是更加活跃、更具可塑性的因素。因此，为了从广播、电视媒介的传播特点出发，更好地掌握和运用新闻评论体裁，有必要首先从整体上把握这种体裁或话语形式的基本特征、基本要求。这里拟分两章对新闻评论体裁作些超越媒介界限的概括性阐述，本章讲体裁的基本特征，下章讲体裁的要素和常用形式。

第一节　新闻评论的界说

怎样看待新闻评论这种体裁？人们对待新闻评论的观念，如同对待新闻的观念一样，总是随着新闻事业和新闻工作的发展而变化的。许多曾经反映当时评论实践的成说，已经成为历史的陈迹，不能说明当代的评论现象。那么，究竟应当怎样看待这种体裁呢？

新闻评论究竟是什么？

对于这个问题，几乎每出现一本新的有关著作，就增加了一种新的说法。许多说法并存，是新闻体裁研究中的一种普遍的现象。它一方面说明新闻领域富于活力，新的实践不断改变、丰富、完善着既有的体裁，要求体裁研究给予新的概括和解释；另一方面反映了研究者力图突破既有成说，有所发现、有所创造。对于“新闻评论究竟是什么”的界说也可以这样看：这种众说纷纭的现象，虽然不免是非之争、当否之别，但总的说来不仅是正常的，而且是可喜的。

相对地说，新闻评论是现代新闻体裁中的一种比较年轻、仍然处于发育阶段的文章形式。尽管如此，在考察、界定这种体裁时，仍然必须坚持历史的、实践的、发展的观点，才能确切地说明它的过去、现在和将来，促使体裁朝着健康的方向发展。当代的新闻评论既非“天外来客”，也非“舶来品”，而是深深植根于民族的源远流长的论说文、政论文的传统之中。它虽然曾经是报刊体裁，但随着通讯社、广播、电视、互联网陆续出现，已经发展成为包括多个成员的“体裁家族”；各种媒介的评论正在适应媒介各自的传播方式和传播特点的过程中，不断发展、完善着自己的个性特征。这是新闻评论史上的一项重要发展，不仅意味着体裁运用范围的扩大，而且赋予体裁以巨大的活力，促使它不断发展变化。因此，当代新闻评论已经不仅是报刊体裁，而是各种新闻媒介的共用体裁；已经不仅是或不完全是一种文体，而是一种多符号的话语形式，如广播评论运用包括有声语言（言语）和其他音响的声音符号，电视评论则兼用声音和图像符号，而互联网络中的评论则正在向文字、音、像诸符号兼用的方向迅速发展（虽然目前仍主要形诸文字）。这种发展、变化迄今仍在继续着，不仅后起媒介的评论在继续充实和完善自己的个性特征，而且报刊评论也在探索自己新的表现形式和方法。新闻评论“家族”的未来将呈现怎样的格局，虽然仍难以确切描绘，但适应受众和媒介的需求、朝内容和形式多样化的方向发展，将是不可抑制的趋势。

在这种情况下，试图赋予新闻评论一个颠扑不破的定义或界说的任何努力，恐怕都将是徒劳的。有鉴于此，这里探讨新闻评论的界说，目的只限于明确这种体裁区别于其他新闻体裁的界限，概括地说明它存在和发展的客观必然性。服从于这个有限的目的，在界定的过程中主要把握以下三点：(1)始终把新闻评论作为新闻体裁或话语形式来考察；(2)着重揭示它之所以是“这种体裁”的基本特征；(3)客观地考察它与当代新闻媒介和受众的关系。据此，这一界说大致概括为：

> 新闻评论是当代各种新闻媒介普遍运用、形诸各自表意符号、面向广大受众的政论性新闻体裁。

这个概括旨在揭示体裁的基本特征——新闻性和政论性，以及体裁存在、发展的基本条件，包括适应媒介、受众的需求和媒介各自的符号系统。

新闻评论存在和发展的条件

新闻媒介是新闻评论的物质依托，媒介的需要是这种体裁存在和发展的基本条件之一。邓拓曾从政治上强调社论对于报纸的重要性，他说："社论是表明报纸的政治面目的旗帜，报纸必须有了社论才具有完全的政治价值。"①他说的虽然是政党机关报的评论，而且侧重于政治价值，但反映了他所处时代的评论实践，包含着值得重视的"合理内核"。当代新闻媒介的种类、性质多样了，视野拓宽了，竞争激烈了，价值取向、营运机制也有所不同。尽管如此，但实践却又证明，不仅政党机关报，也不仅报纸，而且包括广播、电视、互联网在内的所有新闻媒介，都只有善于运用新闻评论，才能更有效地履行传播新闻和反映、影响、引导社会舆论的使命，更好地满足社会日益增长的信息需求，增强自己的竞争力，实现预期的社会效益和经济效益。

从信息论的角度看，情况也是如此。信息论认为，信息一旦与人、与具体内容联系起来，就具有不同的层次，其中包括反映事物运动状态的语法信息、揭示事物状态内在含义的语义信息，以及阐明事物状态的价值、效用的语用信息。② 在社会信息方面，由于它同人们的活动和利害得失有着直接关系，人们对语义、语用信息的需求，实际上是与语法信息成正比的。换句话说，现实社

① 邓拓：《关于报纸的社论》，《邓拓文集》第1卷，北京出版社1986年版，第308页。
② 《迎接新的技术革命》，湖南科技出版社1984年版，第219页。

会生活中的新事物、新情况、新问题越多，人们就越需要了解它们的意义、影响以及如何恰当对待等等，也就越渴求语义、语用信息。而新闻体裁各有擅长，消息、通讯等新闻报道体裁擅于描摹事物，长于提供语法信息；新闻评论擅于阐释事物的本质、意义、影响，在提供语义、语用信息方面具有其他任何体裁难以取代的优势。只要把新闻体裁与信息层次、信息形态联系起来，就不难理解新闻媒介为什么非有新闻评论不可，新闻评论为什么必然随着社会信息的增多而日益成为各种新闻媒介不可或缺的语义、语用信息载体。从这个意义上说，当代新闻媒介，无论是报纸、通讯社还是广播、电视、互联网，如果不善于运用新闻评论，不精心组织、撰写新闻评论或制作评论性节目，就难以满足社会对于语义、语用信息的需求；如果不能适时地回答受众诸如“是什么、为什么、如何对待”之类的疑难，也就难以跻身于当代新闻媒介之林。

新闻媒介需要的背后，其实是社会或受众的需要。社会越是向前发展，各个领域的发展变化就越迅速，社会生活也越加色彩缤纷、错综复杂；面对不断产生的种种新现象、新问题，人们非但需要掌握情况，也需要了解有关的看法和见解，以决定自己的态度和行为。尤其在社会变革时期，人们对于后者的需求更是分外迫切。如果说社会或受众的需求是新闻评论存在和发展的土壤，那么新闻评论如何满足这种需求，就不仅关系着体裁自身，而且关系着媒介的生死存亡了。《人民日报》作为党中央的机关报，正是以它的一系列社论、评论员文章和其他评论，传达和阐述中央的重大决策、部署和方针、政策，发挥着重要的舆论作用。中央人民广播电台（以下简称“中广”）的《新闻纵横》、中央电视台（以下简称“央视”）的《焦点访谈》等评论性节目长期保持较高的收听、收视率，也无可辩驳地说明广大听众和观众需要代表社会健康舆论的声音。总之，新闻媒介的需要、受众的需要，归根到底是受众的需要，赋予新闻评论以旺盛的生命力和巨大的发展动力。

媒介的符号系统对于新闻评论的存在和发展具有双重意义。是否善于按新闻评论的表达规律调动符号系统的表意功能，既是它区别于新闻叙事体裁的主要标志，也是不同媒介新闻评论适应各自的传播方式、形成和完善各自特征的基本条件。关于这个问题，将在第三章结合广播、电视评论个性特征作进一步阐述。

诸说并存将是长期现象

对于既有的其他界说，究竟怎么看待呢？

从接触到的有关见解看，除个别反映基本新闻观的分歧外，多数缘于定义的着眼点有所不同。比如，有的把新闻评论放在广义的媒介论说的范围内考察，突出它的新闻性、政治性、群众性特点，借以强调它与文艺评论、体育评论的区别；①有的则把它看作新闻体裁的一种，试图通过强调"发表意见，阐明观点"，把它同消息、通讯一类新闻体裁区别开来；②有的则仍然把它视为报刊体裁，认为新闻评论"是报纸上一种对最新发生的新闻提出一定看法和意见的文章"，虽然在阐述中又指出它"是所有新闻传播工具的各种形式评论的总称"③等等。这些不同的见解，固然可以分长短、论得失，其实并没有原则性分歧，不一定相互排斥，其中不少甚至是可以相互补充的。

即使反映基本新闻观分歧的看法，也不见得没有合理的内

---

① 范荣康：《新闻评论学》，人民日报出版社 1988 年版，第 5 页。
② 徐占崑：《新闻写作基础与创新》，新华出版社 1984 年版，第 8 章。
③ 丁法章：《新闻评论学》，复旦大学出版社 1985 年版，第 14 页。

核。如有人认为，“新闻评论是藉新闻传播工具而作的新闻性、权威性、公益性的意见论述”①。其中的“权威性”、“公益性”，显然带有超立场、超意识形态的烙印。但作者力图反映新闻评论发展的新态势的努力，如以“藉新闻传播工具”强调它的共用性，以“意见论述”代替“体裁”也许在于暗示表现符号的多样性，未尝不可以说包含着值得吸取的合理内核。

所以，诸说并存将是一种长期现象。面对种种看法，采取扬长补短的态度，也许更有利于深化和完善对于新闻评论的基本认识，有利于体裁的健康发育和论坛的繁荣。

思考题：

1. 新闻评论是什么？如何看待关于新闻评论的不同见解？
2. 说说你对新闻评论存在和发展条件的理解。
3. 比较分析新闻评论不同定义的得失。

第二节　新闻评论的新闻性

新闻评论作为新闻体裁，具有某些与消息、通讯等体裁一样的基本属性，这些属性人们统称为新闻性。但是，新闻性这一新闻体裁的共同属性，一旦与特定体裁联系起来，却又有各自不同的具体内涵。比如消息、通讯的新闻性，除了都注重事实的新闻价值以外，消息视时效为生命，通讯则更讲究寓时效于新闻根据之中。那么，新闻评论的新闻性，究竟有哪些具体内涵呢？概括

① 林大椿：《新闻评论学》第一章。

地说，就是强烈的时效性、评论对象的特定性和直接的针对性三者的统一。

强烈的时效性

新闻评论同消息、通讯一样重视时效性，但着眼点有所不同。时效性有两个既有联系又有区别的侧面：一为时间，讲究尽可能缩短新闻作品与所反映的新闻事实之间的时间差，以最快的速度反映客观实际的发展变化；一为时机，即强调因时应势，增强对宏观实际的影响，而不单纯争一时之快慢。时效性的这两个侧面，一则注重绝对时间，一则讲究相对时间，二者之间存在着对立统一的辩证关系。

新闻评论，对时间的要求有时几乎与新闻报道一样强烈。特别是那些因特定新闻事件而发的评论，赢得时间往往意味着赢得主动权，赢得先声夺人的优势。而忽视时间因素，则可能使评论成为“马后炮”，削弱以至于完全丧失存在价值。中国国际广播电台的新闻分析《美国决定退出教科文组织说明了什么？》[①]就是藉时间因素获得较好播出效果的一例。美国于 1983 年 12 月 28 日作出“退出”决定，国际台在 12 月 30 日播发了这篇新闻分析；它以提供背景材料的方式揭露美国退出的真正原因，指出美国决定的霸权主义实质，及时地道出了第三世界国家的共同心声。由于走在国际舆论之前，引起了国际社会的广泛注意。又如 1999 年当地时间 5 月 7 日午夜，以美国为首的北约轰炸我国驻南斯拉夫大使馆，《人民日报》于 9 日发表了题为《强烈谴责美国为首的北

---

① 中国国际广播电台 1983 年 12 月 30 日播出，全文见《新闻评论作品选》，中国广播电视出版社 2007 年版，第 112—113 页。

约的血腥罪行》的评论员文章，明确指出：

> 众所周知，驻外使领馆是一个国家主权的象征，受国际法的保护。北约袭击我国使馆是对我国主权的野蛮侵犯，是对维也纳外交关系公约和国际关系基本准则的粗暴践踏，不能不激起全世界爱好和平国家的强烈反对，不能不激起中国政府和人民的强烈抗议。
>
> 事件发生后，以美国为首的北约辩解说，它“并非有意对准中国大使馆”。但是，巧舌诡辩掩盖不了血的事实。3颗导弹从不同角度袭击中国大使馆，完全暴露了侵略者的罪恶用心。这是北约对中国人民欠下的一笔血债。以美国为首的北约必须对此承担全部责任。中国政府已经声明，保留采取进一步措施的权利。①

扣除时差和报纸的出版周期，实际上于第一时间为事件定性，显然具有正国际视听的舆论效果。可见时间之于评论，有时就像鸟儿的翅膀一样：赢得时间，等于给评论的见解、观点添翼，就可以扩大舆论影响；反之，则如鸟折翼，那就未必能起什么作用了。所以，旧中国的报纸主笔有所谓“看了大样写评论”的“口头禅”，现在西方的事件性评论也大都紧随新闻报道。

不过，与时间相比较，时机无疑是影响评论社会效果更为经常也更为重要的因素。时机作为与绝对时间相对应的概念，在这里主要指事物发展、变化的关键阶段，社会脉搏跳动变速的时候，人们注意力重心转移的时刻……总之是广大受众最需要评论为其解疑释惑的时候。在这种时候及时发表评论，正确而中肯地阐

---

① 后经核实，美国飞机共发射4颗导弹，其中一颗没有爆炸。

述对于有关事物的看法，往往可以收到入耳入脑，乃至直接影响人们的思想和言行，转化为相应的物质力量效果。反之，如果忽视时机，评论发早了，人们还没有意识到它的重要性，再正确的见解也可能被当成“耳旁风”；发晚了，时过境迁，则难免沦为“事后诸葛亮”。在新闻评论实践中，经常可以看到有的评论社会效应显著，有的则如石沉大海。个中原因虽然是多方面的，但都有个是否应势适时，或与社会舆论注意重心是否吻合的问题。就说《人民日报》的社论《保护耕地，刻不容缓》吧。这篇继《保护耕地》①的评论员文章之后、阐述国务院有关通知精神的社论尖锐指出：

> 但是，我们必须清醒地看到，我国耕地保护的形势依然十分严峻。过去我们常说中国地大物博，但从现实看，由于人口众多，按人均计算，我国“地”不能算“大”，“物”也不能称“博”。我国耕地人均数量不及世界人均耕地的一半；耕地质量总体水平低，大部分耕地分布在山地、丘陵、高原地区、干旱与半干旱地区，相当一部分耕地退化严重。由于农业结构调整和灾害损毁，每年都要减少相当数量的耕地。经济发展中有些建设项目还不可避免地要占用耕地，为了水土保持和改善环境，一部分耕地还要逐步还林还牧。从另一方面讲，今后我国人口还要增加，如不采取正确有力的措施，就会造成人增地减失衡趋势的发展。中国只能依靠自己的耕地来满足全国人民对粮食的需求，保护耕地就是保护我们的生命线。解决不好保护耕地和占用耕地的矛盾，就会给中国现代

① 1995年2月8日《人民日报》，这是《论全面提高我国农业综合生产能力》的6篇系列评论之一。

化事业和中华民族的未来发展，造成严重的威胁。①

在经历了“开发区热”的困扰之后、面对着关于耕地的种种奇谈怪论的人们，读了这篇社论恐怕都会感受到其中的振聋发聩的力量。2005年7月6日《人民日报》发表的社论《加快建设节约型社会》引起广泛重视，除了一系列反映资源短缺、利用率低的数据本身的雄辩说服力外，也在很大程度上得益于准确把握了时机，即人们日益真切地感受到资源利用与经济发展、社会生活密切关系的时候。

注重时机，强调审时度势、“言当其时”，这是中国传统政论一脉相承的优良传统。早在战国初期，墨子就指出：“多言何益？唯其言之时也。”②司马迁曾经比较晁错和主父偃关于以“推恩”的方式削弱诸侯实力、改变“尾大不掉”局面的类似建议，指出二者成败的症结所在：

汉兴，孝文施大德，天下怀安。至孝景，不复忧异姓，而晁错刻削诸侯，遂使七国俱起，合从而西向，以诸侯太盛，而错为之不以渐也。及主父偃言之，而诸侯以弱，卒以安。安危之机，岂不以谋哉？③

在司马迁看来，他们一成一败，关键不在于建议本身，而在于时机。宋代哲学家杨时，更加直截了当地强调“言当其时”的原则。他在《言默戒》中以鸡鸣设譬说：

邻之人有鸡夜鸣，恶其不祥，烹之。越数日，一鸡旦而不

---

① 1997年5月19日《人民日报》社论。

② 这段引自《墨子间诂》，全文为：“子禽问曰：‘多言有益乎？’墨子曰：‘虾蟆蛙黾，日夜而鸣，舌干擗，然而不听。今鹤鸡时夜而鸣，天下振动。多言何益？唯其言之时也。’”

③ 《史记·孝景本纪》，引文中的“合从”读为“合纵”。

> 鸣,又烹之。……或夜鸣,鸣之非其时也;旦而不鸣,不鸣非其时也,则自为不祥而取烹也,人何与焉?若夫时然后鸣,则人将赖汝以时夜,孰从而烹之乎?

然后指出:

> 人之言默,何以异此。未可言而言,与可言而不言,皆足取祸也。①

新闻评论重视时机甚于重视时间,可以说是对于传统政论这一优良传统的自觉继承和发扬,从而在时效性方面形成了不同于新闻报道的侧重点。

评论对象的特定性

任何一篇新闻评论都有自己的评论对象。虽然它们的评论对象千差万别,各有各的表现形态,但都毫无例外地存在于当前的客观现实之中,而且都与一定的时间、地点、条件不可分割地联系在一起。换句话说,作为评论对象的事物,不论是新闻事件还是社会现象、社会问题,是一人一事的典型事例还是诸如思想、行为倾向一类的概括性事实,都是在现在这一时间、地点、条件下存在的"这一个"客观事物,即此时、此地、此条件下的此事(此人、此物、此现象、此问题等等)。这就是所谓评论对象的特定性。

对于新闻评论来说,明确并自觉体现评论对象的特定性,是

---

① 宋·杨时:《龟山集》卷27,全文如下:"邻之人有鸡夜鸣,恶其不祥,烹之。越数日,一鸡旦而不鸣,又烹之。已而谓予曰:'吾家之鸡,或夜鸣,或旦而不鸣,其不祥奈何?'予告之曰:'夫鸡乌能为不祥于人欤!其自为不祥而已。或夜鸣,鸣之非其时也;旦而不鸣,不鸣非其时也,则自为不祥而取烹也,人何与焉!若夫时然后鸣,则人将赖汝以时夜也,孰从而烹之乎?!'又思曰:'人之言默,何以异此?未可言而言,与可言而不言,实足取祸也!'故书之以为《言默戒》。"

坚持具体问题具体分析的基本前提，也是深入事物内里、中肯揭示事物本质的保证。如果说客观事物的现象与本质是统一的，那么这种统一是以具体的时间、地点、条件为转移的。当时间、地点和条件有所不同或发生变化时，同类现象就可能意味着不同的本质，同一本质也可能表现为不同的现象。因此，观察分析任何事物，都只有把它与时间、地点和条件紧密联系起来，才能真正把握事物的现象和本质之间的必然联系，也才能准确、中肯地揭示事物的本质。如果无视时间、地点和条件的特殊性，那就如同把千变万化的事物活生生地放在一成不变的模子里“模压”，其结果不是为表面现象所迷惑，就是不着边际地泛泛而论，总之都难以作切合实际的具体分析，当然也难以洞察事物的本质。且看下面这个例子：

1986年12月，有家报纸发表了一篇题为《真假王蒙》的文章，说有人冒充王蒙，写信给《钟山》杂志，推荐一篇署名“不一”的小说。文章断言：“这是行骗，这是侮辱，这是要弄，这是犯罪，王蒙要是起诉，谁也无权阻拦。”一周后，林放也在《新民晚报》“未晚谈”专栏上发表了同样题目的短论，摘录其中三段于下：

> 王蒙同志是知名作家，如今又是主管文化的部长。冒名者的动机是很清楚的，骂他一声“实在可恶”，当然没有骂错。
>
> 不过，假如我是王蒙部长，我以为对于这类不择手段，渴望脱颖而出的冒名者，也可以用另一种比较潇洒一点的态度来“处理”之。……
>
> 那么，对于这个假王蒙应当怎样对待呢？我以为不妨把那篇小说拿来读一读，如果确实写得好，就写一封真正的推荐信帮它发表。如果是不够水平的，也可以指点他，劝他以

后不必冒名。我相信,王蒙部长的幽默感足以用这种洒脱的方式对待假王蒙,总不至于真的闹到法庭去的。[①]

一件事实,两种见解,略加比较,当不难发现其中的究竟。前者虽然不能说无理,但不切实际,于事无补,也难以让读者(不是当事人)心悦诚服;后者并不一味斥责冒名者,但对他却有不容置若罔闻的震撼力,而对于读者则不无启发思考和联想的作用。这种境界的差别,其根源不正在于前者孤立地就事论事,而后者则把事情置于当前的社会背景下分析吗?如果设想林放在琢磨这个问题时,他脑海里不时闪现着出版界存在的诸如"关系稿"、"认人不认文"的不正之风,也许不至于武断吧。

就是阐述社会问题、社会现象的评论,它的评论对象虽然多为具有普遍性的事实,也只有同特定时间、地点、条件联系起来,才能作剀切的分析、中肯的议论。比如 80 年代出现了大量论述农村致富之路的评论,有的提倡"小本经营",有的鼓励规模经营,有的引导农民广辟经营门路,有的大声疾呼不要放松粮食生产……这些乍看似乎不无矛盾的主张,其实恰恰是农村经济发展的不平衡性和经济结构的多样性的必然反映,因此都可以说各得其宜,抓住了当地的倾向性问题。又如在鞭笞官僚主义这种社会现象的许多评论中,为什么《人民日报》和《瞭望》的两篇呼吁严惩官僚主义的评论员文章[②],给人留下特别深刻的印象?究其原因,恐怕就在于它们把这一社会痼疾同具体的事实结合起来,置于特定的时间、地点和条件下分析,从而作出振聋发聩的论断:官僚主

---

① 全文见《新闻评论作品选》第 89—90 页。

② 1987 年 8 月 8 日《人民日报》评论员文章《反对官僚主义要坚决》;《瞭望》1986 年第 9 期评论员文章《惩办官僚主义》。

义者的渎职行为对于国家和人民利益的损害，有时甚于特大贪污犯、盗窃犯；他们决非情有可原，而是罪不可恕。而另外有些评论虽然也在抨击官僚主义，却由于不加分析地一律视为思想作风问题，结果不仅搔不到痒处，有的甚至成为姑息犯罪行为的口实。可见，即使评论对象本身具有普遍性，一旦脱离具体的时间、地点和条件，也难以作切合实际的分析，更不说引出具有普遍意义的规律性结论了。

正因为这样，所以明确新闻评论新闻性的这一内涵，坚持评论对象的特定性，是新闻评论中肯分析事物的重要保证。

直接的针对性

"文章合为时而著。"①从这个意义上说，所有有价值的文章，都以这样那样的方式服务于客观社会现实，都不无针对性。新闻评论不同于其他文章之处，在于：(1)它肩负着引导社会舆论、指导社会实践的使命，以随时分析社会普遍关注的事物、提供切合实际的见解为己任；(2)它的注意重点总是集中在当前的社会现实，尤其是那些关系全局、亟待解决或急需唤起人们注意的问题上；(3)它无论采取哪种论述方式，都以便于受众理解和接受、有利于促进事物向预期的目标转化或发展为目的，力求收到"举一反三"的社会效果。所以，作为新闻评论新闻性内涵之一的直接针对性，主要强调的是"直接"，直接针对宏观实际、针对社会关注焦点、针对受众的疑难，而不像一般论说文、政论文的针对性那么宽泛。

直接的针对性与评论对象的特定性，就像一枚硬币的两面，互相之间既有联系、也有区别。它们都是新闻性的内涵，都是新

① 唐·白居易：《与元九书》："文章合为时而著，歌诗合为事而作。"

闻评论的“的”，而且都以客观实际为基础。但是，评论对象不论大小、轻重，是典型事例还是概括性事实，在性质上都属于“这一个”，即特定时间、地点、条件下的具体事物，都是评论的分析对象和论述的出发点；而直接针对性所针对的则是“这一类”及与之相关的事物，属于宏观实际的范围，是评论分析、论述的落脚点或预期目标。当然，这种区别只是相对而言，其间并不存在绝对的界限，有时还可以相互转化。比如社会问题、社会现象，在这一评论中是评论对象，在另一评论中则可能成为它所针对的“这一类”。所以，评论对象的特定性与直接针对性之间的这种关系，实际上是具体事物与宏观实际之间的辩证关系在评论领域的反映。明确这种关系，有利于加深对直接针对性的理解，正确认识和处理评论实践中经常面临的评论什么、如何评论之类的问题。

一篇评论究竟评论什么，并不是作者拍拍脑袋就能确定的。现实社会生活千变万化，每日每时都有新事物、新情况、新问题出现，新闻评论不可能，也没有必要都予以评论。究竟评论什么，固然要掂量具体事物本身的蕴含及其社会意义，同时也要考虑宏观实际需要，社会公众的关注重点；这一掂量、考虑的过程，实际上就是把具体事物放在宏观实际中权衡的过程，也是新闻性这两个内涵互为作用的过程。至于二者孰先孰后、孰主孰从，则因具体情况而异。有的评论——如《评朱毓芬之死》[①]——通过对一名富于作为的工程师、副厂长服毒自杀事例的分析，引出“肃清‘左’的影响，仍然是当务之急”的结论，这无疑以评论对象的自身价值为主要依据；有的评论——如《说“雅好”》[②]——则主要考虑宏观实

① 1983年4月13日《人民日报》评论文章，全文见《新闻评论作品选》第58—59页。
② 全文见本书末附录。

际的需要，针对性居于主导地位。在评论实践中，还常有这样的现象：有些事情本身意义重大，却没有相应的评论；有的本身未必那么引人注目，却为评论所青睐。这种现象除了属于判断失误的以外，多数是基于宏观实际的需要，也就是以针对性调整评论对象的结果。

具体事物多为多面体。尤其是作为评论对象的具体事物，往往有各种各样的蕴含。因此，面对某一特定评论对象，究竟如何评论，重点突出什么、强调什么，往往需要与宏观实际联系起来，才能作出恰当的抉择。一般的说，新闻评论在分析、论述特定事物时，总是根据宏观实际的需要选择突破口，确定分析、论述的重点，力求切中要害、触动绷得最紧的那根社会神经。且举一例：安徽省利辛县公安局长因为妻子、母亲筹集巨额医疗费，不仅卖掉了房子，而且举债 30 多万元，省公安厅领导在了解这一情况后，特别为他申请了 2 万元的困难补助金。① 这件事经媒体报道后，引起不少网民的质疑；不少报刊、网站纷纷针对这些质疑发表评论，从不同角度分析个中原因；“人民网”则提出四个“关注点”，引导网民讨论。② 在这些媒介评论中，《检察日报》的一则署名评论《“腐败定论”比腐败更可怕》③，特别引人注目，为境内外不少媒介转载。它所以受到其他媒介和众多受众的青睐，看来得益于作者

---

① 2005 年 8 月 14 日《新安晚报》发表了访问这位县公安局长的长篇报道，但隐匿县名和局长名字；“安徽公安厅网”在报道省政法委特批给予 2 万元困难补助的新闻中，明确指明他就是利辛县公安局局长于国庆。

② 这四个“关注点”为：1. 现实中为何罕有官员生活贫困？ 2. 对公安局长贫困表示怀疑，与众多贪官高明“作秀”有关；3. 为官清廉本身是不需要任何理由的；4.“官员不得贫困”是一个可怕的逻辑。（“人民网”2005 年 8 月 15 日“评论靶子”栏：《“有权有势”的局长贫困为何引起热议？》）

③ 全文见本书末附录。

从一个更宏观、更深远的角度分析有关问题，在一定程度上接触到社会意识的症结，提供了颇能发人深思的见解。可见，如果只注意评论对象本身而忽视所针对的宏观实际，就可能因就事论事、面面俱到而削弱评论的舆论作用；反之，则可能导致生拉硬扯、牵强附会之类的偏向，同样会影响评论的社会效果。

新闻性的意义

上述新闻性的三项内涵，可以概括为一句话，即：根据宏观实际的需要，就具有典型意义的新闻事件、社会问题或社会现象，迅速及时地阐述中肯的见解，影响、引导社会舆论朝预期的方向发展。在日常工作中，常有人把时效性与新闻性等同起来，其实这是以偏概全的片面认识。从时间是一切事物的存在形式的意义上说，时效性固然是新闻性的重要内涵，但它只是评论的存在形式，是新闻性的“表”；而特定评论对象和直接针对性则关系着评论的内容，属于新闻性的“里”。只有三者紧密结合、表里谐调一致，新闻性才能成为新闻评论的鲜明体裁特征。如果稍微分离或稍有偏废，那就可能削弱这一特征，影响评论的社会效果。

新闻性这一体裁特征的意义，主要表现在两方面：

(1)新闻性是新闻评论选择、处理内容的基本依据，主要是经由评论对象的特定性和直接针对性体现的，前面已有所阐述，就不再累赘了。

(2)新闻性是新闻评论区别于一般政论文的分水岭。从文体的角度说，新闻评论隶属于政论文、论说文范畴，它们的关系就像大、中、小三个同心叠压圈：小圈代表新闻评论，中圈、大圈分别代表政论文和论说文。它们之间的关系如下图：

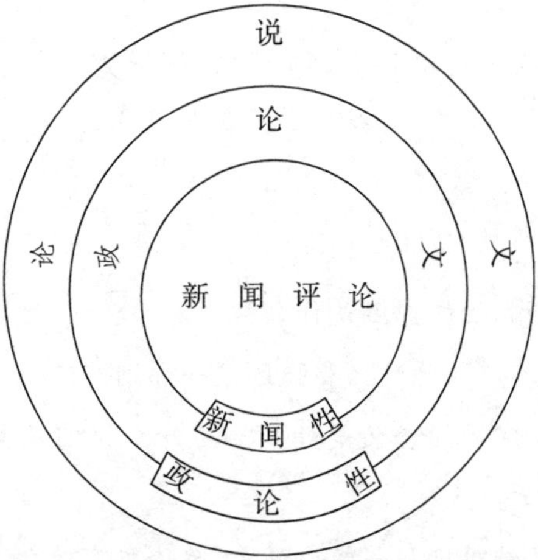

上图表明，新闻评论属于政论文范畴，但又不同于一般政论文；它们之间的区别，主要在于是否具有新闻性。一般政论文也讲究“合为时而著”，但时效要求不像新闻评论那么强烈；也要求联系实际、为现实服务，但不一定非有特定的评论对象不可，一般也不要求直接针对某一亟待解决的问题，有时甚至有意识地与当前社会现实保持某种距离。而政论性则是政论文区别于一般论说文的基本界限。

由于新闻性这一基本特征，新闻评论同时也成为文章中的“易碎品”。它的存在价值，它的社会作用，取决于它与现实社会生活联系的紧密程度。一般政论文与现实之间通常保持一定的距离，不像新闻评论那样专注于时事，而较多注意事物的历史影响，因此也具有较长的生命力。人们常常可以看到重新发表的政论作品，却难得看到重新发表的新闻评论，原因也许就在这里。当然，说新闻评论是“易碎品”，绝非贬低它的现实意义和长期影响，而是强调不可错过评论时机，不可脱离当前实际。新闻评论的生命力，恰恰寓于"易碎"或"速朽"之中。正如恩格斯所说的："我写作不是为了永世长存，相反的，我所关心的是直接的当前现实。"①

思考题：

1. 新闻评论新闻性的内涵是什么？
2. 试释"言当其时"，为什么要强调这一原则？
3. 评论对象特定性的含义是什么？为什么说它是具体分析事物的前提？
4. 新闻评论的针对性与一般论说文、政论文有什么不同？

第三节　新闻评论的政论性

上面从新闻体裁的角度分析了新闻评论的基本特征——新闻性，换个角度，即把它当作论说文、政论文中的一种体裁看，又可以发现它还具有另外一些重要特点。这些特点是其他新闻体裁，如消息、通讯所没有的，却为一切政论文所共有，所以统称之为政论性。这是新闻评论的又一基本体裁特征，是与新闻性并存而且并重的特征。

政论性的基础

从文体的角度说，新闻评论属于论说文、政论文的范畴，它的政论性特征分别概括了二者的基本特点，其中主要有：(1)明确阐述对于事物——论说对象的看法；(2)以说理为主要手段；(3)着

① 《马克思恩格斯全集》第 28 卷，人民出版社 1972 年版，第 532 页。

重从思想、政治或伦理的角度分析论述有关问题。前两项是包括政论文在内的所有论说文共有的特点，后一项则是一切政论文包括新闻评论的基本属性之一。综合起来，新闻评论的政论性，就是着重从思想、政治或伦理的角度阐明对于所论述的事物的看法。

现代论说文，融合了古代的“论”和“说”，是一个很宽泛的文体概念。刘勰在《文心雕龙·论说》中指出：

> 原夫论之为体，所以辨正然否。[①] 穷于有数，追（一作“究”）于无形；[②]迹（一作“钻”）坚求通，钩深取极。[③] 乃百虑之筌蹄，万事之权衡也。[④]

这里所说的“辨正然否”，包括阐明事物的本质或问题的实质，揭示其发生、发展规律，以及明辨其中的是非、正误、真伪、善恶、美丑等等。那么怎样阐明、揭示、明辨呢？刘勰在讲到“论”时，指出两种基本方法：“穷于有数，追于无形；迹坚求通，钩深取极”。前一种可以理解为通过对具体事物（有数）的透彻分析，引出规律性

---

① 原，考察、探究；所以，所、乃是，以、用来；辨正，分析判断；然否，含义广泛的对应词组，如是与非、肯定与否定、正确与错误、真与假、善与恶、美与丑等等。

② 穷，尽、尽可能；有数，具体、有形、处于特定环境下的特定事物或见解、主张；追，追求、求得；无形，抽象的认识。这两句意为：通过对客观存在的事物（包括已发表的见解、主张）的透彻分析，形成抽象的、具有普遍意义的理性认识。这两句具有方法论意义，它概括了获得、传递真知灼见的规律性认识的思维方法和表达方法。

③ 迹，跟踪；坚，坚固，转意为难点、重点。“迹坚求通”即紧紧抓住难点、重点求得通达的理解。钩深，语出《周易·系辞》“钩深致远”，注疏说：“物在深处，能钩取之”，这里意为探求事物的内里或深层意义；极，终点，“取极”即获取最终的认识、理解或见解、结论。这两句概括另一种思维和表达方法，与前一种方法互为补充，当可以收到相得益彰的认识和传递效果。

④ 筌，捕鱼的竹篓，蹄，捕野兔的夹子，“筌蹄”指获取某物、达到某种目的工具、手段、方法、途径；权，秤锤，衡，秤杆，“权衡”本意为计量的工具，这里意为衡量标准。这两句讲“论”的功用，意为：“论”及其思维、表达方法，乃是正确认识事物、分清是非利弊的工具、准绳。

认识或抽象(无形)的结论;后者则要求紧紧围绕重点或难点(迹坚)进行分析,力求深入、中肯地揭示事物的本质(钩深)。在讲到“说”时,他又说:“夫说贵抚会,弛张相随,不专缓颊,亦在刀笔”①;所强调的其实也是如何说服他人的方法。论、说的方法虽有所不同,但都是以说理为主要手段这一原则的体现。可见,以说理为主要手段,明确阐述对于事物的看法,这是论说文在长期的发展过程中形成的基本特点。

论说文的这两个特点,如影随形地结合在一起,构成了新闻评论政论性的基础。任何新闻评论作品,不论论述什么问题,都要求旗帜鲜明、观点明确,即使讲究含蓄、委婉,也不能含糊其辞、模棱两可;不论对事物持什么看法,都要求言之成理、持之有故,不仅“辨正然否”,而且说明所以然、所以否,而不能武断、不能强加于人;不论怎样表达,即使夹叙夹议、大量引用事实或设喻,也要求一切服从于说理的需要,而不能以叙代论、以喻代论。如果忽视这些要求、背离论说的基本特点,那就必然动摇政论性的基础,新闻评论也就不成其为“评论”,而是其他别的什么文章了。近年来在广播、电视中出现了一些访谈式评论节目或栏目,其中有些作品政论性色彩淡薄、形同新闻报道,这固然有多方面的原因,但大多同不善于体现以说理为主要手段,明确阐述自己对于事物的看法不无关系。

政论性的核心

政论性的另一项内涵——着重从思想、政治或伦理的角度分

---

① 抚、循或顺着,会、际会或机遇,“抚会”意为因时应势、把握机会;弛、放松,张、绷紧,“弛张相随”意即言词或和缓、或激烈相互为用;缓颊,委婉,“不专缓颊”即不仅是作委婉的口头陈说;刀笔,书写,“亦在刀笔”即也要形诸于文字,如上书谏诤等。

析论述问题，是政论文区别于其他论说文（如学术论文、专业性文章等等）的特点，也是新闻评论政论性特征的核心。

在报刊、广播、电视、互联网等新闻媒介中，除新闻评论以外，还经常发表其他论说性文章和专业性评论，如体育评论、文艺评论、图书评论等等。有时这类文章的题材和主题，同新闻评论几乎如出一辙，也同样以说理为主要手段阐述鲜明的看法；它们之所以不被认为是新闻评论，主要由于它们侧重从专业的角度分析问题。1994 年 6 月 30 日，《人民日报》海外版发表了一篇带衔的署名文章——《评台湾当局主权与“治权”分开论》[1]，就是相当典型的一例。这篇文章一开头就指出：

> 1992 年 8 月 1 日，台湾当局的“国统会”在确定“一个中国”的涵义时，提出主权与“治权”分开的主张。大家知道，近几年来，曾有一些台湾学者提出“共享主权，分拥治权”的主张，即“一国两‘治’对抗一国两‘制’”。现在，这种主张似已为台湾当局所采纳。这一主张的用意何在，将会导致什么结果，颇值得注意。然而，要回答这些问题，必须弄清主权与“治权”的概念。

文章的末尾又强调：

> 完成祖国统一大业，是中华民族的根本利益所在，也是全国各族人民包括台湾同胞的共同心愿。我们希望，台湾当局以民族大义为重，不要玩弄主权与“治权”分开的游戏，停止制造“两个中国”的行径，真正在发展两岸关系方面采取实际措施和行动，为中国的和平统一作出自己的努力。

---

① 作者吴大英，当时为中国社会科学院政治学研究所所长。

从开头和结束语看，这篇文章与新闻评论十分相似，其实却是一篇主要从国际法的角度分析问题的专业性文章，所以带衔署名发表。又如体育评论分析某一体育比赛的胜负，遵循的是该体育项目自身的规律，着眼点主要放在诸如战略、战术、运动员竞技状态、教练员的指挥调度上头；文艺评论、图书评论在内容分析方面虽然也强调政治标准，但毕竟是与文艺、图书自身的表现特点、内在规律紧密联系在一起的。这类评论如果着重从思想、政治或伦理的角度分析论述，那就是新闻评论而非专业评论了。例如《体育报》论述运动员精神风貌的社论《我们的时代需要"最佳"精神》①，《中国青年报》就许海峰为我国夺得奥运会第一枚金牌的社论《别了，0！》②。正因为新闻评论属于政论，所以运用这种体裁、尤其是不署名评论论述某些专业问题，需要特别慎重。邓小平同志在讲到对《苦恋》的批评时说：

> 关于《苦恋》，《解放军报》进行了批评，是应该的。首先要肯定应该批评。缺点是，评论文章说理不够完满，有些方法和提法考虑得不够周到。……③

不适当地运用"本报评论员"的形式，也许就是"方法不够周到"的表现之一。

新闻评论为什么非从思想、政治或伦理的角度分析论述问题不可呢？

首先，新闻评论是新闻传播中的政论体裁，只有坚持政论体

---

① 1981 年 1 月 21 日《体育报》，《1981 年好新闻》，人民日报出版社 1982 年版，第 218—220 页。

② 1984 年 7 月 30 日《中国青年报》社论。

③ 《邓小平文选》第 2 卷，人民出版社 1994 年版，第 391 页。

裁观察、分析事物的共同视角,才能形成完善的体裁特征,也才能与其他论说体裁相区别。

其次,新闻评论是新闻媒介的政治旗帜,体裁的这一性质决定它必须善于从政治上辨别事物,在论述中体现鲜明的倾向性。

再次,新闻评论面向广大受众,它所分析的事物、所论述的问题,都是受众关心或需要引起受众关心的事物或问题。至于能否真正吸引多数受众,则在很大程度上取决于是否善于寻求适合多数受众的视角,寻求互相之间的共同语言,建立沟通思想与情感的桥梁。与专业角度相比较,从思想、政治或伦理角度分析事物、阐述问题,无疑更有利于唤起多数受众的接受兴趣,更容易为多数人所理解。这么说,当然没有贬低专业性文章的意思,只是为了说明新闻评论要赢得更多受众,就非着重从思想、政治或伦理这个"公共视角"出发分析论述问题不可。当然,也不排除新闻评论在具体阐述时调动某些专业知识、专业概念,但务必慎重选择、处理,力求让社会公众易于理解。如《媒体为什么要扒粪》这篇面向公众、批评有些媒体"并没有遵循扒粪者推动社会进步的宗旨"的评论,在调动新闻传播领域的知识和概念时,就在"易知"上下了一番工夫。且看这一段:

> "扒粪运动"始于1902年前后的美国。愤怒于美国社会政治道德的堕落,一批由记者和作家组成的中产阶级知识分子,充当了"扒粪者"的角色,英文叫Muckrakers,直译过来就是"黑幕揭发者"。他们利用传媒,无情而犀利地批判了美国政界商界以及社会生活各个层面的腐败现象:政府和黑道的勾结、金融业的欺诈、药品和食物的掺假、街道上的卖淫。美国总统罗斯福怒斥"黑幕揭发者",就像17世纪英国小说《天

路历程》中的扒粪人，手拿粪耙目不转睛，专注于腐败堕落卑劣丑陋的人和事，对美好的事物视而不见。随着美国黑幕揭发运动的不断推进，扒粪者一语很快成了高贵的尊称，一枚光荣的勋章，为扒粪者欣然接受。[①]

总之，无论从体裁的性质还是社会效果的意义上说，从思想、政治或伦理的角度分析论述问题，都是新闻评论政论性的核心内涵。对于这一内涵的任何忽视，不是抹煞新闻评论与其他论说文的界限，便是冲淡它作为新闻媒介的政治旗帜的性质、削弱其引导舆论和指导实践的作用。

政论性特征的作用

上面把政论性诸内涵区分为“基础”和“核心”，既反映了政论文与论说文的固有关系，也反映了诸内涵之间关系的实质。无论“基础”也好，“核心”也好，它们都是新闻评论的政论性特征的有机组成部分，而不存在什么轻重、主从之别，更不可以把它们割裂开来，片面强调某一方面。明确这一点是重要的，因为任何厚此薄彼，都势必削弱这一特征，甚至使新闻评论沦于名不副实的境地。

政论性这一体裁特征，对于新闻评论实践具有多方面的意义。这里，仅就它与新闻性相对应的方面，作些必要的说明。

首先，如果说新闻性是新闻评论选择、处理内容的主要依据，那么，政论性则影响甚至决定着它的内容表达，包括一篇评论的整体布局以至于表达方式和方法。比如，为了从思想、政治或伦理方面阐述对于事物的看法，就需要有传播主体——媒介和评论

① 全文见本书末的附录。

作者鲜明的论断，即使有些论断表达得比较含蓄、委婉，也绝不模棱两可。又如，为了雄辩地说理，即使是主要运用事实性论据的评论，也离不开概念、判断、推理一类的逻辑手段。邹韬奋先生的“小言论”《潘老太太和中医》，以将近三分之二的篇幅叙述潘公弼祖母的就医过程，但在其中起主导作用的，却是准确、贴切的逻辑推理：

> 我国往往有人看了几本不求甚解的医书，就胆敢开方医病，在他们腕下冤死的人真是不可胜数，这便是所谓“庸医杀人”。但是我们不能因为痛恨“庸医”而遽断中医绝对没有好的，更不能因此遽断中国医术绝对无存在价值。中医确应有积极改良的地方，却不应不分皂白的“禁止”。即如“旧医学校”，加以考查，绳以标准，然后分别决定存废则可，一概抹煞的“禁止”，则于理似有未当。①

评论正是依靠严密的逻辑手段，给予了国民党当局关于禁止“旧医学校”和取缔中医宣传品的决议案以有力的批驳。假如也像现在有的评论那样只是在大段叙事之后，掉上一句“这是值得思考的”，能够令人昭昭地明白其所以然吗？可见，政论性特征对于新闻评论内容的表达，具有不容忽视的作用。

其次，如果说新闻性是新闻评论区别于一般政论文的分水岭，那么，政论性就是它不同于其他新闻体裁的基本界限了。为了说明问题，兹将新闻评论与新闻报道的主要区别，列表于下：

---

①　全文见《新闻评论作品选》第 308 页。

新闻评论	新闻报道
1. 阐述对于事物的看法，本质上属于主观认识； 2. 主要诉诸说理，要求论点正确，论据充分，论证合乎逻辑； 3. 强调说服力，要求正确、中肯地分析事物，揭示事物本质； 4. 注重通过由表及里、由浅而深的分析，引出具有指导意义的规律性认识，启发人们作“举一反三”的思考和联想。	1. 展现事物的基本面目，本质上属于客观的反映； 2. 主要运用叙述、描写手段，要求诸“要素”完备、明白、确切； 3. 重视可信性，要求事实真实、准确，符合事物的实际； 4. 着眼于利用具体事实再现事物的状态及其来龙去脉，引导人们透过事实认识整个事物。

从以上的比较可以明显地看到，新闻评论不同于新闻报道的所有表现，事实上都根源于政论性这一基本特征。

当然，新闻评论也引用事实，包括情节和细节；也运用叙述、描写手段，有时甚至绘声绘色地再现事物。但是，这一切都服务于说理的需要，如何选择、剪裁事实，如何叙述、描写，完全以是否有利于证明和说明论点为转移。评论叙事一般力求概括、简约，有时几乎语焉不详，如《评朱毓芬之死》的这几句：

> 她是工程师，四年前就当了分管技术的副厂长，得到过信任和重用，她还有个美满的家庭。

这一比简历还简单的叙述，在评论中恰到好处地支持了说理。它既承前，说明朱毓芬生前的境况比许多同龄知识分子幸运；又启后，引出深沉的慨叹，为朱毓芬被迫走上绝路而愤慨；同时还为下面的一个重要论点——给被推上领导岗位的知识分子以充分支持，提供了间接的论据。但只要有必要，评论叙事也不辞铺张，如《潘老太太和中医》在叙述中医如何为这位老太太治病时，甚至插入了这么一个细节：

> 他拿出几把像扦脚用的小刀来，潘君看上去却似乎不大

干净，自告奋勇去做他的助手，用火酒大擦一番。

乍看似是多余，其实却是“中医需要改良”这一论断的必要佐证。可见，新闻评论虽以说理为主，但不仅不排斥事实，有经验的评论作者还常常想方设法尽可能引用一些事实，藉以淡化说理的抽象程度，增强评论的可读、可听或可视性。

当然，新闻报道也有自己的政治倾向，有鲜明的立场和观点。只是它不像评论那样直接表述出来，而是寓于事实之中，即通过事实的取舍、材料的选择和剪裁、背景的衬托、叙述的语气和口吻等表现出来。即使偶尔有直接的议论或抒情，也是画龙点睛式的，在作品中并不起主导作用。正因为这样，人们常把新闻报道比作“史笔”，而把新闻评论比作诸如“太史公曰”一类的“史评”。

综上所述，新闻评论既以新闻性与新闻报道相联系，又以政论性与新闻报道相区别。二者之间的关系大致如下图：

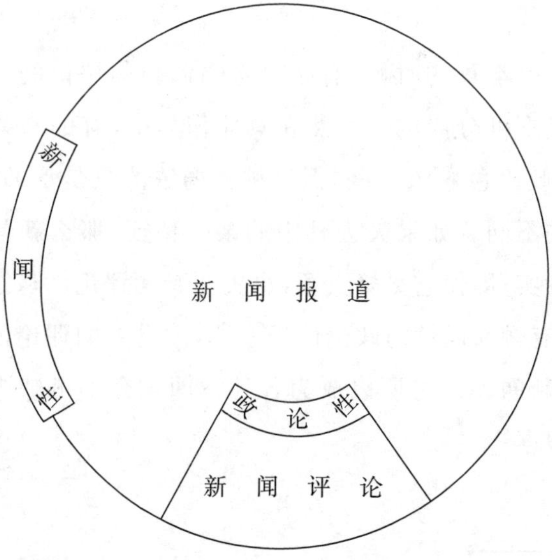

图中的大圆圈代表一切新闻体裁，包括新闻报道和新闻评论两大

类。“新闻性”是它们与非新闻体裁之间的分界线，而“政论性”则是它们相互间的基本界限。正因为存在着这种联系和区别，所以这两类体裁往往配合使用，共同为实现某一传播目标服务。例如1980年，山西昔阳县决定缓建“西水东调”工程，这是一个具有拨乱反正意义的重大事件。新华社播发了报道这一事件的消息，《人民日报》在刊登这则消息时配发了题为《再也不要干“西水东调”式的蠢事了》[①]的社论。试想，如果光发消息而没有社论，能够深刻地阐明这项工程的教训和停建的重大意义吗？反之，如果没有关于这一典型事件的报道，孤零零地发一篇论述发展农业靠什么的社论，结果又将如何呢？虽然不能说不可以，却未必能够收到扣人心弦的效果，甚至还可能使人感到突然，一时摸不着头脑。所以，正确理解政论性特征，对于恰当处理新闻评论与新闻报道的关系，发挥它们相互配合的综合效应，具有不可低估的意义。

在结束本章的时候，有必要着强调新闻评论的新闻性和政论性是不可分离的。虽然在具体作品中，有的新闻性强一些，有的政论色彩浓一些，但这种强弱浓淡只是量的差别，而不是质的不同。如果失去其中的某一特征，那么新闻评论就将名不副实；即使它是好文章，也决非新闻评论。从这个意义上说，只有融新闻性与政论性于一体，才是新闻评论的本质特征，才是新闻评论之所以成为各种新闻媒介不可缺少的一种体裁的根据。

---

① 1980年6月15日《人民日报》，全文见《新闻评论作品选》，第54—56页。

思考题：

1. 为什么说政论性概括了论说文和政论文的基本特征？
2. 为什么说从思想、政治或伦理的角度分析论述问题是政论性的核心？
3. 结合具体作品，弄清新闻评论与其他政论文，以及新闻报道的区别。

第二章　新闻评论的要素和基本类型

新闻评论的要素指新闻评论的必要构成因素,它的类型则指评论作品的具体表现形式。任何一则新闻评论,不论它属于什么媒介,运用什么符号,都不能无视这些要素,也都离不开特定的表现形式。如果说有什么差别,那就是不同媒介各自从自己的传播方式和传播特点出发,通过各自的符号系统和组合方式,体现新闻评论体裁在要素和形式方面的规范性要求。所以,掌握新闻评论要素和常用类型的基本知识,是广播评论和电视评论能动体现新闻评论体裁特征的另一方面的基础和保证。

第四章将着重阐述广播、电视评论的独特形式,本章主要阐述新闻评论的要素,附带介绍评论的分类情况和基本类型。

第一节　新闻评论的要素及其关系

不同体裁的文章,有不同的构成因素,就像不同的建筑物需要不同的建筑材料一样。那么,一则完整的新闻评论,究竟需要具备哪些因素呢?

新闻评论的要素

新闻评论属于论说文的范畴，它的要素实际上是论说文的要素，包括论点、论据、论证三项，但具体要求与一般论说文有所不同。

任何一则新闻评论，不论篇幅长短，都必须具备这三项构成因素，否则就不合乎论说体制，就不成其为新闻评论。《福建日报》有篇题为《有些案件为什么长期处理不下去?》的社论，连同标点符号只有163字，全文如下：

> 今天本报又公布了两个重要案件，坏人受到揭露处理，这很好。
>
> 有些问题群众看得很清楚，干部也有很多议论，问题的性质已经非常明白，但是就是处理不下去，而且长期处理不下去。为什么?
>
> 一是自已屁股上有屎；
>
> 二是派性作怪；
>
> 三是软弱无能。
>
> 还有什么? 也许还有其他原因，但主要是这三条。
>
> 你这个单位的问题长期处理不下去，是什么原因，算哪一条，不妨想一想。[①]

就是这么短的一篇社论，也同样具备论点、论据、论证三要素。它的论点，就是对于标题所提出的问题的回答：有些问题已经弄清楚、性质已经确定的案件长期处理不下去，根子在于领导……。这个论点虽然没有直接表述出来，但十分确定，异常鲜明，任何一个

① 1982年2月7日《福建日报》社论。

读者都能确切无误地理解。论据则是社论列举的三个可能的原因,其中任何一个都足以说明为什么根子在领导,而不在别的什么地方。而贯穿于论点和论据之间的论证,则类似于形式逻辑所讲的或然论证;它通过论据提供可能的原因,要求有关地区、部门、单位的领导自己去"对号入座"。真是"麻雀虽小,五脏俱全"。正因为三要素俱全,而且表达得相当干脆利落,所以文章虽短,却显现出令人不能不信服、不能置若罔闻的雄辩逻辑力量。

反之,如果三要素不完备、不完善,那就不成其为评论,或者不是人们所能确切理解的评论。比如,没有形成明确的论点,等于没有表达自己对于事物的看法,当然说不上是评论;论点表述不准确、不鲜明,则可能导致歧义、引起误解,甚至陷于自相矛盾的境地。没有必要的论据,论点得不到证明或说明,则势必削弱以至丧失说服力,给人以强词夺理、强加于人的感觉;论据不充分或同论点榫卯不相应,也难以收到使人既知其然、又知其所以然的说服效果。论证不恰当,不能揭示论点与论据的必然联系,其结果不是材料与观点分家,就是层次不清、逻辑混乱,当然也难以获得预期的说服效果。所以,对于新闻评论来说,三要素不仅不可或缺,而且必须力求完善。

正确理解特殊的论说现象

不过,在论说尤其在新闻评论实践中,常常出现一些仿佛三要素不全的现象。比如,有的融论点于论述之中,有的好像没有必要的论据,有的省略某些论证环节,等等。究竟怎样理解和对待这类现象?这里先就在论点、论据处理方面的特殊现象作些分析。

在报纸、广播和电视评论中,的确经常可以接触到某些好像没有论据、却又不影响人们准确理解的评论。例如：

> 这是《福建日报》的一篇社论。社论针对社会上流传的对打击经济犯罪政策的疑虑、误解以至于蓄意攻击，运用形象生动的比喻，作了深刻的论述和批评。文风活泼、清新，引人入胜。特予转载。①

这是《人民日报》在转载《福建日报》的社论《论"老虎"与"苍蝇"》时所加的"编者按"，本身也是一则评论。这个"编者按"共四句话，其中第二、三句，既可以理解为说明为什么"特予转载"的理由，即论据；也可以理解为论点，分别对福建日报社论的内容和形式作肯定的评价。但如果推敲一下《人民日报》转载这篇社论为什么非加这个按语不可，那就只能认为它主要是表述论点，而且是同社论有所不同的论点。《福建日报》的社论把社会上的"你们只打'苍蝇'，不打'老虎'"的议论，统统称之为"攻击"；《人民日报》在按语中则把这种议论区分为"疑虑、误解以至蓄意攻击"，这显然是为了纠正原社论缺乏具体分析的缺陷。然而，这么重要的论点却没有直接提供的论据，这是否意味着论据可有可无呢？当然不是。"编者按"是一种依附于其他文章的评论形式，它的论据其实存在于它所依附的文章中；如果没有特殊的需要，本身可以只作论断，而不必陈述论据。《人民日报》这个"编者按"的两个论点，就是以所转载的社论为论据的。人们只要认真读读这篇社论，就能理解"编者按"的论断，接受它对社论的评价，包括接受它对社论失误之处的矫正。所以，即使是"编者按"之类的评论，也同样需要论据，只是它不像那些可以独立存在的评论那样一定要

---

① 1982年10月9日《人民日报》编者按；《福建日报》的社论《论"老虎"与"苍蝇"》，见《新闻评论作品选》第53—54页。

在本文中陈述罢了。

那么，是不是任何论点或论断都非有论据不可呢？这也不能一概而论。如果论点本身具有明白性，或者已经被证明、并已成为人们的共识，再用一大堆论据来证明或说明它，那岂止是累赘，而且是绝大的浪费。但是，如果一篇新闻评论所有的论点或论断都无须证明或说明，那等于通篇都是套话、废话，根本就没有存在的价值。因此，任何一篇有存在价值的评论，都需要论据；至于具体论点或论断是否需要论据，则取决于论点或论断本身是否具有明白性，而不是作者是否掌握所需的论据。如果该有的没有，那就不能说服人，就不能使人明白所以然；不该有的却絮絮叨叨、没完没了，则等于饶舌，同样惹人生厌。司马迁很懂得这个道理，他在《报任安(少卿)书》中有一段话：

> 人固有一死，死有重于泰山，或轻于鸿毛，用之所趋异也。太上不辱先，其次不辱身……①

“人固有一死”，是一个论断；“死有重于泰山，或轻于鸿毛”，又是一个论断。前一个论断——人总是要死，人人明白，无须证明或说明；后一个论断——死的价值不同，就不是人人都能明白、都能接受的了，所以司马迁紧接着列举了“太上不辱先”等十条，说明在他看来什么样的死比泰山还重，什么样的死比鸿毛还轻。“论断”与“论点”，都属于主观认知，有的论断本身就是论点，有的则是论点的必要组成部分。这里的两个论断，前者是共识性论断，

---

① 《古文观止》卷五。这一段全文为：“人固有一死，死有重于泰山，或轻于鸿毛，用之所趋异也。太上不辱先，其次不辱身，其次不辱理色，其次不辱辞令，其次诎体受辱，其次易服受辱，其次关木索被棰楚受辱，其次剔毛发婴金铁受辱，其次毁肌肤断支体受辱，最下腐刑，极矣。”

后者是引申性论断，二者紧密联系在一起成为既有确定前提、又有自己独到认识的完整论点。司马迁集中在论证后一论断上调动论据，申论自己对于“死”的见解。他对“死”的价值标准和当代的社会价值观当然有所不同，但他的另一个标准——哪里需要论据，哪里不需要，却是可以给我们以启发的。毛泽东在《为人民服务》一文中引用这段话，也是在后一个论断上发挥的，他说：

> 人总是要死的，但死的意义有不同。……为人民利益而死，就比泰山还重；替法西斯卖力，替剥削人民和压迫人民的人去死，就比鸿毛还轻。张思德同志是为人民的利益而死的，他的死是比泰山还要重的。①

司马迁的论点在这里成了据以展开新论述的理论性论据。毛泽东不仅据以阐述纪念张思德的意义，而且深入浅出地阐述了为人民服务的根本宗旨。这样根据论点或论断需要灵活运用论据，是值得认真琢磨的。当然，灵活绝非随心所欲、草率从事。那种在人们需要弄清楚“所以然”的地方语焉不详，而在尽人皆知的问题上却絮絮叨叨之类的做法，显然与灵活处理论据完全背道而驰。

要素间的关系

在新闻评论中，论点、论据、论证就像人体的中枢神经、血肉和骨骼一样。如果说论点是评论的中枢神经，那么论据、论证就如同评论的血肉和骨骼了。它们虽然各有不同的表现形态，处于不同的地位，发挥不同的作用，却都是同一整体的有机组成部分。因此，具体理解评论三要素的关系，需要着重注意以下三个层面：

第一，论点表达对事物的看法，论据提供支持论点的理由和

① 《毛泽东选集》第3卷，人民出版社第二版，第1004—1006页。

事实。它们都是有形的存在，是可以确指的。而论证表现论点与论据之间的联系，它贯穿于整个论述过程之中，属于无形的存在。所以，人们构思评论，主要琢磨论点、论据和它们之间的有机联系；而检验评论作品，则通常以论点是否完备、论据是否充分、论证是否恰当为准绳。

第二，论点和论据虽然都是有形的，但它们的性质和作用却判然有别。论点表述对事物的主观看法，属于观念形态，具有一定的概括性和抽象性；论据不论是事实还是理由，都是处于评论作者之外的客观存在，而且都是具体的甚至形象、生动的陈述。论点与论据既以各自的抽象性和具体性相互区别，又因之相互为用。明确这层关系，是恰当调动各种手段，得体地处理和表现论点、论据的前提条件。这对于在广播、电视评论中恰当地运用实况音响和图像尤为重要。实况音响和图像都直接同所表现的客体——人、事、物联系在一起，拥有强大的再现能力；善于运用音响和图像表现论据，不仅可以支持论点，帮助人们理解抽象内容，而且可以增强评论的可听性和可视性。但是它们的作用也仅仅在于表现论据，假如用来表现论点那就非但不恰当，而且还可能混淆论点和论据的界限。有的广播、电视评论所以通篇只有别人怎么说，唯独没有评论作者自己对于事物的见解，从某种意义上说，就是过分依赖音响和图像的结果。

第三，三要素尽管有上述种种区别，但都是评论的必要构成因素。论点作为评论的中枢神经，固然处于支配地位，但也依赖于论据和论证；如果没有富于说服力的论据和恰当而严密的论证支持，再中肯的论点也是苍白无力的。反之，论据一旦脱离论点，论证一旦背离论点和论据固有的逻辑联系，则不仅一切努力都无济于事，甚至还可能弄巧成拙，沦于“以叙代论”、前后矛盾，以至于诡辩的泥坑。某报曾经发表了一篇题为《共产主义理想是中华民族的精神支柱》的评论员文章。标题中的这个概括文章中心论点的判断，把“中华民族”和“共产主义理想”这两个时间和适用范围相去甚远的概念，不加分析地硬扯在一起。由于论点本身存在着严重的逻辑错误，作者为了自圆其说，在论述过程中甚至不惜“偷换概念”，以“伟大的理想”取代“共产主义理想”，结果越走越远，终至于堕入荒谬。有篇批评文章指出：

> ……文章提出和说明的是共产主义理想如何如何，但在整个论述过程中大量说的却是“伟大的理想”如何如何，把“共产主义理想”与“伟大的理想”等量齐观，混为一谈。正因为如此，最初提出的“共产主义理想是中华民族的精神支柱”这一命题，在论述过程中变成了“伟大的理想是我们民族的精神支柱”，并由此出发，断言：“在黑暗的旧中国，曾经有无数立志改革的仁人志士，为了伟大理想而英勇献身，艰苦奋斗”。人们不禁要问：黑暗的旧中国的“仁人志士”，不是至少应该包括谭嗣同、康有为、梁启超以及孙中山等等吗？他们无疑是具有伟大理想的，但他们的伟大理想能与共产主义理想同日而语吗？①

这篇失败的评论员文章，从反面说明三要素相互依存、相互为用的关系，也是三要素关系的本质所在。忽视这一本质，片面强调或漠视某一要素，不是损害评论的品格、削弱评论的说服力，便是使评论不成其为评论。

---

① 《一篇文章中的逻辑错误》，1985 年 11 月 4 日《人民日报》。

明确三要素及其关系，这是一个问题的两个方面。三要素不全的评论，当然没有说服力，甚至不能称为评论；三要素俱全是不是就一定有说服力，就是好评论呢？那也未必，正如一个人五官完整未必就漂亮一样。如果不善于恰当处理它们之间的关系，论点形圆，论据形方，论证枘凿，怎能使人既知其然、又知其所以然呢？又哪来说服力呢？所以，必须把要素及其关系作为一个问题的两个方面来理解和对待。

思考题：

1. 阐述新闻评论的要素及其关系。
2. 如何理解有的新闻评论似乎没有论据的现象？

第二节　论点

新闻评论的论点，概括评论主体对于所论述的事物、现象或问题的看法；通过表述某种思想、观点、见解、主张，回答“是什么”、“为什么”、“怎么样”、“怎么办”之类的问题。这意味着论点所表达的是：(1)“我”(评论主体——媒介或作者个人)的看法，而不是他人的看法；(2)主观认识，而非客观事实；(3)“有所为”的表达，其中包括揭示相关事物的实质，回答受众疑难，澄清社会认识；(4)虽然表达主体的主观认识，但并非作者头脑的自然分泌物，而是从一定的立场、世界观出发分析评论对象及与之相关的人、事、物的结果。所以，具有说服力、经得起社会实践检验的论点，是以主观与客观统一、理论与实践统一为根本特征的。

总论点与分论点

按在评论中所处的地位，论点通常分为总论点和分论点。总论点也称中心论点，在评论中处于支配包括分论点或论断在内的所有论述的主导地位；分论点又称子论点，它是由总论点派生的，在评论中承担着体现和支持总论点的任务。被人们视为“评论灵魂”的论点，主要指处于主导、支配地位的总论点。

总论点　任何一篇新闻评论，不论论题大小、篇幅长短，都非有总论点不可。在具体评论作品中，人们总是根据一定的评论意图和对于所论述的事物的总体看法，提炼、安排和表现总论点。如《回答一个问题》①，旨在阐述党的“十二大”制定的全国总产值于20世纪末翻两番的经济发展目标能否实现的问题。为澄清当时人们疑虑，统一认识，坚定全国人民的信心，它以前呼后应的方式表现总论点，使它成为维系这篇长达五六千字社论的主线。它在开头部分提出问题：

> 但是，有很少数同志提出，翻两番有没有可能？是不是又是“高指标”，是不是又“冒进”了？

而在具体论述中，则从不同的角度、以不同的方式反复指出：

> ……设想今后到2000年工农业总产值平均每年增长百分之七点二，不是什么“高指标”。（第4自然段）

> ……我们完全有根据说，翻两番不仅不是1958年、1978年两次冒进的重复，而且恰恰是吸取了这两次冒进的教训提出的切合实际的奋斗目标。它不是“高指标”，不是“说大话”，也不是“放空炮”，是有实现的可能性的。（第9自然段）

---

① 1982年10月18日《人民日报》社论，全文见《新闻评论作品选》第16—19页。

然后顺理成章地引出结论：

> 我们分析了历史条件的不同，分析了在不同的历史条件下所采取的经济工作方法的质的不同，就可以看到十二大提出的翻两番，同 1958 年的“大跃进”，同 1978 年的“新的跃进”等等是绝对不同的两回事……我们要通过认真的学习和讨论，认清翻两番根本不是什么“高指标”，什么“冒进”，而是有科学根据、有现实的可能性的。（末段）

上述这一切的总和，构成了这篇评论总论点的完整表述。有些短小精悍的评论，则往往在结论部分概括地揭示总论点。当然也可以像上引《有些案件为什么长期处理不下去?》那样，把总论点融于论述之中，而不作直接的表述。

不过，不论具体表现多么不同，总论点都处于支配全部论述的地位，肩负着集中、确切地概括对于事物的基本看法的任务，起着维系所有评论要素的作用。正因为这样，一则新闻评论通常只有一个总论点。总论点超过一个，处理不好就势必导致中心分散，影响人们确切理解评论内容。偶尔也有像是两个总论点的评论，如《毛泽东选集》中的两篇标明“兼论”的评论：一篇是为延安《解放日报》撰写的社论《论军队生产自给，兼论整风和生产两大运动的重要性》，另一篇是以中国人民解放军总部发言人名义发表的《评西北大捷兼论解放军的新式整军运动》[①]。其实，这两篇评论的“主论”针对“当前”而言，“兼论”则侧重于长期的意义，不仅前后统一，而且赋予评论以超越时空的生命力。如前一则评论在“主论”与“兼论”的结合部指出：

---

① 分别见《毛泽东选集》，人民出版社第二版，第 3 卷第 1105－1109 页、第 4 卷 1291－1296 页。

> 军队的生产自给，在我们的条件下，形式上是落后的、倒退的，实质上是进步的具有重大历史意义的。在形式上，我们违背了分工的原则。但是，在我们的条件下——国家贫困、国家分裂（这些都是国民党主要统治集团所造成的罪恶结果）以及分散的长期的人民游击战争，我们这样做，就是进步的了。……

然后笔头一转，进而阐述生产自给、整风运动的历史意义。后一则的"兼论"，则旨在强调以"诉苦"、"三查"（查阶级、查工作、查斗志）方式进行的新式整军运动，不仅是解放军提高战斗力、赢得西北战场重大胜利的主要原因，而且对于解放军的建设，包括将被俘的国民党士兵改造为人民战士都具有重大的作用。从这个意义上说，"兼论"并非附加一个总论点，而是赋予总论点以超时空生命力的一种特殊处理方式。至于邹韬奋的《硬吞香蕉皮》[1]，透过对两个奇闻轶事的分析，分别概括出两个看法：一则借对吴俊升的讥刺，指出擅于"文过饰非"的人"穷则独害其身，达则兼害天下"；一则沉痛指出张宗昌一群"姨"的那种"大有舍不得她们所处境地的样子"，其实是畸形社会所使然。对于这两个看法，恐怕不能机械地归入总论点或分论点，而宁可认为作者以两个具体看法（也不妨称之为分论点）引导读者去领会其中更深刻的意蕴；或者理解为作者藉此给出一个"开放式"的总论点，读者则尽可以各有各的认知和相应的概括，甚至引出超越作者原来寓意的理解。

分论点 分论点的存在，取决于阐述或体现总论点的需要。具体评论作品未必都需要分论点，但也可以包含多个分论点。有

① 文见《新闻评论作品选》第 304 页。

些论题集中、篇幅短小的评论，尤其是专栏评论或署名短论，大多没有分论点，而由总论点统率若干说理层次。如林放“未晚谈”中的短论，《人民日报》“今日谈”专栏的作品，几乎都是如此。就是“人民论坛”这个规格相当于评论员文章的专栏中的评论，也常有直接围绕总论点展开论述，而不另立分论点。如《我们的共同使命》①，这篇配合抗日战争胜利六十周年纪念的评论，以宋庆龄故居陈列的一件她送给一位积极支持中国抗战的美国女士波莉·福斯特尔的旗袍为引子，通过介绍了斯诺、白求恩、陈纳德等国外友人支持中国抗日的事迹，体现“维护世界和平、促进共同发展是全人类共同的使命”这个总论点。虽然多为事迹的陈述，仿佛欠缺理性的归纳，却具有一种特殊的感染力，是否比罗列若干分论点给人们留下更为深刻的印象呢？

当然，只要总论点需要，分论点也可以不受数量的限制，甚至可以有双层分论点。如《回答一个问题》，除了引论和结论以外，文章的主体部分包括两个层次、十多个分论点。第一层次的三个分论点可分别概括为：(1)翻两番是切合我国实际的发展指标；(2)翻两番的发展计划是新的历史条件的产物；(3)翻两番是合乎社会主义经济规律的科学设想。它们又各自拥有若干个支持自己的分论点，从而形成了论点的多层次格局：

总论点⟷第一层分论点⟷第二层分论点

（说明：⟶表示支配，⟵表示体现）

不过，新闻评论篇幅毕竟有限，而且要照顾多数受众的接受能力和接受习惯，分论点一般宜少不宜多；这又反过来制约总论

① 全文见本书末附录。

点，要求总论点尽可能集中些、再集中些。像《回答一个问题》这种总论点需要多侧面、多层次论述的评论，只有用于论述特别重大的论题，才具有吸引多数受众的魅力。如果用于论述一般问题，那就只能让受众望而却步、闻而生畏了。所以，尽管理论上允许多分论点，在实践中却仍然必须精心提炼、尽可能把分论点控制在最少的限度内；广播、电视评论尤其需要坚持分论点“少而精”的原则。

论点的要求

新闻评论的论点，需要具备一定的素质，才能承担科学地分析、揭示事物本质或问题实质的任务。这种素质，大致可以概括为正确、鲜明、中肯、新颖、隽永五项要求。

正确、鲜明　这是相对于荒谬、悖理和吞吞吐吐、模棱两可而言的两个要求。它们本身不难理解，问题在于怎样把认识和表达统一起来，恰当地体现于评论作品之中。认识谬误、是非颠倒，说到底源于背离处于特定环境下特定评论对象的实际，以及特定时代、社会的价值准则或意识形态准则，当然不可能形成正确、鲜明的论点。如有人从“谁不吃？谁不喝？谁不玩？谁不乐？”，推导出“无产阶级也要吃喝玩乐”，硬说“吃喝玩乐”是什么“新观念”；置“交际花”这一约定俗成用语的特定内涵于不顾，硬把它与“公关小姐”拉扯在一起，还声称应为“交际花翻案”。[①] 这类由似是而非的前提推导出来的荒唐透顶的论点，堪称认识谬误的典型事例。有的论点站不住脚或令人不明所以，则是由于表达不当。如前面所举的“共产主义理想是中华民族的精神支柱”的论断，不就

① 转引自《勿做穿凿文章》，1985 年 3 月 17 日《人民日报》。

是由于无视历史实际、刻意拔高而导致谬误吗？所以，只有同时在认识和表达上下工夫，在认识上坚持真理性和价值准则的统一，在表达上力求词能达意，才是实现论点正确、鲜明的可靠保证。不过，这两个要求又各有侧重，正确侧重于认识，鲜明侧重于表达。而认识正确，则是表达能否鲜明的基本前提。如果认识本身谬误，所谓“表达鲜明”就无异于强词夺理，到头来不过是“览文虽巧，而检迹如妄”①的笑料罢了。

然而，认识正确，并不排除认识的多样性，或者说对于同一事物所持的不同看法（论点）并不一定相互排斥；表达鲜明，也不排除委婉、含蓄和讲究论说策略，它排除的只是含糊其辞、模棱两可。且举一例：2005 年 9 月，“超女”李宇春与李敖先后登上北京大学的讲坛，引起论坛的争论，有的论者认为：“任何大学的讲堂都不应该随随便便让娱乐节目涌入，那只能是教学和学术研究的圣殿”；有的则针锋相对地反问：“李敖来得李宇春就来不得？”而有一篇题为《北大讲堂能否成为李宇春们的舞台》的文章则分析说：

> ……问题的关键，其实并不在于某人可否登上百年讲堂，讲堂不是旧时金銮殿，本身没那么多神圣，关键在于，台下的人对登上讲堂者，应持怎样一种姿态——高山仰止还是意醉神迷，抑或以审慎的态度作出自己的判断。换言之，需要作出判断的，并不是李宇春们该不该来，而是面对李宇春时，听众或者观众的表现。……
>
> 首先要说，形成如此局面，无论是否过分都怪不到李宇

① 刘勰：《文心雕龙·论说》。

春。其次应思考的是，北大学生面对李宇春作如此表现，是否得体？

最后引用一位清华大学教授对清华学生的评价指出：

……这样的一群青年，当其“指点江山，激扬文字”的书生意气，竟被无厘头的“大话”、“芙蓉姐姐”式的呓语以及对“超女”的疯狂追捧所替代，其理性色彩之寡淡，人文内涵之稀薄，精神“沙化”之严重，令人感叹。①

这篇文章通过转换视角，既鲜明地表达了自己的认识而又吸取了争论双方的可取见解，就是不同论点未尝不可共存的一例。

中肯　中肯，即切中肯綮②。作为论点的要求，指议论既要击中要害，又要恰到好处。也就是在正确的基础上突出重点，力求论点准确揭橥事物本质或问题实质。如“中广”在题为《“五爱”是当前道德建设的基本要求》的评论中指出：

今天我们把“五爱”确定为现阶段道德建设的基本要求，这是我国人民在精神文明建设中获得的一个理论上的突破，并且在实践上有着重要的指导意义。③

这个统率全文的中心论点，澄清了一个长期困扰人们的问题：现阶段的道德建设究竟以什么为目标？服从于社会主义思想原则，还是不加区别地提倡共产主义道德准则？又如《人民日报》在《“大锅饭”养懒汉》的社论中说：

“大锅饭”养懒汉，责任制使懒人变成勤快人。④

---

① 作者郭之纯，2005年9月27日《中国青年报》。

② 这个词源出《庄子·养生主》：“技经肯綮之未尝，而况大軱乎？”肯，附骨之肉；綮，筋骨的结合部；肯綮全称肌体的紧要部位。軱，音“孤”，大的骨头。

③ 《全国优秀广播节目稿选(1986)》，中国广播电视出版社1987年版，第11页。

④ 1983年1月17日《人民日报》。

一个“懒”字，言简意赅地概括了“大锅饭”的根本弊病——“职工吃企业，企业吃国家，这么两口‘大饭锅’，养活了一批懒人，也养活了一批懒企业。归根到底，还是人民吃亏”；一个“责任制”则开出了医治这种痼疾的灵丹妙药。再如下面这两个论断：

……在个别人那里，雅好变成了堂而皇之搞腐败的遮羞布；在一些宵小之徒那里，迎合有权势者的雅好成为打通关系的铺路石。①

当人们都有这种心态，无权时大骂腐败，正气凛然；一朝大权在握，靠山吃山，腐得比谁都起劲。“腐败定论”形成“染缸效应”，浊者自浊，清者不能自清，反腐又从何谈起？②

前者揭露了一种颇具迷惑力的腐败伎俩，引人警醒；后者是针对那些对“公安局长贫困”持怀疑态度的议论而发的，则不无拨正社会舆论视线的功效。可见，论点中肯的关键在善于一语中的地概括对于事物的真知灼见，恰当其时、恰到好处地回应社会需求，而不是面面俱到罗列事物的方方面面，更不是无限“上纲”、穷极所谓“绝对真理”或生吞活剥时髦名词故弄玄虚。

论点中肯的对立面，包括背离正确前提的片面性，满足于现象的表面性，以及虽然正确却无助于解决实际问题的“药中甘草”。

正确、中肯、鲜明，这三项是论点的基本要求，也是检验论点存在价值的基本准绳。如果进而力求新颖、隽永，那就等于给论点增添了引人入胜、耐人寻味的魅力。

新颖、隽永　这是论点在正确、鲜明、中肯基础上的两个进一

---

① 刘效仁：《说“雅好”》，全文见本书末附录。

② 练洪洋：《“腐败定论”比腐败更可怕》，全文见本书末附录。

步要求。

新颖，即新鲜别致。作为对论点的要求，就是或如韩愈所说的“唯陈言之务去”①，或如刘勰提倡的“师心独见”②，总之是避免人云亦云、陈陈相因，尽可能提炼出些非同寻常的见解。林放的《包公与伯乐》③，堪称以新颖见长的一例。这篇短论一开头就指出，包公与伯乐本来是早已过去的、应当消逝的“旧观念”，现在却又时行起来，这是不正常的。当“包公热”“伯乐热”盛行的时候，这个开头本身就颇有点骇人听闻。接着作者分析了包公、伯乐在旧社会为人们颂扬的原因，直截了当地表达了自己的看法：

> 我赞美清官，也赞美伯乐，但是决不羡慕包公、伯乐之所以被突出歌颂的那个时代。

然后笔锋一转，说解放后我们曾经一度忘记了包公和伯乐，因为“共产党就是一个清官党，共产党就是一个集体的伯乐”。最后归结为：

> 那么为什么近几年来这个包公与伯乐的旧观念忽然又流行起来呢？这正是值得我们深思的问题。这种不正常的现象提醒我们：还要进一步端正党风，发扬社会主义民主，健全社会主义法制。那样，我们就可以和包公、伯乐告别，彼此相忘于无形。

显然，贯穿于这些议论之中的基本论点，与当时许多议论包公、伯乐的文章并不是对立的，但的确有它的独到之处，不仅发掘出新

---

① 韩愈：《答李翊书》。

② 刘勰：《文心雕龙·论说》。

③ 全文见《新闻评论作品选》，第93—94页。

的深度，而且为人们观察思考问题提供了一个更能切中肯綮的新角度。当然，新颖务必以正确为前提，如果离开正确，一味趋新猎奇，那就可能走上兜售奇谈怪论的邪路。

人们一般把论点新颖与“言人所不能言”联系起来。其实，这并非必然；有些看似陈旧的论点，只要“言当其时”，尤其在人们已经渐渐淡漠的时候重新提出，仍不失新颖的品格。例如《人民日报》社论《加快建设节约社会》的诸多论点，分开看多数是人们熟悉的，集合在一起，放在经济高速发展和资源短缺矛盾日渐尖锐的背景下加以强调，却颇能给人新颖而且紧迫的感觉。《媒体为什么要扒粪》所以给人以新颖感，也不在于论点本身表达了“人所不能言”，而在于当媒体竞相“扒粪”甚至“泼粪”的时候，把议论的重点放在“为什么”上头，然后指出：

> ……我们不是为了扒粪而扒粪，作为媒体，我们应该从事实出发而不是从其他什么目的出发。我们需要对市场和权力保持永远的警惕，但我们不可以怀疑一切，更不可以在莫须有的情形下，捕风捉影，任意进行舆论鞭挞。毕竟，“扒粪”不是泼粪，泛道德角度上的理直气壮的原罪式质问，并不能替代基于事实的采访调查。

这个结论段不仅对于公众，就是对于媒介中人，恐怕也是颇为新鲜、颇具锋芒的吧。

隽永，就是耐人寻味、发人深思。隽永的论点大多是规律性认识的概括，一般都寓有一定的新意，能够启发人们思考和联想，具有举一反三的内在力量。如：

> 你的心，我的心，万众一心；你的力，我的力，千钧之力。
>
> 2003 年的春天，中国人民携手铸就了抗击非典的英雄雕塑，

同心谱写了民族精神的恢宏乐章。[①]

“非典”过去了，但“你的心，我的心，万众一心；你的力，我的力，千钧之力”这一颇具哲理的概括，却仍能引人思索，激发人们齐心协力克服困难、战胜危难的力量。又如：

有了责任心，再危险的工作也能减少风险；没有责任心，再安全的岗位也会出现险情。责任心强，再大的困难也可以克服；责任心差，很小的问题也可能酿成大祸。[②]

这是社会生活、实践屡验不爽的经验概括，既深刻又不深奥，也具有像橄榄那样耐人咀嚼、回味的吸引力。邹韬奋先生在《硬吞香蕉皮》的两段别具一格的议论，则分别以辛辣的讥刺和“哀其不幸，怒其不争”引人思考当时的社会现象。一段借军阀吴俊升吃香蕉连皮一起吃的“趣事”引申出以下议论：

……其实错了就老实自己承认，倒是精神安泰的事情；文过饰非是最痛苦的勾当。世上像吴俊升这样硬吞香蕉皮还振振有词的虽然不多见，但明知错了不肯认错，还要心劳日拙的想出种种方法来替自己掩饰，甚至把规劝他的人恨得切齿不忘，这种心理似乎是很为普遍。这种人穷则独害其身，达则兼害天下。因为他所能接近的全是胁肩谄笑的奸佞小人，所最不能容的是强谏力争的正人君子。

另一段是就张宗昌的十六七个姨太太为张服丧所发的议论：

……这一大堆供作玩物的可怜虫大有舍不得她们所处

---

① 任仲平：《筑起我们新的长城——论抗击非典的伟大精神》，《人民日报》2003 年 5 月 15 日第一版，获中国新闻奖评论一等奖。

② 任仲平：《论责任》，《人民日报》2005 年 9 月 19 日；节录见《新闻评论作品选》第 20—25 页。

境地的样子,在旁人觉得她们原有境地的可怜,在她们似乎还觉得不能保持原有境地之为可怜,换句话说,她们似乎情愿忍受。其实我们如作进一步的看法,在这样的社会制度和经济制度之下,她们都是不知自主也无力自主的若干寄生虫而已,说不上什么情愿不情愿。

从两件具体事情引出这些议论,今天读来也许仍能唤起新的联想。

这些例子似乎说明,隽永并非对论点的独立要求,而是其他要求的综合效果或某一体现得特别突出的要求的自然效应。如《包公与伯乐》的论点因新颖而耐人咀嚼,《论责任》以对“责任”的全方位、多层次界定而为诸多论点引人思考奠定基础,等等。

上述论点的五项要求是相互联系、相辅相成的,切勿把它们割裂开来,孤立地强调或片面地抹煞某一要求。但也需要区别对待,正确、中肯、鲜明属于必须坚持的基本要求;新颖、隽永虽然值得追求,却不宜“刻意强求”,因为“刻意”的结果,往往不是沦于极端、荒唐,便是陷于牵强附会。

论点间的关系

一则评论,只要存在一个以上的论点,也就伴随着如何处理论点之间关系的问题。

论点有总论点和分论点之分,因此,论点间的关系包括总论点和分论点,以及分论点之间的关系。

评论的总论点总是统帅分论点的,但有的表现为主从关系,有的表现为因果关系。其中主从关系是恒定的,即总论点永远处于主导地位,而分论点则总是处于从属地位。因果关系属于非恒定关系,总论点所概括的可以是“因”也可以是“果”,分论点则相应地可以概括“果”或“因”。不过，这种因果互易并不改变二者关系的统帅和被统帅的性质。

分论点之间的关系，在同一层次里，通常表现为并列关系和递进关系。并列关系，意味着诸分论点处于同一水平线上，分别从不同侧面或角度为体现总论点服务；在递进关系中，诸分论点呈纵向分布，前一分论点实际上是后一分论点存在的条件或推理的前提。

在存在多层分论点的评论中，上、下层次的分论点之间，则形成另一重主从或因果关系。

下面且以《人民日报》社论《保护耕地，刻不容缓》[①]为例作点说明，也许有助于比较具体地理解论点间的各种关系。

这篇阐述中央关于加强土地管理、保护耕地通知精神的社论，题目直接概括了总论点，突出强调保护耕地就是保护国家、民族生命线，是一个既刻不容缓又必须长期坚持的使命。围绕这个总论点，社论按“为什么”和“怎么办”的逻辑思路组织论述，形成了两组、四个分论点。

前一组两个分论点，分别分析造成保护耕地严峻形势的客观因素和主观原因。其中的客观因素，明确指出我国人均耕地“不及世界人均耕地的一半”，而且“耕地质量总体水平低”，经济发展也不可避免地要占用耕地；而主观原因则包括部分地方领导干部缺乏危机感，甚至认为“只要有钱，没有耕地也有饭吃”、“保护耕地就是保护落后”，肆意炒卖地皮、聚集“地财”，从而加剧了保护耕地形势的严峻程度。这两个分论点以递进的方式相互衔接，共

① 1997年5月19日《人民日报》。

同揭示导致耕地形势日益严峻的主要原因，相当雄辩地支持总论点关于保护耕地刻不容缓的整体论断。

后一组的两个分论点，则针对前两个分论点的分析，着重阐述有效保护耕地的“治本之策”。一个强调“从机制、体制、法制等方面实行综合治理；另一个强调坚决贯彻“加强管理、开源节流、综合治理的方针”，切实做到“耕地总量动态平衡”，即“占用多少耕地就要在保证质量的前提下开发多少耕地”。这两个并列的分论点，抓住了“怎么办”的根本环节，发挥了完善、深化总论点内涵，增强评论说服力的作用。

如果这样概括大致符合这篇社论的实际，那么这些论点之间的关系，可以用下图来表示：

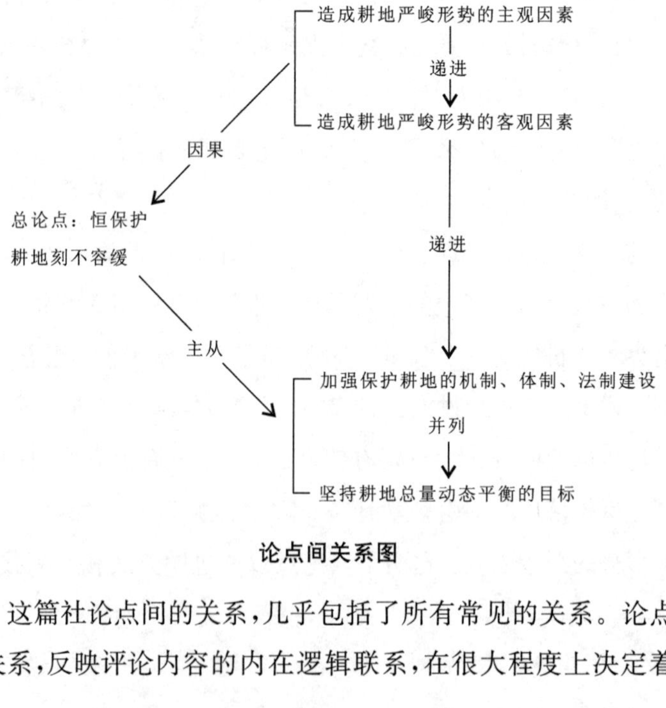

论点间关系图

这篇社论点间的关系，几乎包括了所有常见的关系。论点间的关系，反映评论内容的内在逻辑联系，在很大程度上决定着评论的结构布局，对评论的写作以至于制作都有重要影响。有的评论逻辑性不强，结构不严谨，往往与动笔之前没有弄清、理顺论点间的关系直接联系在一起。因此，如果结合这篇评论的分析，认真地琢磨琢磨有关问题，未尝不可以从中吸收如何谋篇布局的教益。

思考题：

1. 何谓论点？如何理解新闻评论的总论点和分论点？
2. 新闻评论对于论点的基本要求是什么？
3. 举例说明论点间的关系。

第三节　论据

从表达的角度说，新闻评论的论据，是用来证明或说明论点的理由和事实的总称。“原夫论之为体，所以辨证然否”[①]。如果说论点的主要任务，是判断“然否”，表达对于事物的肯定或否定的看法，那么论据的功能则在于“辨证”，也就是通过回答“为什么”的问题，弄清“所以然”或“所以否”。一则评论，只有为自己的论断提供充分的理由和事实支持，做到言之成理、持之有故，才能令人心悦诚服地接受其中的见解和主张，达到以正确的看法影响和引导社会舆论的预期目的。

论据的功能及其他

一般的说，论据都具有证明和说明论点这两种功能。证明主

---

① 刘勰：《文心雕龙·论说》。

要为论点提供充分的支持，让人深信它的论断是有充分根据、无可置疑的，从而或是欣然接受、或是不得不接受它所表达的见解和主张；说明侧重于解释论点，帮助人们确切理解论断的具体含意。所以，形式逻辑把论据定义为："论据就是确认论题的真实性时所根据的判断。"[①]这里的"论题"，就是论说文中的论点；所谓"确认"，实际上包含论据的证明和说明功能。

不过，不同的论说文或面对不同的论点，运用论据的侧重点往往有所不同。比如在学术论文中，论据主要用于证明论点的真理性。这是由于学术论文的论点，多数为概括新的研究成果或阐明新的见解，因此需要在表达过程中，充分陈述自己形成论断的理论或事实依据。新闻评论面向广大受众，肩负着帮助受众正确认识事物、处理问题和释疑解惑的多重任务，这决定了它的论据往往需要兼具证明和说明的功能。例如下面这段文字：

> 毛泽东同志常说："我们应该老老实实地办事；世界上要办成几件事，没有老实态度是根本不行的。"老老实实地办事，就是从实际出发，实事求是。搞农业，也靠实事求是。大干，必须量力而行，实事求是地干。我国幅员辽阔，地形、气候、土壤、植被、水利等自然条件千差万别，各不相同。从这个实际情况出发，发展农业应该鼓励各个地区因地制宜，发挥自己的优势，做到农林牧副渔五业并举。搞农业基本建设，也应该从各个地区的特点出发，扬长避短，把人力、物力、财力用在最能发挥效益的地方。可是，在过去很长的一段时间里，由于不问土质、地势、生产习惯、技术条件等具体情况，

---

① 金岳霖：《形式逻辑》，人民出版社 1979 年版，第 284 页。

统统强调抓粮食，弄得宜林不林，宜牧不牧，宜果不果，宜渔不渔，不但不能扬其所长，反而强人所难，趋其所短，结果是“以粮为纲，全面砍光”。

这是《人民日报》社论《再也不要干“西水东调”式的蠢事了》中的一段①。它从正反两个方面表述论据，既证明为什么发展农业非坚持从实际出发、实事求是不可，又说明究竟怎样在发展农业过程中实践这一原则。在这里，论据的证明和说明功能，不可分割地结合在一起。

当然，新闻评论中的论据，也有分别侧重于证明或说明的。究竟侧重于哪一方面，主要以论点的真理性是否得到“确认”为转移。有些阐明新观点或驳斥错误观点的评论，由于论点尚未被“确认”，就需要着重在发挥论据的证明作用方面下工夫。而有些阐述路线和方针、政策的评论，则主要通过论据帮助人们正确理解有关精神。不过，新闻评论毕竟不是学术文章，即使侧重于证明，也应尽量照顾受众理解的需要，避免学究式地引用论据。

此外，还有两个与确切理解、恰当运用论据有关的问题，需要略作说明。

（一）究竟怎样界定或区分具体作品中的论点与论据？一般的说，论点和论据之间的界限是相对的。这种相对性，表现为它们在一定条件下既相互依存，又可以相互转化。例如，“人固有一死，死有重于泰山，或轻于鸿毛”这个论断，在司马迁的《报任安书》中是论点，在毛泽东同志的《为人民服务》中则为论据，起相当

① 全文见《新闻评论作品选》第54—56页。

于演绎论证中的大前提的作用。许多为他人证明了的论点，在一定条件下都可以转化为论据。明白这一点，既有利于拓宽论据的选择范围，也可以避免重复论证。但是，在具体作品中，论点和论据的界限，却是绝对的，不容混淆、不能相互取代。论点表述作者的见解和主张，他人的见解和主张即使与自己的论点完全一致，也只不过是论据，而不能代替自己的见解和主张。有的评论所以给人以观点模糊的感觉，重要的原因之一，就是光有张三怎么认为，李四如何说，唯独没有自己的看法。有人认为，罗列各种看法，可以表明论点的客观性，可以启发人们思考；其实并不尽然，甚至似是而非。论点本来就是表达评论主体对于事物的主观见解和看法的；即使引用他人的见解，如果不表明自己的鲜明倾向性，不作必要的引申、引导，罗列的结果就可能使人陷于此亦一是非、彼亦一是非的莫名所以，无所适从的境地。

（二）究竟论点先于论据还是论据先于论点？以唯物论反映论的观点看，材料先于观点、论据先于论点，这是不成其为问题的。现在之所以成为需要澄清的问题，主要是由于存在着混淆认识和表达的现象。存在先于认识，正确的论点都是在大量掌握各种各样论据的基础上形成的。所以，在提炼论点的过程中，必须遵循由个别到一般、由具体到抽象、由材料到观点的思维规律，坚持由论据而论点的思维走向。而表达是在论点形成之后进行的；表达过程的基本任务，是根据证明或说明论点的需要选择、剪裁、组织和表现论据，它的基本走向是由论点而论据。由于认识与表达之间既有联系又有区别，它们作为一个统一的过程，反映在论点和论据的关系上，就呈现了两种不同的走向，即：

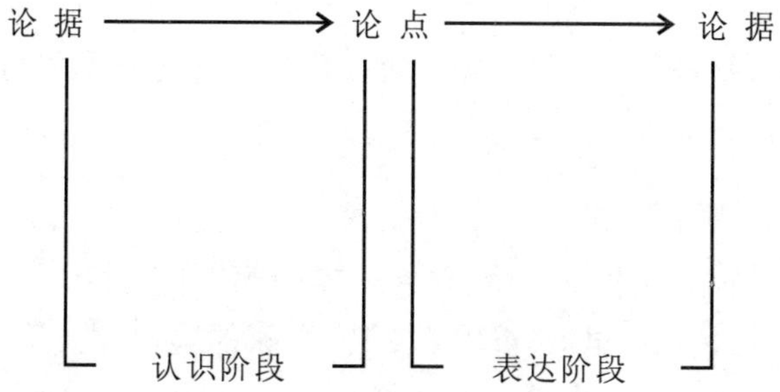

换句话说，认识和表达是一个统一过程的两个阶段，表达中所运用的论据存在于论点赖以形成的各种材料之中，但更为精练简约，与论点的逻辑联系也更为紧密。所以，如果把认识和表达割裂开来，孤立地从表达的角度理解和处理论点和论据的关系，那就可能导致论点先于论据的误解，甚至引出像所谓“找论据”一类的错误观念。这是值得警惕的，否则就可能不知不觉地掉进唯心主义的泥坑。

论据的种类

新闻评论的论据按材料的性质，可分为两大类：理论性论据和事实性论据。

（一）理论性论据

理论性论据，也称理性论据。这类论据都是人类认识自然、认识社会的结晶，是经过实践检验或理论证明，并为人们接受了的规律性认识，包括思想、观点、社会准则等等。用这类论据证明或说明论点，实际上是用已经确认的认识结果，证明或说明尚待认识的事物，分析和处理尚待解决的问题，也就是用已知证明或说明未知。例如：

国家的盛衰兴亡，主要不在外患，而在内忧。“灭六国者，六国也，非秦也。族秦者，秦也，非天下人也。”杜牧这番话已经受了历史的考验。我们必须接受这一历史教训，下决心把党风整好，下决心抓领导机关长期处理不下去的大案要案。……①

杜牧《阿房宫赋》的这段话，屡经历史的验证，千百年来多为人们认同、赞许。在这里，它被用来支持“国家的盛衰，主要不在外患，而在内忧”的论断，暗示“内忧”之所在，藉以证明和说明重点抓大案要案的重要性和必要性，不仅言简意赅，而且言近旨远、发人深思。理论性论据通常作为演绎论证的大前提，处于决定论断是否“言之成理”、具有颠扑不破的真理性的关键地位。在新闻评论中恰当运用这类论据，是增强说理的逻辑力量，增强评论的思想、理论深度的重要保证。

在新闻评论中，经常运用的理论性论据，主要有马克思主义基本原理，党和政府的方针政策、法律政令，以及经过实践检验的哲学社会科学理论。它们雄辩的论证力量，来源于它们本身具有的真理性，是新闻评论须臾不可忽视的。实践证明，凡是善于运用这类论据的评论，往往具有鞭辟入里、高屋建瓴的品格；反之，则可能停留于就事论事。例如下面这段论述：

有些同志说，现在还要提这样的口号（指对知识分子“团结、教育、改造”的口号），是因为知识分子的世界观还没有改造好。如果这是指从一个阶级到另一个阶级的世界观改造，那么，这样提出问题本身就是完全错误的。人人都需要改造，世界观的改造是一辈子的事，正如周恩来同志生前所说

① 《论“老虎”与“苍蝇”》，1982年9月30日《福建日报》社论；全文见《新闻评论作品选》第53—54页。

> 的，要活到老、学到老、改造到老。谁都不能说自己的世界观已经完全改造好了，不需要再改造了。不是说我们的知识分子的世界观已经不需要改造了，而是说，对待知识分子的世界观问题，应该同对待工人、农民的世界观问题一样。问题的实质在于，某些同志至今仍然把知识分子当作小资产阶级甚至资产阶级来对待，而不是像党中央那样，把知识分子看作同工人、农民一样，是我们党的依靠力量。

在这段驳论性论述中，既批驳了继续坚持“团结、教育、改造”方针的错误思想，又划清了两种世界观改造的界限，准确地阐述了党的“十二大”关于知识分子问题重大决策的精神。它的雄辩说服力，除了本段引述的论据（如周恩来语）支持以外，主要建立在前面引述的基础上：

> ……党的十二大报告中指出：“我们要全面开创社会主义现代化建设的新局面，必须特别重视充分发挥知识分子的作用。”报告明确宣布：知识分子同工人、农民一样是我们建设社会主义的依靠力量；工人、农民和知识分子是我们国家的三支基本社会力量……①

假如离开“十二大”决策的大前提，上述驳论就没有权威的依据，其说服力也将因之而削弱。

此外，前人有价值的思想文化遗产，成语、格言、谚语、民谣，以及自然科学中的某些公理、定律，也可以成为评论的有说服力、感染力的论据。

前人的思想文化遗产是人类认识世界、改造世界成果的积

---

① 《当前落实知识分子政策的关键》，1982 年 10 月 21 日《人民日报》社论。

淀，其中固然难免时代或阶级的局限，但也不乏闪光的真知灼见。恰当用作论据，既可以支持论点，也可以为评论增添吸引人的特殊魅力。例如：

> 记得前一阵子，报刊上竞相刊登杜牧和王安石的《乌江亭》诗。杜说："江东子弟多才俊，卷土重来未可知"，王说不然："江东子弟今虽在，肯为君王卷土来"？两种说法是相反的，但是两人都肯定江东子弟今犹在，而且还多"才俊"，这一点是相同的。至于会不会卷土重来，那就不能说得太死。问题在于我们清醒不清醒。如果我们糊里糊涂地把一批江东子弟提拔为接班人，那末十年之后不就是一个卷土重来的局面吗？要是这种事情能引起我们的警惕，有预防措施，那才能保证他们不至于卷土重来啊。①

这样有分析地运用前人的思想文化遗产，既支持了两种可能性的论断，也丰富了评论的文化内涵、增强了可读性，而且还对人们更好理解前人遗产有所启发。说它一举多得，也许不是言过其实吧？

成语、格言、谚语、民谣，往往凝聚着人民群众的社会生活经验和智慧，只要仍然具有生命力，就有这样那样的明理作用。在新闻评论中适当运用这类论据，除了可以深入浅出地证明和说明论点以外，还有利于缩短与受众间的心理距离，增强评论的感染力。

（二）事实性论据

事实性论据，是用来证明和说明论点的具体材料的总称。理

---

① 林放：《江东子弟今犹在》，1982 年 3 月 29 日《新民晚报》；全文见《新闻评论作品选》第 93 页。

论来源于实践，同时受实践的检验。正确的论点，都是对于客观实际这样或那样的概括，因此恰当运用事实性论据，不仅可以为论点提供无可辩驳的支持，而且可以稀释论点，使它的抽象内容变得比较易于理解。对于广播、电视评论来说，开发事实性论据还具有发挥自身传播优势的重要意义。

新闻评论中的事实性论据，主要是现实中存在的客观事实，包括典型事例和概括性材料。典型事例大多是具体的人与事；这类事例只要具有代表性，在一定程度上体现事物的某种发展趋势，就能够既雄辩又生动活泼地证明或说明论点。概括性材料，可以是统计数字，也可以是客观估量；这类材料，只要概括的范围与论点的外延相称，材料来源具有权威性，就拥有不容置辩的论证能力。例如：

> 我们不妨回顾一下，1980 年那个时候，我国农业还处于相当困难的境地，粮食、棉花还需要从国外大量进口。现在情况发生了根本变化，粮食已可自给，棉花自给有余。我国在占世界 7% 的耕地上，解决了占世界 22% 人口的温饱问题，这确实是一件了不起的事情。①

一个 7%，一个 22%，这两个数字联系起来，多么雄辩地证实了这件“了不起的事情”，说明了改革开放以来我国农业的伟大成就。面对着这两个数据，谁能否认改革开放以来，我国农业取得的成就呢？这就是所谓“事实胜于雄辩”。

从藏往知来、温故知新的角度说，历史事实也是事实性论据的重要组成部分。不过，由于它们是昨天的事实，与今天的社会

---

① 《中央机关要做全国的表率》，人民出版社 1986 年版，第 23 页。

现实存在程度不同的距离，一般多作为间接的或辅助性的论据。只要准确地把握历史事实与客观现实的联系点，适当运用这类论据，不仅可以证明或说明现实问题，还可以启发人们作“通古今之变”的思考和联想。例如毛泽东同志在反驳艾奇逊把中国革命归因于“人口太多”的论调时，曾经先以反问，继以肯定的口吻列举了一系列历史事实：

> 艾奇逊的历史知识等于零，他连美国独立宣言也没有读过。华盛顿、杰佛逊们之所以举行反英革命，是因为英国人压迫和剥削美国人，而不是什么美国人口过剩。中国人民历次推翻自己的封建朝廷，是因为这些封建朝廷压迫和剥削人民，而不是什么人口过剩。俄国人所以举行二月革命和十月革命，是因为俄皇和俄国资产阶级的压迫和剥削，而不是什么人口过剩，俄国至今还是土地多过人口很远的。蒙古土地那么广大，人口那么稀少，照艾奇逊的道理是不能设想会发生革命的，但是却早已发生了。①

客观存在的事实固然胜于雄辩，知识性材料和有根据的假设性材料，由于它们或者是曾经存在的事实的结晶，或者是可能发生的事实和推断，也可以成为有力的论据。知识性材料指各个领域的具体知识，内容包罗万象；这类材料，不仅具有不容辩驳的说服力，而且可以增强评论的启迪性和感染力。有篇评论在分析人均年收入达 3000 美元的拉美国家，为什么持续发生社会动乱的问题时，一开始就引用世界银行的报告说：

> ……拉丁美洲是全球贫富差距最严重的地区，而且这种

---

① 《唯心历史观的破产》，《毛泽东选集》第 4 卷，人民出版社 1991 年版，第 1510 页。

现象仍在继续发展。目前拉美平均基尼系数[①]已达 0.522，远远高出经济发展水平与其相近的东欧和东南亚国家。

然后以具体国家为例，分析贫富差距拉大的成因，结论段强调：

拉美的教训是，总体财富增长的过程中，如果忽视了底层民众的利益，就有可能导致一个人口众多的社会群体享受不到经济发展所带来的好处。一旦这个庞大的群体被排除在发展之外，那么这个社会很可能会孕育危机，经济也往往无法持续、稳定地发展。[②]

如果说拉美国家的情况具有警示作用，那么评论的说服力则在很大程度上得益于对基尼系数的运用。

假设性材料，包括预定的计划、方案和科学的假设、推导等等。它们所反映的不是实际存在的事实，而是可能发生的事情。这类材料，只要前提可靠，就可以支持并赋予论点以某种预见性。

综上所述，可见新闻评论论据的多样性和来源的广泛性。只要善于发掘，认真筛选，精心组织，恰当表述，任何正确的论点都可以得到充分的支持和说明。反之，如果在这个环节上掉以轻心、草率从事，再正确中肯的论点也将是苍白无力的。

论据要充分

论据充分，这是新闻评论说服力的基本凭借。

然而，“充分”究竟意味着什么？所谓充分，与其说是量的概

---

① 20 世纪初意大利经济学家基尼，根据洛伦茨曲线找出了判断分配平等程度的指标。联合国有关组织规定：若基尼系数低于 0.2，表示收入绝对平均；0.2—0.3 表示比较平均；0.3—0.4 表示相对合理；0.4—0.5 表示收入差距较大；0.6 以上表示收入差距悬殊。

② 范剑青：《基尼系数的警示》，2003 年 11 月 4 日《人民日报》。

念，不如说是质的要求。毛泽东在讲到开会和写文章如何处理材料与观点时，曾经强调说：

要学会用材料说明自己的观点。必须要有材料，但是一定要有明确的观点去统率这些材料。材料不要多，能够说明问题就行，解剖一个或几个麻雀就够了，不需要很多。自己应当掌握丰富的材料，但是在会上只需拿出典型性的。①

一个“材料不要多”，一个“应当掌握丰富的材料”，乍看似乎矛盾，其实恰恰说明了认识阶段和表达阶段对论据的不同要求。在认识阶段，只有尽可能占有包括正面的、反面的和侧面的等各种材料或论据，才能防止片面性、表面性之类的主观主义毛病，保证观点或论点具有颠扑不破的真理性。而在表达阶段，如何运用材料或论据主要服从于说理需要，遵循贵精不贵多的原则。例如毛泽东同志在论证中国人民包括中国知识分子“是有骨气的”这个论断时，只用两句话概括两件事：

闻一多拍案而起，横眉冷对国民党的手枪，宁可倒下，不愿屈服。朱自清一身重病，宁可饿死，不领美国的“救济粮”。……我们应当写闻一多颂，写朱自清颂，他们表现了我们民族的英雄气概。②

虽然只有两句话、两件事，但由于人典型、事典型，却不由人不信服。对于评论所要着重说服的人们——“民主个人主义者”来说，因为闻一多、朱自清都曾经是他们之中的一分子，在叙述论据之后指出“他们表现了我们民族的英雄气概”，更具有振聋发聩的作

① 《毛泽东新闻工作文选》，新华出版社 1983 年版，第 206 页。
② 《别了，司徒雷登》，《毛泽东选集》第 4 卷，人民出版社 1991 年版，第 1495－1496 页；《新闻评论作品选》第 273－277 页。

用。如果材料不典型,或者与论点对不上"榫",材料再多也未必能充分阐明论点,甚至还可能给人以不得要领、不知所云的感觉。所以,论据是否充分,主要在于是否精当,而不在于多少,应当力求"以一当十",切忌"以十当一"。

论据精当的根本标志,是用作论据的材料与论点之间要有必然的联系。二者之间的这种必然联系,从论据的角度说,主要依赖于:(1)材料本身蕴含可以证明和说明论点的素质;(2)材料的总和能够为论点提供充分的支持;(3)材料与论点间的逻辑联系符合事物的客观逻辑。这是形成必然联系的三个不可或缺的条件;任何一方面的不足,都难免影响论据的精当程度,削弱论据的论证能力。曾经有篇评论引述这样一件事:

> 菠菜的含铁量很高,据说是有典可稽的。但现实(在),这板上钉钉的定论被推翻了,其实际含铁量只有人们熟知的十分之一。科学家发现,谬误源自一个印刷上的过失:小数点向后多移了一位。

也就是说,这一"科学定论"的错误,是印刷或校对失误造成,与科学态度严谨与否并无直接关系。然而,评论却从这件材料引申开去,导出了这样的结论:

> 重申一句老话,"实事求是"是任何时候都不应违背的正确的思想方法,在改革开放的今天,尤其是这样。

仔细琢磨一下,不就可以发现这里的论据与论点之间,榫卯并不怎样相应吗?又如有篇评论说:

> ……民主与自由,还受各民族风俗习惯的制约。比如,西洋人兴当众接吻,连大人物也不例外;中国人则不兴这个。这本来是小事一桩,如果因此硬说中国人不民主、不自由,岂

不令人笑掉大牙。①

这一论述所以给人牵强附会的感觉，不就在于风俗习惯与民主、自由是性质不同的两个概念，互相之间并没有必然的联系吗？

所以，论据精当，对于理论性论据来说，除了作为论据的判断自身具有毋庸置辩的真理性以外，还要求理解准确、尊重原意，切忌望文生义或断章取义；引用恰当，既保持原判断的完整性，又突出它与论点之间的必然联系，防止随意肢解原判断或方枘圆凿之类的现象；适当阐释、引申，自然而准确地揭示其与论点的联系，力求引出超越论据的新见解，切莫以论据代替论点，或用别人的话代替自己的分析。至于如何引用，引用原话或意引，则以论点的需要为转移。

事实性论据当然要求材料本身真实、准确、可靠。然而，这只是前提；除了具备这些前提条件外，它能否为论点提供雄辩的支持，主要取决于材料的典型性，也就是材料在事物联系中所处的地位。列宁曾经强调：

在社会现象方面，没有比胡乱抽出一些个别事实和玩弄实例更普遍更站不住脚的方法了。罗列一般的例子是毫不费劲的，但这是没有任何意义的或者起完全相反的作用，因为在具体的历史情况下，一切事情都有它个别的情况。如果从事实的全部总和、从事实的联系去掌握事实，那么，事实不仅是"胜于雄辩"的东西，而且是证据确凿的东西。如果不是从全部总和、不是从联系中去掌握事实，而是片段

① 《也说"漫画与民主"》，1985年8月26日《新民晚报》。

> 的和随便挑出来的，那末事实就只能是一种儿戏，或者甚至连儿戏也不如。①

所谓“从事实的全部总和、从事实的联系去掌握事实”，当然不是要求列举与论点有关的全部事实、说明互相间方方面面的关系，而是要求从事实的总和与联系中掂量具体事实的分量，坚决排除任何偶然的现象和孤立的事例。大千世界无奇不有，假如满足于确有其事，那么，再荒诞的论点也不难找到个别的例子。例如，有人为了否定干部知识化的必要性，不是煞有介事地举了两个“事实”吗？他一则说，张思德、雷锋文化程度不高，却是共产主义先锋战士；再则说，王、张、江、姚“四人帮”文化水平不低，但他们是反党集团的罪魁祸首。孤立地看，二者的确都是事实，但与作者所要证明的论点联系起来，岂不是挖空心思的“儿戏”吗？它除了说明作者别有用心，还能证明什么呢？这个例子虽说有点极端，却是值得认真琢磨的。

此外，事实是否为受众所熟悉、自身倾向性是否鲜明，也是选择事实性论据的重要原则。因为，如果材料生僻费解，或自身倾向有待辨析，就难以发挥这类论据的说明论点，帮助受众理解论点的作用。

论据是评论的血肉，对于评论的可读性或可听、可视性影响极大。所以，有经验的评论作者在精心提炼论点的同时，都十分注意掂量、筛选论据，讲究论据的表述。这就是为什么有些优秀的评论论据，往往不可轻易更换的缘故。

---

① 《列宁全集》第23卷，人民出版社1958年版，第279页。

思考题：

1. 何谓论据？如何理解论据的证明和说明功能？
2. 论据有哪些种类？如何配合运用各类论据？
3. 为什么说事实性论据对于广播、电视评论具有特殊意义？
4. 为什么说“论据充分”不是数量而是质量要求？

第四节　论证

在一则评论的孕育过程中，除了提炼论点、组织论据以外，还有一个如何把它们联结为有机整体的问题。承担解决这个问题的要素，就是论证。论证贯穿于评论从酝酿到表达的全过程，这里主要从表达的角度作些必要的阐述。

论证及其条件

所谓论证，在表达阶段，指用论据证明和说明论点的过程和方式、方法。在有分论点的评论中，它包括用分论点体现和支持总论点。不论从那个意义上说，论证的基本目标都是实现材料与观点，即论据和论点的统一。

这里所说的论证，兼指证实和证伪。证实是用论据证明或说明自己的论点，这在形式逻辑中称为“论证”；证伪是用论据推翻、否定论敌的论点（也就是敌论），在形式逻辑中则称为“反驳”。在新闻评论中，证实和证伪往往存在于同一论述过程之中，服务于同一论点（包括分论点和总论点），而且遵循共同的逻辑规则。所以，证实和证伪实际上都可以视为论证，差别只在于证实是论证的肯定形式，而证伪则是论证的否定形式。

且看《论责任》中的这一片段：

> 责任是和谐社会的“生态链”，每个人都是这个“生态链”上的重要一环。只有大家都重视依法行使民主权利、增强遵纪守法的观念，才有整个社会的民主法治；只有大家都把公平正义作为自己追求的价值取向和秉持的基本准则，才有整个社会的公平正义；只有大家都诚实守信、融洽相处，才有整个社会的诚信友爱；只有大家都激发创造活力、焕发蓬勃生机，才有整个社会的充满活力；只有大家都珍惜团结稳定，通过正常渠道表达合理诉求、通过合法手段维护自身权益，才有整个社会的安定有序；只有大家都从自己做起、从细节做起，节约每一度电、每一滴水、每一张纸、每一粒粮，为建设资源节约型社会和环境友好型社会尽责出力，才有人与自然的和谐相处。

在这一片段中，“责任是和谐社会的‘生态链’，每个人都是这个‘生态链’上的重要一环”无疑概括了一个具体论点，而紧接着的6个“只有……，才有……”则是藉以阐述、支持论点，以及帮助读者理解论点的论据，二者毫无间隔地连接在一起，构成了对于这个肯定命题（即证实）的严密论证。

这篇长篇评论的第8至第10节，则都属于证伪，是对于否定命题即错误看法的反驳。如第10节，它首先列出错误认识：

> 还有一些似是而非的认识：“别人不负责，我想负责也负不起来”——无法负责任；“大家都不负责，我一个人负责也白搭”——讲责任无用；“别人对我不负责，我对别人负责是犯傻”——讲责任吃亏。凡此种种，是对责任观的肢解和歪曲。

然后通过心平气和的论述一一予以反驳，如针对“讲责任吃亏”论指出：

> 一般来说，人们容易看到自己的长处和别人的短处，不容易看到别人的长处和自己的短处。“人贵有自知之明”的另一面，说的是人难有自知之明，看待自己对别人负责和别人对自己负责的关系上也是这样。多看自己的责任，责任就不是额外负担，而是内在要求。更何况负责任得来的是事业的发展和自身素质的提高，何来“吃亏”可言？

这三节驳论或“证伪”，与上面的论证或“证实”，遥相响应，共同为支持总论点服务。如果把它们视为一个整体，堪称是一个相当丰满、严密的“正——反——合”论证结构，有效地强化了以上述论点为核心的总论点的说服力。

论证是一个过程。表达中的论证，既是思维的继续，又贯穿于论述的始终。对于这个过程的实质，毛泽东同志在《工作方法六十条（草案）》中，作了精辟的概括：

> 概念的形成过程，判断的形成过程，推理的过程，就是调查和研究的过程，就是思维的过程。人脑是能够反映客观世界的，但是要反映得正确很不容易。要经过反复的考察，才能反映得比较正确，比较接近客观实际。有了正确的观点和正确的思想，还要有比较恰当的表达方式告诉别人。概念、判断的形成过程，推理的过程，就是“从群众中来”的过程；把自己的观点和思想传达给别人的过程，就是“到群众中去”的过程。[①]

可见，表达中的论证以认识中的论证为前提，是形成论点的思维

① 《毛泽东新闻工作文选》，新华出版社 1983 年版，第 206 页。

过程的相应反映。任何一篇评论作品，固然都存在着某种论证。但是，这并不意味着它们都能够自然而然地实现材料和观点或论据和论点的统一，能够把自己的观点和思想比较恰当地传达给别人。如果离开正确思维这个前提，事实上就不可能有恰当的、有说服力的论证。从这个意义上说，恰当或比较恰当的论证，需要具备两个前提条件，即：(1)论点确切地概括评论对象的实质，本身具有真理性；(2)论据充分，具备支持论点的基本素质。如果背离这两个条件，即使在论证方面使尽浑身解数，也不可能使评论具有说服力，而只能落入牵强附会、强词夺理的境地。

当然，具备这两个条件，也未必就能够实现材料与观点、论据与论点的统一，就一定有雄辩的说服力。如果不把握材料与观点、论据与论点本质的联系，不能用恰当方式、方法表现这种联系，那么，即使论点本身正确，论据具备了应有的素质，也可能因为缺乏合适的联结纽带而陷于逻辑紊乱状态，诸如相互脱节、"走题"或相互矛盾等等。正如毛泽东所说："把材料和观点割断，讲材料的时候没有观点，讲观点的时候没有材料，材料和观点互不联系，这是很坏的方法。"①所以恰当的论证，除了上述两个前提条件以外，还要遵循逻辑规律，掌握科学的逻辑方式和方法。

论证的逻辑方式

新闻评论常用的论证方式，可以按不同的分类标准，归纳为两类：一类是直接论证和间接论证，另一类是演绎论证和归纳论证。

直接论证和间接论证——这是按论点和论据的关系划分的

---

① 《毛泽东新闻工作文选》，新华出版社 1983 年版，第 205—206 页。

两种相对应的论证方式。

直接论证 这是用论据直接证实自己的论点，或证伪论敌论点的论证方式。如：

> 我们既要看到耕地保护的严峻形势与困难，更要看到解决这一问题的可能与希望，看到光明的前途。（论点）……我们不仅可以靠开发荒地资源、复垦废弃地增加耕地，更重要的是，可以通过内涵挖潜，从已利用的土地中挖掘再利用土地资源，从自己的脚下寻找土地的新空间。我国城镇和农村居民点用地，已达2.72亿亩，人均用地达153平方米。随着现代化的进程，将人均用地逐步降到100平方米，可以再利用的土地就有9000万亩，这是多么大的潜力！不仅如此，通过土地整理，也可以增加相当数量的耕地。仅江苏省实施村镇规划，计划把28万多个自然村缩并成5万多个较大的村，就可以增加耕地300万亩。这又是多么大的潜力！（论据）①

这里用事实性论据直接支持自己的论点，雄辩地说明我们是可以解决好耕地问题的。

直接证伪，又可分为两种，一是直接针对论敌或敌论的证伪，如：

> 将国民党说成是"外来政权"，李登辉犯了逻辑上和实践上的重大错误。由于他自己是国民党的主席，又是由"国大"选举出来的"总统"，而国民党与"国大"都是由中国大陆迁往台湾的，李登辉本人也是在这个"外来"政权的架构中工作多年之后，由蒋经国选拔为"副总统"的。李登辉把国民党说成

---

① 《保护耕地，刻不容缓》，1997年5月19日《人民日报》社论。

"外来政权",意在否定其合理性,但是如此一来,他自己的权力基础也就不存在了,不仅如此,连台湾当局的各种施政活动也都失去了合理性。这或许就是台湾的主流媒介都不敢报道李登辉此次谈话的原因之一。

至于试图否定中国的存在,那就更是既可笑又可悲了。无论是中国还是中华的概念都是十分明确的,绝不是司马辽太郎之类的小丑否定得了的。近代以来,中国曾经饱受内忧外患,包括被日本帝国主义占领台湾。但是这种日子已经一去不复返了。今日中国正迈步走向现代化,中国的崛起是任何人也阻挡不了的。今日中国是国际社会广受尊重的重要成员,中华民族大家庭从来没有像今天这样团结。自外于中华民族、数典忘祖的极少数人,与一些帝国主义阴魂不散的丑类一唱一和,只能是蚍蜉撼大树,可笑不自量。①

这是香港《文汇报》一篇社论中的两段。1994年3月,李登辉在与日本作家司马辽太郎(福田辉一)谈话时,公然声称国民党是"外来政权",说什么"'中国'这个词是含糊不清的",试图否定台湾是中国的不可分割的组成部分。社论的前一段,采用"以子之矛攻子之盾"的方法,指出所谓"外来政权"的说法,犯了"逻辑上和实践上的重大错误";后一段则通过有理有据的说理,直斥任何否定台湾是中国固有领土的言论都不过是蚍蜉撼树的妄想。这两段论述,都属于直接针对敌论的证伪。

另一种直接证伪,是面向社会公众揭露腐朽事物。为让公众

① 《警惕李登辉的"台独"言行》,1994年6月16日香港《文汇报》社论。

易于理解和接受，这种直接证伪一般更注意有的放矢地分析相关事物的成因及其危害，如《警惕“伪科技”迷信》[①]中的这两个片段：

迷信是对客观世界的一种扭曲反映，由于人们对某些自然和社会现象缺乏正确认识，常常作出错误的解释和进行盲目的崇拜。迷信是科学的对立物，迷信在不同的时代带有不同的色彩。60多年前，作家赵树理写的小说《小二黑结婚》里三仙姑的装神弄鬼，现在已经吃不开了，但网络迷信却将迷信与科学技术嫁接在一起，披上了一件光灿灿的华丽外衣，以一种新的形象走进青少年的生活。这无疑是对科学技术的嘲弄和讽刺！

网络算命、电脑占卜的原理很简单，就是通过一个软件程序，把一整套迷信资料贮存在电脑里，然后利用数据库进行随机组合，毫无科学依据可言。但时尚的网络算命得出的结果却迷惑了当代青年人的双眼，搅乱了他们的思绪。网络迷信对思想尚未定型的青少年具有很大的欺骗性，将影响他们的人生观、价值观，使他们屈从于命运的安排，丧失竞争的勇气与动力。它是一剂麻醉人性的精神鸦片，使许多涉世未深的青少年纷纷上瘾。它是一把杀人不见血的软刀子，一种新的精神污染，是青少年成长的拦路虎、绊脚石。

在这里，证伪的主要目的在于唤起青少年自觉抵制“伪科技”迷信，所以侧重于揭露其为害之处。

间接论证 这是与直接论证相对应的论证方式。它或者通过否定对立的论点，来证明和说明自己论点的正确性，称间接证

---

① 全文见本书末附录。

实；或者通过证明与错误论点相反的论点是正确的，达到推翻错误论点的目的，称间接证伪。毛泽东同志在《论人民民主专政》中，为说明实行人民民主专政的必要性所运用的，就是间接证实的方式：

有什么理由要这样做呢？大家很清楚。不这样，革命就要失败，人民就要遭殃，国家就要灭亡。①

新华社曾经针对台湾当局鼓吹主权与“治权”分开论，播发了一篇署名评论。这篇评论首先阐述了“主权”的科学含义，引用周鲠生教授在《国际法》这一著作中的论断，指出按照公认的国际法的这一基本原则，“主权的完整性是不容侵害的”；接着分析“治权”概念，说明“治权”不是政治学、宪法学及国际法的通用术语，也不是与主权相对应的名词，而是孙中山创造的包含在“主权”之内的一个名词。在界定了这两个概念之后，评论指出：

既然主权包括“治权”，那么，台湾当局为什么主张两者必须分开呢？这从表面上看来似乎很奇怪，但细心分析起来，台湾当局自有它的用心。

在这一论证过程中，作者运用的就是间接证伪的逻辑方式。

直接论证和间接论证，可以同时出现在同一论证过程之中，用来证实或证伪同一论点。《人民日报》社论《再也不要干“西水东调”式的蠢事了》，就是相当典型的一例。这篇社论围绕“发展农业靠什么”，分析阐述昔阳县“西水东调”工程的教训。发展农业究竟靠什么，有两种相互对立的答案：一种是体现在“西水东调”工程中的“一靠运动，二靠‘大干’”，另一种是社论所着重强调

---

① 《毛泽东选集》第4卷，人民出版社1991年版，第1475页。

的“靠实事求是”、“因地制宜”。面对这两种截然相反的答案，否定其中一种等于间接肯定另一种；反过来说，肯定其一种，也等于否定另一种。社论根据这一特点，首先批驳“一靠运动，二靠‘大干’”的错误指导思想，指出如果这样，“我国的农业是永远没有指望的”（这本身是直接证伪），从而支持了必须“靠实事求是”、坚持“因地制宜”方针的论点（从这个角度看是间接证实）；紧接着对必须“靠实事求是”、坚持“因地制宜”作了直接论证，这又反过来强化对“一靠运动，二靠‘大干’”的反驳（从这个角度看是间接证伪）。社论的这一论证过程，就论证“实事求是”这一正确指导思想说，先后运用了间接证实和直接证实；而从批驳错误指导思想看，则先后运用了直接证伪和间接证伪。这样把两种论证方式结合起来，实际上就是人们常说的“讲了正面又讲反面”，或“正——反——合”的论述结构。这个例子说明，恰当地配合运用直接和间接论证，往往可以强化对正面论点的支持或对反面论点的批驳，增强评论的说服力和论辩力，也可以使文章显现波澜，增强可读性、可听性或可视性。

演绎论证和归纳论证——这是根据论证时运用的逻辑推理方式划分的两种论证方式。

演绎论证 这是运用演绎推理的论证方式。它从已经公认或已经证明的论断出发，经过一定的推理程序，证明和说明尚未形成共识的论点。包括从已知推导未知，从旧知推演出新知，从一般前提引申出对于特定事物的看法、即从一般到特殊等具体论证方式。马克思主义原理，党的纲领、路线和方针政策，经过实践检验了的理论观点，都可以成为这种论证的前提或出发点，成为证明和说明新论点的可靠论据。例如：

毛泽东同志常说："我们应该是老老实实地办事，在世界上要办成几件，没有老实态度是根本不行的。"老老实实地办事，就是从实际出发，实事求是。搞农业，也靠实事求是。……

从毛泽东同志的一般论断，推导出搞农业也必须如此，也必须坚持量力而行、因地制宜等等原则。由于前提是科学的、正确的，推理时又遵循逻辑规则，所以由此推出的论点也是无可辩驳的。这里需要强调，演绎论证除了前提必须是已证明为正确，并为人们普遍接受的论断以外，还需要有恰当的推理中介（形式逻辑称为"小前提"），才能顺理成章地过渡到论点上来。如前一例中的"老老实实地办事，就是从实际出发，实事求是。搞农业，也靠实事求是"，就是导出量力而行、因地制宜等具体论断的必要中介；如果没有这个中介，人们就未必都能领会"老老实实地办事"与量力而行、因地制宜之间的必然联系。

归纳论证　这是运用归纳推理的论证方式。与演绎论证相反，它循着从特殊到一般、从个别到整体的方向进行推理。如任仲平文章在阐述抗击"非典"中展现伟大精神时，突出地强调：

每一场特殊战斗，都需要一批特殊战士；每一次生死搏斗，都会涌现一批英雄。

为支持这一论断，文章紧接着列举了一系列事例：

在抗击非典的斗争中，广大医护人员、科研人员挺身而出，不辱使命。"这里危险，让我来。"第一批"扫雷者"、中山大学附属第三医院的优秀共产党员邓练贤以自己宝贵的生命，为广大医护人员树起了旗帜。"选择了从医，就选择了奉献。"北京大学人民医院主任医师丁秀兰以身殉职，用生命实践了自己的誓言。“医院就是战场，作为战士，我们不冲上去谁上去?”中国工程院院士、广州呼吸病研究所所长钟南山昼夜坚守在最前沿。“只要还有一名患者没有脱离危险，我就不能离开前线。”中日友好医院非典医疗组组长林江涛亲自诊治每一个疑似患者。解放军302医院74岁的老专家姜素椿抢救非典患者被感染，执意要求注入非典患者康复期的血清，“为防治非典闯条路。”在抗击非典第一线英勇牺牲的广东省中医院护士长叶欣，以无私的奉献赢得了国际护理界的殊荣。中国科学院、军事医学科学院的科研人员刻苦攻关，短短数周发现非典病原体，36小时完成新型冠状病毒的基因测序。广东省中医院二十余名医护人员不幸被感染，一批后继者又义无反顾顶上去。倒下一个，跃起一群，前仆后继，舍生忘死。①

从思维的角度说，前面的论断来自对后面一系列典型事例的归纳；从表达的角度说，后面的事例，则为前面的论断提供了雄辩的支持。这一建立在思维与表达统一基础上的归纳论证，有效地增强了论点的说服力。

归纳论证以各别的事物或问题为推理依据，运用时要讲究概率，注意排除偶然的、孤立的、表面的东西，坚持从事物的联系中把握事物，才能保证论点立于颠扑不破的地位。有人怀疑归纳论证的可靠性，认为新闻评论篇幅有限，不可能遍举有关的各别事物，只要稍有遗漏就可能动摇结论。其实，归纳论证是否一定要遍举一切，这是值得斟酌的。任何事物都有其基本属性或质的规

---

① 《筑起我们新的长城——论抗击非典的伟大精神》，2003年5月15日《人民日报》。

定性，通过解剖麻雀、把握基本属性就可以以此类推，并不一定要逐个解剖。如果因为事物可能有个别例外而否定归纳的认识价值，岂不是因噎废食了吗？

直接论证和间接论证，演绎论证和归纳论证，是按照不同标准划分的两类论证方式。它们之间有区别，但并不相互对立、相互排斥。事实上，无论直接论证还是间接论证，都需要借助某种逻辑推理方式，因此也可能同时是演绎论证或归纳论证；反过来说，也是如此。

论证的方法

论证方法是把论点和论据，或观点和材料组织起来的具体方法。一定的论证方法，要求拥有与论点相适应的论据，运用相应的推理方式。因此，论证方法一般按论据的性质，或推理方式分类。新闻评论的常用论证方法，有按作为论据的材料性质划分的例证法、引证法、喻证法、比较法，以及按推理方式划分的演绎法、归纳法、反证法、选言法等等。

例证法——用具体事例证明和说明论点，是新闻评论最常用的论证方法。作为例证的事实，不论是典型事例还是概括性材料，它的证明能力取决于事实本身的素质；而它的说明作用，则与受众的熟悉程度和认知习惯联系在一起。因此选择事例和材料时，首先要弄清楚究竟侧重于证明还是说明。如果侧重于说明，就要从受众的接受能力和接受习惯出发，选择他们比较熟悉或易于理解的事例，运用便于他们接受的表达方法。芬兰有家报纸，在一篇题为《中国：爱好和平的巨人》的文章中，有这样一段文字：

相反，中国在漫长的历史中希望在不受外部侵扰的情况下安居乐业。为了抵御外部侵略，中国建造了万里长城。长城已成为对邻国作出的某种保证，说明侵略是不会来自长城以内的。[1]

长城是防御性工程。用修筑长城这一事实论证中国人民爱好和平的传统，不仅雄辩，而且易于为芬兰多数读者理解，因为中国的长城毕竟是世界七大奇观之一，是尽人皆知的历史常识。《我们的共同使命》列举斯诺、白求恩、陈纳德的事迹，以及柯棣华、史沫特莱、罗生特、汉斯·希伯、马海德、林迈可等一串对抗日战争作出贡献的国际友人的名单，藉以证明和说明这一论断："抗日战争中展现出的这样一幅国际主义大合作的壮丽画卷，蕴含着深刻的启示：维护世界和平、促进共同发展是全人类共同的使命。抗日战争中展现出的这样一幅国际主义大合作的壮丽画卷，蕴含着深刻的启示：维护世界和平、促进共同发展是全人类共同的使命"；这些人、事多数也是中国读者较为熟悉甚或耳熟能详的。

引证法——用已被确认是合乎客观实际的思想、观点证明和说明尚待确认的论点。引证法与演绎论证有联系，也有区别。演绎论证中所引用的论据是推理的前提，是用一般来证明和说明特殊；而引证法除作为推理前提外，还表现为用已被确认了的个别理论观点证明和说明待确认的个别论点。例如下面这一片段：

"对学术腐败者也不必慈悲"[2]，说得好。马上想起范仲淹的一句名言，"一家哭何如一路哭"，那是他一度当上宋王朝的参知政事，相当副宰相，有点用人大权时，曾把那些不胜任按察使的人从候选名单删去。这时有人劝他说："一笔勾之甚易，焉知一家哭矣！"指的是那个落选的人一家子该伤悲

---

① 1986年6月14日《南芬兰新闻报》。

② 这是2005年9月6日《北京青年报》一篇评论的题目，评论的全文见本书末附录。

> 了。范仲淹的回答是："一家哭何如一路哭！"也就是说岂能照顾此一人的荣禄而使一路的百姓受害！（"路"在宋代是一种行政区划，和今天省的地位相当，按察使是"路"的最高长官）对学术腐败如果视为细微末节，让搞腐败的人继续掌握学术乃至行政大权，腐败何能制止。

在这篇为《对学术腐败者也不必慈悲》评论叫好的短论中，[①]范仲淹的话被作为直接推论的论据，而不是演绎的前提。引证的关键在于榫卯相应，即引文与论点之间存在着必然的联系，但又不是同义反复。

喻证法——这是运用比喻论证论点的方法。刘勰说："喻巧则理至"[②]。恰当运用比喻，既可以明理，又可以增强说理的形象性。毛泽东在为延安《解放日报》写的社论《一个极其重要的政策》中，曾经以孙行者钻进铁扇公主的肚子里和贵州小老虎斗大驴子作譬，证明和说明只有精兵简政，才能更好地对付日本侵略者的庞大战争机构，成为无敌的力量；[③]在为新华社写的新年献词《将革命进行到底》中，引用《伊索寓言》中的"农夫与蛇"的故事，强调决不能怜惜蛇一样的恶人，号召人民把革命进行到底。[④] 这些都是成功运用比喻的例子。但是正如列宁所说，"任何比方都是有缺陷的"[⑤]；比喻材料毕竟不是评论对象本身，它与论点之间只有某种间接的联系，而没有全面的、直接的联系，所以一般只能用作论证的辅助手段，而且必须准确把握比喻材料与论点的联系

---

① 陶世龙：《一家哭何如一路哭》，原发于"五柳村"网站；全文均见本书末附录。

② 刘勰：《文心雕龙·论说》。

③ 《毛泽东选集》第3卷，人民出版社1991年版，第882－883页。

④ 《毛泽东选集》第4卷，人民出版社1991年版，第1377页。

⑤ 《列宁选集》第4卷，人民出版社1965年版，第622页。

点。否则就可能出现以喻代论之类的偏颇。

比较法——通过事物之间的比较论证论点。“有比较才能鉴别”，比较是认识也是说明事物的基本方法之一。按事物间的关系，比较可分为顺比和对比。顺比指类似事物之间的比较，侧重于求同。邹韬奋在《国府迁回南京》中，巧妙地运用这种方法，揭露和抨击了南京国民党政府“迁徙”的真面目。1932 年淞沪抗战爆发后，日本军舰威逼南京，国民党政府逃到洛阳，到年底才返回南京。邹韬奋把这件事与 1900 年八国联军进攻北京时，慈禧太后挟光绪逃到西安的事件相比较。由于在庚子事件中慈禧的投降卖国政策历史上早有定论，一经比较，国民党政府一“逃”一“返”的实质也就洞若观火了。在这个基础上，评论鞭辟入里地指出：

> 这次政府的“徙”来“徙”去，和庚子祸乱之“逃”来“逃”去，其受帝国主义暴军之威胁虽同，而不可相提并论者，因庚子祸乱，当道者自言是逃难，前清西太后在“行在”时还下诏罪己，这次却大大的不同，因为“乃徙”时是为着“长期抵抗”，“东返”时又是为着“长期抵抗”。①

反话正说，既尖锐泼辣，又耐人寻味。对比是在两种截然相反的事物之间，或同类事物在不同条件下的比较，侧重于求异。例如《孤苦老人的富有与大款团的贫穷》，这则网络评论先后引用了两则报道。一则报道说：

> 一颗火热的心停止了跳动，那辆破旧的三轮车从此寂寞孤单。曾用蹬三轮车所得资助贫困学生而“感动中国”的白芳礼老人，9 月 23 日上午在天津去世，享年 93 岁。这位平凡

---

① 全文见《新闻评论作品选》第 303—304 页。

的老人，十几年如一日顶风冒雨奔波在街头，省吃俭用，用蹬三轮车积攒的35万元钱资助了近300名贫困学生。……白芳礼老人说："我过得是苦，可我的心里是舒畅的！"……

另一则报道说：

在日前结束的北京商务车展上，山西煤窑主组成的"大款团"5天内买了80辆豪华车，两辆超过600万元的顶级名车，世爵和迈巴赫都是被他们用立即付账的方式直接开走的。煤窑主们还顺便照顾了一下北京最贵的楼盘"观湖国际"的生意，那里最便宜的一套房也在160万元以上，他们一口气就买走了几十套……

作者紧接着加了一句："我一直关注这些山西煤矿老板的报道，只可惜我一次也没有看到他们慷慨解囊，帮助穷人的报道。"最后引出这样的论断：

确实地说，老人的精神感动了绝大多数中国人，但还没有感动一些富人，他们可以一掷千金地铺张浪费、斗富，但却舍不得捐一分款来资助社会上的穷人，甚至连自己应该承担的责任纳税都可逃避。这样的人再富有，也让我们所鄙视。白芳礼老人虽然捐赠得一无所有，但留给我们的却是很多很多。[①]

这则评论论述虽然比较粗疏，但其中的对比材料相当典型，显然可以增强论证的说服力。

比较法是一种从个别（特殊）到个别（特殊）的论证方法。运用这种方法，要格外注意事物间的联系和区别，注意把事物放在各自所处的条件下分析，这样才能防止片面性和表面性，防止简

① 作者洪巧俊，2005年10月3日"红网"。

单的类比。

演绎法和归纳法——这是运用演绎推理和归纳推理的论证方法,上面已经讲过,这里不再赘述。

反证法和选言法——这是进行间接论证常用的方法。反证法是通过否定对立面证实论点,或通过证实自己的论点否定敌论(即证伪)的方法。上面所举毛泽东论证人民民主专政必要性的一例,属于前一种反证;下面一例则属于后一种反证:

> 共产党是一个穷党,又是被国民党广泛地无孔不入地宣传为杀人放火,奸淫抢掠,不要历史,不要文化,不要祖国,不孝父母,不敬师长,不讲道理,共产公妻,人海战术,总之是一群青面獠牙、十恶不赦的人。可是,事情这样地奇怪,就是这样的一群,获得了数万万人民群众的拥护,其中,也获得了大多数知识分子尤其是青年学生的拥护。①

国民党对共产党的污蔑多达十条,如果一一反驳,不仅不胜其烦,而且将使文章不可卒读。用反证的方法,只用"事情这样地奇怪……"这么一句话,概括一个不容争辩的事实,就把一切污蔑统统驳倒,多么简洁、多么凌厉!可见,恰当运用反证,有时能收到正面证实或证伪收不到的效果。不过,反证只有在直接对立、非此即彼的情况下,才是有效的。如果不是非此即彼,不是二者必居其一,那么否定一种就不一定能肯定另一种,肯定一种也不一定能否定另一种。在有多种可能性的情况下,间接论证就只能采用选言法了。但这种逐一排除与论点相反的各种可能性的方法,一般不是新闻评论的篇幅所能胜任的。

---

① 《毛泽东选集》第4卷,人民出版社1991年版,第1485页。

不同的论证方式和方法，有不同的论证功能，不同的适用范围。它们本身并没有优劣之分，只有运用恰当与否之别。所谓恰当，一是要从论点和论据的必然逻辑联系出发，切忌生搬硬套；二是要舍繁就简，尽可能运用最简易的方式和方法，这既能简化论证过程，也便于受众理解，一举两得，何乐而不为！总之，只要能够正确、巧妙地揭示论点与论据间的内在联系，达到有理有据、有雄辩说服力的客观效果，就是恰当的方式、方法，就是成功的论证。

思考题：

1. 何谓论证？恰当论证需要具备哪些条件？
2. 概述新闻评论常用的论证方式和方法。
3. 如何恰当运用例证、喻证方法，防止“以例代论”、“以喻代论”之类的毛病？

第五节 新闻评论的基本类型

新闻评论在适应社会需求的过程中，视野日渐扩大，内容日益丰富多彩，表现形式也日趋多样化。于是逐渐形成了一些内容取向、表现形式和适用范围都有所不同的评论类型。这些隶属于体裁的具体评论类型名目繁多，称谓不一，分类也不尽相同。这里仅就某些基本评论类型的特点和适用范围作些介绍，也许对丰富和完善广播、电视评论的类型不无裨益。

新闻评论的分类

在分类问题上，新闻评论如同其他新闻体裁一样，目前仍然处于众说不一的状态。这些不同的分类，多数由于分类目的和分类标准不同所使然。它们并不一定相互对立、相互排斥，其中相当一部分是可以并存、可以相互补充的。

与国外五花八门的分类相比较，我国新闻界对新闻评论的分类基本上是一致的。在新中国成立后很长一个时期内，新闻评论主要是报纸新闻体裁，其分类体系也是在报纸评论基础上形成的。这个分类体系包括两个层次：第一层次分为署名评论和不署名评论，而以后者为主；第二层次主要是依据评论规格对不署名评论的再分类，包括社论、评论员文章（前期称评论）、短评、编者按和编后四种。上世纪 70 年代后期，广播电台开始比较经常地播发自己的新闻评论，随后电视评论也逐渐增多。广播、电视评论的兴起，标志着新闻评论从报纸体裁转变为各种新闻媒介的共用体裁。不过，广播、电视中的口播评论仍然主要沿用报纸的分类，只是把社论更名为"本台评论"，评论员文章、短评也冠以"本台"罢了。

当然，随着社会需求的变化和新闻改革的深入，无论报纸还是广播、电视，在评论领域里都不断有所创新、有所开拓。比如，报纸上的署名评论开始突破"轻量级"格局，出现了像"人民论坛"这类"次重量级"的评论专栏，甚至像《人民日报》署名"任仲平"的这类"重量级"的长篇评论；新闻述评多数转化为由个人署名的记者述评，而本报评论员也出现了个人署名。广播、电视评论开始突破体裁的界限，或者与节目融汇在一起，或者栏目化、节目化。诸如此类的发展变化，势将对既有的分类体系提出挑战。现将报纸和广播既有的评论分类列表于下：

类别	报纸新闻评论	广播新闻评论
不署名评论	社论 （编辑部文章） 本报评论员 （评论） （特约评论员） 短评 编者按 编后	本台评论 本台评论员 本台短评 编后话
署名评论	记者述评 专栏评论	记者述评 署名短论

当然，由于媒介的性质、地位、接受对象不同，并非所有报纸、广播电台都经常运用这些评论名目。比如晚报主要在专栏中发表署名评论，如《新民晚报》的“今日论语”，《羊城晚报》的“街谈巷议”等；它们除编者按、编后之外，一般不发不署名的评论，因此很少运用社论、本报评论员一类的评论名目。广播评论的这些名目，主要根据“中广”的分类；有些地方台的评论名目并没有这么完备，运用范围也不很明确，如有的电台一律称之为本台评论。近年来，随着广播、电视改革的深入，广播电台、电视台都致力于加强评论环节，评论的表现形式正在急剧变化之中。上表所列的广播评论名目，实际上只能大致反映1980年代中期的情况；此后广播、电视评论开始出现摆脱单篇独论、日渐与节目融为一体，这就难以单纯从体裁的角度予以分类了。

不署名评论

不署名的评论，意味着以编辑部的名义发表意见和看法。机关报和各级电台、电视台的有些社论（本台评论）和评论员文章，甚至是代表一级党组织或政府部门的看法。正因为这样，各新闻单位历来把不署名评论列为评论工作的重点。毛泽东强调党委要抓评论工作，主要指抓这类评论，尤其是其中的社论和评论员文章。

不署名评论的各种类型，是按所论述的论题的重要程度划分的。它们的不同名称，首先意味着不同的评论规格。对于新闻单位来说，准确掌握评论规格是一件不可掉以轻心的事情。因为评论规格既反映评论主体对于论题重要性的判断，也关系着评论的签发权，实际上也是评论工作规范，包括评论体制是否健全的具体标志。

社论/本台评论——这是报纸、广播电台、电视台的最高规格的评论，通常用来论述重大的、全局性的新闻事件和问题。当然，所谓重大，所谓全局性，都是相对而言的，是综合考虑各种因素的判断。这些因素包括事件或问题本身的分量，它们蕴含的意义和客观影响，受众的关心程度，以及媒介的性质、所处的地位和肩负的任务等等。例如，山西昔阳县停建“西水东调”工程，就事件本身说，不过是一个县的决定；但同当年兴师动众修建这项工程的背景联系起来，停建的决定却就具有非同寻常的意义：一个工程的“上马”、“下马”，体现了两种截然不同的发展农业的指导思想。正是基于这一判断，《人民日报》配合工程停建的报道，发表了《再也不要干“西水东调”式的蠢事了》的社论。再如哈尔滨双城堡车站野蛮装卸的事件，就事论事不过是个服务态度问题，不过是摔坏几台洗衣机的事，确实不是什么了不得的大事。但就是这么一件事，却需要中央领导同志多次过问，才能排除诸如主管部门护短、调查组互相推诿等等障碍，得到比较合理的处理。从处理过程看，这件小事却反映了领导作风中的严重问题。因此，“中广”在作了一系列连续报道之后，就这一事件播发了本台评论《整顿路风才能得人心》[①],《人民日报》也发表了题为《勇于负责,敢于斗争》的社论[②]。全局性问题也可以作如是观,但与媒介所处的地位、覆盖范围联系更为紧密一些。

评论员文章——规格仅次于社论或本台评论的评论类型。它所论述的问题虽然也是重要的、人们普遍关心的,但问题本身一般带有局部的性质,如地区性或部门性问题。各个领域的重大成就和经验,领导作风、工作方法方面的经验和问题,某些需要引起人们重视的社会风尚、社会思潮或行为倾向,关系人们切身利害的社会现象,也常运用评论员文章来分析论述。近年来,评论员文章的应用范围呈现扩大的趋势,有的媒介甚至有意识地控制社论而多用评论员文章。有的同志认为,评论员文章的兴起,“具有八十年代的时代色彩”;因为“进入八十年代,生活的节奏快了,评论的新闻性增强了,各种报纸如雨后春笋,彼此竞争……在这种新的形势下,如果固守于社论这一形式,就可能贻误时机;评论员文章这种‘轻骑兵’形式,就迎来了大繁荣的年代。”[③]目前,评论员文章多为不署名评论,但有些报纸如《经济日报》、《中国青年报》、《福建日报》、《北京青年报》等已开始尝试运用署名的评论员文章,这是值得注意的迹象。

与评论员文章同一规格的,还有一度颇为盛行的特约评论员文章。这类评论冠以“特约”,意在暗示作者身份非同寻常。由于文章一般较长,往往对所论述的问题做多侧面或多层次的分析,

---

① 中央人民广播电台1983年4月3日播出,《全国优秀广播节目稿选(1983)》,中国广播电视出版社1985年版,第32—33页。

② 1983年5月13日《人民日报》社论。

③ 范荣康:《新闻评论学》,《人民日报》出版社1988年版,第194页。

曾被称为“超重型评论员文章”。1980年代中期以后，这类文章已不多见，也许将同编辑部文章一样成为历史的陈迹。不过，《人民日报》于2005年9月9日发表的纪念抗日战争六十周年的评论《把伟大抗战精神化为振兴中华的实际行动》，仍冠以“本报特约评论员”的署名。

短评——这是一种轻型评论。短评的论述对象一般不是整个事件或问题，而是事件或问题具有启发意义的某一侧面、某一层次，甚至是某一点；有时也被用来解剖某种具体观点，或工作、思想、行为中的某种倾向。这类评论近年来日渐式微，这与专业评论工作者有所轻视不无关系，但主要还是由于署名短论的冲击。从目前的发展迹象看，短评可能逐渐由署名短论所取代。

编者按和编后——在不署名的评论中，这是最简短、最轻便，也是最低规格的类型。编者按有两种，一种是介绍性的，通常用于介绍作者或提供其他背景材料；一种是议论性的，常以画龙点睛的方法表明对有关事物或问题的看法。这里所说的是后一种编者按，一般置于它所“按”的报道或其他文章的前头。有时也在文章中间加按语，类似古代图书中的“夹批”、“夹注”。这类按语通常是对所“按”文章的某一片段或个别提法的扼要评论，运用起来特别灵活。

编后的规格相当于编者按，因放在新闻报道或其他文章后面而得名。不过，这种文章，通常比编者按有较多的发挥，也可以写得更为具体、生动一些。广播、电视从自己的传播方式出发，一般不用文前的编者按语，而用“编后话”。

上述这些不署名的评论类型，都是按论题的重要程度划分的，它们的名称代表着一定的评论规格。而新闻媒介之间，既有性质(如党、政府、群众团体和专业性的报纸,综合性和专业性广播电台、电视台或频率、频道)和传播方式(如报纸、广播、电视)的区别,也有所处地位(如中央、省市、地市)和服务对象(如分别面向工人、农民、青年、妇女等)的不同。因此,面对同一新闻事件或问题,不同媒介完全可以根据自己的需要选择不同类型的评论。例如,中国女排在洛杉矶奥运会上夺得冠军,《人民日报》、《光明日报》和《体育报》,分别发表短评、评论员文章和社论表示祝贺。① 三家报纸用三种规格的评论论述同一件事,完全符合它们各自的性质和所处的地位。如果它们采用同一规格的评论,那就不恰当了。

上述四种不同规格的不署名评论,构成了一个相当完整的评论体系,可以用来处理不同的论题。比较地说,广播、电视在运用不署名评论方面,仍然存在忽视规格的现象。如有的广播电台往往不问论题的重要程度,一概称之为"本台评论",而有的电视台则一概称之为"编后话"。这未尝不可以说是评论体制不尽健全的表现。

署名评论

在上表所列的评论名目中,署名评论是以个人的名义发表意见的评论类型,目前主要有记者述评和署名短论两种。

记者述评——又称新闻述评,实际上是从新闻述评衍化而来的评论形式。原先的新闻述评一般不署名;以后开始署名,通常冠以本报、本台记者某某,因此称为记者述评。这种评论形式多

---

① 《人民日报》短评《胜利属于勇敢的进击者》,光明日报评论员文章《女排精神是中华民族的精神》,体育报社论《辉煌的胜利,艰苦的历程》,见 1984 年 3 月 10 日三报。

数直接取材于现实社会生活，论题切近客观实际，而且较多采用夹叙夹议的论述方式，近年来日益受到各种媒介的重视，经常被用来论述人们普遍关心的社会现象和问题，如《构建和谐社会须倡导第三次分配机制》[①]。《人民日报》1993年以来，曾经运用记者述评论述一系列重大社会问题，如市场经济与宏观调控、建筑钢材价格反常现象、拖欠教师工资问题等等[②]；广播中的记者述评也呈明显增多的趋势，"中广"的《扫除形式主义》[③]、《拜金主义要不得》[④]都曾经产生了广泛的舆论影响。广播、电视中的许多分析性节目或"话题"，如"中广"的《新闻纵横》，"央视"的《焦点访谈》，中国国际台的"新闻分析"，其实也可以纳入新闻述评或记者、主持人述评的范围。这种评论形式由于广泛运用事实，便于听众和观众经由具体事实更好地理解其中的道理，它在广播、电视中日益兴盛起来，绝不是偶然的。

署名短论——多数属于专栏评论。报纸上有各种各样的言论专栏，广播、电视中也有名目繁多的言论栏目或"话题"；哪些署名短论属于新闻评论的范畴，一般以专栏的性质和编辑方针为转移。如《人民日报》的"今日谈"、"人民论坛"、"人民时评"中的署名短论，属于新闻评论；而另外一些言论专栏，如"五洲茶亭"等，则属于文艺性随笔。新闻评论中的署名短论作者面宽，而且一般都具有短小精悍、平易近人的特点，它在论坛上占有越

---

① 全文见本书末附录。

② 如《单靠"看不见的手"不行——关于加强国家宏观调控的评述》(1993年8月16日)，《虚假的市场信号——评述目前建筑钢材价格反常(1994年2月26日)，《重教必先尊师——关于拖欠教师工资问题的述评》(1994年2月28日)。

③ 中央人民广播电台1992年3月31日播出，《中国新闻奖作品选(1992年)》，新华出版社1994年版，第82—84页。

④ 作者胡占凡，"中广"1993年4月8日播出。

来越重要的地位，已经成为新闻评论的重要方面军，而不只是不署名评论的“补充”。这类评论虽然是“群言堂”，但一旦发表或播出，它就自动成为本报或本台评论的组成部分，成为新闻单位的立场、观点或态度的体现。就是像“人民网”的“评论靶子”这个组织网民就社会热点问题进行讨论的开放式专栏，也把引导讨论方向放在重要的地位。这个栏目一般包含四个部分，即：(1)讨论题目；(2)评说由头；(3)推荐参考，主要提供讨论的重点；(4)编辑点题，通过提出问题，引导讨论。[①] 这个专栏开辟以来，以选题视野宽广引起网民的广泛注意，堪称名副其实的“群言堂”；由于重视引导，其生命力和舆论效果看来也是可以预期的。因此，新闻单位必须如同对待不署名评论一样，认真严肃地对待这类评论。

《人民日报》任仲平的评论，以论题重大、理论色彩浓厚引人注目，是署名评论中的一种相当特殊的形式。

目前的评论分类，是在我国长期的评论实践中形成的，不仅为新闻界而且为广大受众所接受。这个分类体系明确区分署名和不署名评论，有利于发挥这两类评论的互补作用；以论题的重要程度界定不署名评论，既有利于新闻单位恰当运用不同的评论

① 且举两个例子，如在《巨贪牵出“衙内现象”全靠“老子”罩着?》(2005年9月28日)中的“编辑点题”说：“现代‘衙内现象’已经成了我国在社会转型时期一种常见的腐败形式，成为一种畸形社会现象，也是反腐败工作中一道较难破解的难题。消除‘衙内现象’是反腐败过程中的一项重要任务，如何看待现阶段的‘衙内现象’？该如何清除‘衙内现象’，滋长的土壤?”又如在《北大林毅夫谈个税“不要仇富说”荒唐?》(2005年9月29日)中的“编辑点题”说：“贫富差距、分配不公已是从政府到百姓都非常关注并着手解决的重大问题，不同的人站在不同角度考察同一个社会问题，如何看待林教授提出‘不应该有仇富心理’的观点?该以怎样的心态来面对贫富差距问题？学者该如何划清学术观点与责任界限?”

名目，建立和健全评论工作体制，又方便受众据以判断评论内容的重要性和权威性。所以，尽管既有的分类体系与新的评论实践之间存在着相当的距离，但它明确界定的评论基本类型和适用范围，对于今后的评论工作仍将具有重要的指导意义。

思考题：

1. 我国新闻评论有哪些基本类型？它们是按什么标准划分的？
2. 试述不署名评论各种类型的适用范围？
3. 你怎么认识署名评论在当代媒介中的地位？

第三章　广播、电视评论的个性特征

广播、电视评论是新闻评论体裁在广播、电视媒介中的运用。早在广播、电视出现以前，新闻评论体裁已经获得了相当充分的发育，成为现代报纸的“四大件”①之一。广播、电视媒介问世以后，开始移植并按自己的传播方式逐步改造这种体裁。在广播中，这个过程虽然可以追溯到人民广播的草创时期②，但作为一个自觉的过程，实际上却是1970年代末期以后的事情。现在回过头来看看，在20世纪后期的20多年中，广播、电视评论的发展过程大致经历了两个阶段：前一阶段(80年代中期以前)，广播电台、电视台开始把新闻评论列为新闻传播的重要组成部分，播出量日渐增多，但尚未形成适应自身传播方式的鲜明特点；后一阶段，注意了按广播、电视的传播方式运用新闻评论体裁(话语形式)，但对其体裁特征，尤其是政论性特征却多少有所淡化、有所削弱。

① 所谓“四大件”，指新闻、评论、副刊、广告，它们被认为是现代报纸的基本组织部分。

② 1940年代，延安(陕北)新华广播电台曾开辟评论节目，播出延安《解放日报》、新华通讯社或电台自己撰写的评论。

换句话说，前一阶段注意了新闻评论体裁的共性，忽略了体现媒介传播方式的个性；后一阶段则出现了相反的倾向。这是体裁与媒介结合过程中常有的现象；它说明这种结合不是一蹴而就的，而是一个逐步实践、逐步调整、逐步完善的过程。因此，如何在实践中发展和完善广播、电视评论，如何从理论上认识和概括它们的个性特征，仍然是一个需要继续摸索和探讨的问题。

第一节 新闻评论与新闻媒介

广播、电视评论究竟怎样加速个性化的进程，进一步完善自己的个性特征呢？这里当然有途径和方法的问题，但从过去的实践看，更为重要的却是明确个性化的目标和方向，否则就难以避免这样那样的盲目性。

广播、电视评论个性特征发展的制约因素

广播、电视评论是通过广播、电视媒介面向广大听众、观众，就客观实际中具有普遍社会意义的事物、现象、问题阐述相应见解和看法，藉以影响和引导社会舆论、指导社会实践的一种新闻体裁或话语形式。它们的个性特征的形成和发展，直接受媒介的传播方式、受众的状况和体裁的基本特征这三个因素的综合制约。弄清楚这些因素的作用及相互关系，是正确认识广播、电视评论个性特征发展目标和方向的前提。

一、广播、电视媒介

既然新闻评论是经由新闻媒介传播的，媒介的传播方式及其派生的传播特点自然是制约不同媒介新闻评论个性特征发展的首要因素。

任何新闻传播媒介，都包含着两个子系统：传输系统和符号系统。它们相互结合，形成某种独特的传播方式，并派生出包含某些特定优势和劣势的传播特点。在互联网普及之前，媒介的系统结构大致可以归纳为这样的“方程式”：

传输系统（硬件）×符号系统（软件）=传播方式→传播特点
　　　　　　　　　　　　　　　　　　　　　　　　　　优势
　　　　　　　　　　　　　　　　　　　　　　　　　　劣势

从传输系统说，互联网出现以前的现代新闻媒介可以概括为三种类型：印刷媒介、电子媒介和中间媒介。它们的传输方式则可以相应地概括为：印刷媒介——包括报纸和新闻性杂志，它们以白纸印黑字或图片的方式记录、表现信息，属于平面、实体、静态的传播媒介，可以传久（长时间保存）、传深（内容深度），也便于检索，但传速、传广、传远的程度取决于交通、邮递、文化普及等因素。电子媒介——包括广播、电视，它们运用无线电波传送声音或声音及图像，属于线性的、非实体、动态的传播媒介，拥有电波速度的巨大传播优势，也可以传远、传广，但不利于传久、传深。中间媒介指通讯社，它并不直接面向受众，而是为报刊、广播、电视提供新闻稿，或者说依赖于其他媒介的再传播。不同媒介的传输方式与相应的物质条件联系在一起，曾经是一个相当稳定的系统。互联网出现以后，传统媒体——报刊、广播、电视、通讯社与互联网络相嫁接，固有的优势得到强化，而劣势则得到弥补乃至消除，呈现了可以共享传速、传远、传广、传久、传深的发展趋势。

更值得注意的是符号系统。印刷媒介诉诸文字、图片，广播诉诸声音，电视诉诸声音和活动图像，后起的互联网则可以兼用各种符号且少受时空限制，中间媒介也随着大众传媒的多样性朝符号多样化的方向发展。

所有的符号都以“能指”，即能够指代事物、表现内容为存在条件。但文字和声音符号中的言语遵循约定俗成的规律，它和“所指”(即指代的对象)没有必然的联系，因此可以脱离“所指”。而图片和活动图像则是对“所指”的直接摹写；一旦离开“所指”，它就无能为力了。但不管哪种符号，它的表现能力，用海德格尔的话说，都决定于“此在(Dasein)同存在(Sein)融合”[①]的程度。这里的“此在”，指符号所表现的存在，它与实际的存在可能吻合，也可能不尽吻合或不吻合。也就是说，不论是语言、图像还是文字，固然都有表现事物、表达意思的功能，但是否准确、恰当、得体却不取决于符号本身，而取决于符号的使用者是否善于按符号自身的规律能动地驾驭和组合符号。

声音符号——声音，包括言语和其他音响，是广播、电视共用的基本符号。广播、电视中的声音符号，以自然形态或日常生活中的声音符号为基础，但二者之间又存在着质的差别。

刘勰在《文心雕龙·指瑕》中，曾接触到日常生活中声音的表达功能。他说：

> “管仲有言，无翼而飞者，声也；无根而固者，情也。然则声不假翼，其飞甚易；情不待根，其固匪难。以之垂文，可不慎欤!”[②]

这里的两个“飞”字，含义不尽相同。管仲所说的“无翼而飞”的“飞”，指人们可以不必借助其他中介(相对于文字需要经过书写而言)，直接利用声音、通过说和听表情达意、交流思想情感，既方

---

① 转引自陈原:《书和人和我》，生活·读书·新知三联书店 1994 年版，第 77 页。

② 陆侃如、牟世金的现代语译文如下:“管仲曾说:‘没有翅膀而能四处飞扬的是声音，没有根柢而能深入牢固的是情感。’但声音不需要翅膀就很容易飞扬，情感不依靠根柢也不难牢固，根据这个道理来从事写作，就不能不十分慎重了。”《文心雕龙译注》下册，齐鲁书社 1982 年版，第 267 页。

便又迅速；他所强调的是声音的长处，即表现优势。刘勰所说的“其飞甚易”的“飞”，则是迅速消逝的意思。他的本意是说声音消逝得很快，所以说话可以随便些，而写文章形诸白纸黑字则要十分慎重，却无意中接触到了声音的最主要的一个弱点，即稍纵即逝、过耳不留。与文字符号比较，在日常生活中运用声音符号表达意思、传递信息，的确具有方便迅速、一次传播范围广、可能的受众多的传播优势，但同时也伴随着稍纵即逝、不易保存、不能微观选择的传播劣势。换句话说，在日常生活中运用声音表情达意的过程，本身就是一个长处和短处、优势和劣势对立统一的过程。

不过，如果作进一步考察，那就可以发现人们日常运用声音尤其是有声语言表情达意，由于说、听双方面对面交谈，说话人不光是利用语词，而且广泛调动声调和表情、动作等手段；听话人也是既听言又“察色”。语词＋声调＋表情、动作，赋予了声音以丰富多彩的表现方式，以及文字望尘莫及的表现能力。所以，英国作家肖伯纳说：“（在英语里）有五十种说‘是’的方法，有五百种说‘不是’的方法，而只有一种写这个的方法。”①而 R. L. Birdwhistell 则说，社会交际只有 30％至 35％使用语言（言语），其余都使用语言以外的其他手段；A. Mehrabian 的说法更为极端，按他的统计，信息传递只有 7％用语言（言语），37％用语调（高低、快慢、长短），其余 55％靠表情。② 而且，由于说话人与听话人面对面交谈，当面锣对当面鼓，上面所说的短处或劣势一般也不难克服和消除。

可是，在广播、电视中，声音经由电波传送，其优势和劣势都向

① 转引自朱增朴：《声像传播论》，中国广播电视出版社 1993 年版，第 145 页。

② 转引自尘元（陈原）：《在语词的密林里》，生活·读书·新知三联书店 1991 年版，第 168 页。

两极发展。电波的速度相当于光速，比声波的速度高出 90 万倍以上；借助发射和接收装置，它可以顷刻之间把声音送到电波所能到达的任何地方。这使声音传播具有无远毋届的力量，其传播速度、覆盖范围和可能拥有的受众，是自然形态的声音所不可比拟的。也就是说，声音一旦插上“电翅膀”，其固有的优势就变得更优，就可以发挥到极致。但与此同时，除非即时录音保存，声音的稍纵即逝、不易保存、不能微观选择的劣势也变得更劣，更加不容易克服。这是因为在电波传送条件下，说话人与听话人存在着空间距离，声音脱离了具体语言环境，丧失（广播）或部分丧失（电视）了表情、动作等“体态语”的辅助手段；听话人不直接面对说话人，传、受双方不能进行直接交流，这意味着接收者容易因被动接收而陷于半接收状态，从而也更容易受到外界的干扰；而说话人失去了直接的反馈，也难以随时改进表达方式和方法。从这个意义上说，广播、电视中的声音符号，是自然形态的声音符号内在优势和劣势的两极化发展，是更加巨大的传播优势和更加不易克服的劣势的对立统一。

图像符号——这是电视最强有力的表意符号。与文字、声音相比较，图像具体、形象、直观，因而也更富于再现能力和感染力、感官冲击力。随着摄录、传输设备的现代化，它的表现能力不断得到强化，越来越充分地显现出使其他符号相形见绌的表现优势。不过，它的弱点也是不容忽视的。这些弱点，除了如同声音一样的稍纵即逝、不易保存、不能微观选择以外，还有：(1)由于图像不能脱离“所指”，所以也就不能或不善于表现抽象的思想、观念，以及消逝了的事物或场景；(2)单纯的图像，虽然可以再现一定的具体形象，却未必能够，甚或难以精确表达其中蕴含的深层意思。例如下面这一片段：

镜　号	景　别	画　　面	解　说　词
1	近	特约主持人×× 字幕：特约主持人×× …… 字幕：我能拥有汽车吗？	特约主持人：我有一个梦想，梦想着有朝一日我也能有一辆自己的小汽车，一辆漂亮的、舒适的、心爱的小汽车。如果真是那样的话，将来我再出门，就可以和我的家人朋友一起，亲亲热热地挤在一辆车里，就不会再怕风吹日晒，不再怕盛夏寒冬，因为我有我自己的车。
2	全	一辆行驶的小汽车	
3	全	（正面）	
4	特	一辆在海边公路行驶的车	
5	中	汽车前部（慢镜头）	
6	全	一个小男孩	
7	全	一个计价器	
8	全（摇）	一辆驶过小河的汽车	
9	中	一辆全新的小汽车	
10	近	一对过马路的中年夫妇（慢镜头）	
11	特	一骑车的中年妇女	
12	全	一只伸手拿汽车钥匙的手	
13	全	围观一辆小汽车	
14	全	一辆小车与一年轻女郎	
15	特	一辆远去的小汽车	
16	近	正在摇下的汽车玻璃	
17	近	骑车的人（慢镜头）	
18	全	骑车的人（慢镜头）	
19	特	女郎与汽车	
20	特	车踏板	
21	特	推操作杆的手	
22	特	车灯	
23	中（跟）	油表	
24	远（移）	疾驰在公路上的汽车	
25	中	车站人群	
26	中	展览会全景 被展示的汽车与车旁小姐 特约主持人：	特约主持人：在北京'92国际汽车展上，我看到了各国漂亮的小汽车，我觉得自己前半辈子真是白活了。我们中国的普通老百姓难道要永远这么眼馋下去吗？

在以上从2到25共24个镜头中，作者力图通过这些镜头烘托一种气氛、表达一个意思，但观众单纯通过这些镜头是否能够明白它的寓意呢？恐怕未必。看来只有同它的带有解说词的前后镜头联系起来，才能勉强明白点什么。这里当然有如何恰当运用和组接画面的问题，但也在一定程度上反映了画面本身的局限。离开语言，谁能从画面上看出主持人的"梦想"，看出主持人"前半辈子真是白活了"呢？至于渗透在这两段解说词中的思想、情感，与这里所说的问题无关，大家尽可以见仁见智，就不去说它了。

二、广播、电视的受众

任何媒介都面向一定的受众，二者之间存在着相互依存、相互适应的关系。受众选择某种媒介，就形成与媒介的传播方式相适应的接受方式和接受心理；而媒介要实现预期的传播效果，则要时时顾及受众习惯了的接受方式和共同的接受心理。读、听、视，其实都有其相应的接受方式和接受心理定式。

与印刷媒介的读者相比较，电子媒介的听众和观众的基本状况，大致可以这样描述：(1)由于较少受文化程度的限制，听众和观众的绝对数量多；(2)按接受能力划分的层次多，在成年人中至少多了文盲、半文盲这么两个受众群体；(3)整体的平均接受能力，低于报纸的读者；(4)多数听众和观众处于半接收状态；(5)多数听众、观众在同一时间里一般只能选择一种媒介。如果说对于媒体而言，前两个因素意味着某种优势，那么后三个因素是否意味着某种劣势呢？

在上述这些标志广播、电视受众状况的因素中，与文化水平直接联系在一起的接受能力，对于广播、电视评论个性的发展无疑具有决定性的影响。上海在1995年对市区广播听众的调查中，注意了听众文化程度与收听爱好的关系；其中的数据，为我们提供了一个间接的，但是颇有说服力的证明。兹节录调查报告的附表[①]于下：

各类文化程度听众群的收听爱好

文化程度	小学及以下	初　中	高　中	大专及以上
收听人次 比　　例	807 15.6	1850 31.3	1645 33.7	925 16.8
节　　目 收听比例	百灵鸟 30.4	990 清晨新闻 36.0	990 早新闻 37.4	990 早新闻 40.0
节　　目 收听比例	快乐少年 25.8	990 早新闻 27.7	990 清晨新闻 36.1	990 清晨新闻 33.1
节　　目 收听比例	990 清晨新闻 22.9	相声集锦 19.1	相声集锦 19.7	东广早新闻 22.2
节　　目 收听比例	990 早新闻 22.7	说说唱唱 18.7	逍遥星期天 17.6	股市今晚谈 14.7

说明：表中的收听人次为调查样本的累计收听人次；这次调查的设计样本为 1000 人，实际调查 997，累计收听人次为 5163，累计收听率为 516.3%。

从上表可以看到，在广播听众中，具有初中和高中文化程度的占将近三分之二。同一年山东城乡听众的调查中，各种文化程度的听众则分别为[②]：

文化程度	文盲半文盲	小　学	初　中	高　中	大专以上
整体比：%	4	17	34	32	13
城市比：%		8.4	24.7	42.2	23.1
农村比：%	7.1	25.5	43.4	24	

其中，初、高中文化程度的听众也占三分之二左右，城乡的差别主要表现在初、高中分别接近 1∶2 和 2∶1。上海的调查数字还表

① 据《中国广播电视年鉴(1996)》，北京广播学院出版社 1996 年版，第 437 页。
② 同上书，第 443、444 页。

明，文化程度越高的听众，收听新闻节目的比率也越高。以同一文化程度的听众为100，收听早新闻的听众由高到低依次为40%、37.4%、27.7%、22.7%，收听清晨新闻的依次为33.1%、36.1%、36%、22.9%；二者合计则依次为95.3%(加东方广播电台早新闻22.2%)、89.4%(加东广早新闻15.9%)、77.7%(加东广早新闻14.7%)、45.6%(缺东广数字)。当然，这是市区听众的情况，未必具有普遍的代表性，但由此也许可以推知广播评论的主要听众是拥有初中文化程度以上的人们。电视评论观众的文化程度，估计大致差不多。假如这个推断大致符合实际，那么，以面向文化程度为初、高中的受众为主，也就可以认为是广播、电视评论个性发展的基点之一。

当然，这只是大致的推断。怎么具体、确切地把握听众和观众的接受能力，为广播、电视评论的内容和形式方面的取向提供一个比较可靠的基础，看来仍然是一个有待引起重视的问题。但有一点需要强调，即听众、观众个人的文化程度、接受能力虽然将不断提高，但群体状况却是相对稳定的。也就是说，在听众、观众群体中，任何时候都存在层次的差别，而且在相当长的时期内，仍将保持中间层次的听众、观众占多数的态势。

三、新闻评论的体裁特征

在第一章中讲过，新闻评论有两种基本体裁特征——新闻性和政论性；新闻性主要关系着内容选择，而政论性则直接关系着内容表达，同时又反过来给予内容选择以不同程度的影响(主要基于"扬长避短"的考虑，因此在同一地域、同一时期，广播、电视评论的选题，往往同报纸评论有所不同)。政论性这个特征对于广播、电视评论个性发展的影响，显然比新闻性更显著，也更直接。

所谓政论性，主要指以说理为基本手段，着重从思想、政治或伦理的角度阐明对于事物的看法。任何说理都是以逻辑思维为基础的，都必须运用概念、判断和推理等逻辑方法，也都带有一定程度的概括性和抽象性。而概括和抽象的结果，一方面可以扩大作品容量、增强作品的思想深度，另一方面也可能给受众带来理解的困难。所以，有位传播学者在讲到"抽象的梯子"时说：

在梯子的抽象一头，人们可以较快地处理信息，但只是为了较少的人，而且伴有较大的误解风险；在另一头，人们可以与许许多多的人进行交流，但不太经济。大多数科学上的谈话（科学家之间的谈话）往往是抽象程度很高的谈话；最实际的、日常性的谈话往往是抽象程度很低的谈话，这是为了便于人人都能参加。①

正因为这样，政论性特点赋予新闻评论以容量大、内蕴丰富和浓缩度高、不易理解的两重性。

概括与抽象是一切论说文、政论文的共同特点和优点，也是新闻评论的特点和优点。广播、电视评论当然也只有具有恰如其分、恰到好处的概括和抽象，说理才能避免就事论事，才能中肯地揭示事物的本质，准确地提供对于事物的规律性认识。例如山东省电台曾经播出一篇题为《农业院校何以门庭冷落?》的评论，分析农业院校招生难的原因；下面是其中的一个片段：

据有关部门提供的消息：全省 138 个县级农技推广单位，目前已部分和全部"断奶"的就有 108 个，而全省 2450 多个乡镇农技站今年已全部"断奶"，有些地方农技站甚至

---

① 〔美〕威尔伯·施拉姆、威廉·波特：《传播学概论》，新华出版社 1984 年版，第 97 页。

撤销。

“断奶”这一现实，对农业院校生源的影响究竟有多大呢？（出录音）

“滨州地区的基层农技人员是去年给断的奶。今年在农大招的900名学生的花名册上，要不是几个学生填的籍贯是滨州，恐怕就见不着‘滨州’两字了。虽然在这里我们不能说这肯定是‘断奶’的效应，但‘断奶’潜移默化的影响则肯定产生了副作用。”

农业是人类繁衍生存的主力产业，国脉所系。基层农业科技的“断奶”，实际上是卡了我们自己的脖子，这种负面效应，也许短时间内还不太明显，三年五年、十年八年之后，一旦农业出了问题，给我们个颜色看，那时候我们仅仅靠忏悔就无济于事了。如今连农家子弟都不愿意报考农业院校，这与其说是农业院校的悲哀，莫如说是整个社会的悲哀，整个民族的悲哀！

发展农业生产，一靠政策，二靠科技，三靠投入，最终要靠科技和投入解决问题。九亿农民是整个民族的主体，农业不稳，农民就不稳，国家还能安稳得了吗？看来，重视农业应当从加大投入开始。舍不得投入，舍不得花钱，说重视也只能流于空话。从这个意义上来讲，提高农技人员的待遇，改善农技人员的生活、工作条件，决不是农村经济发展格局上无足轻重的一颗子，而是促进农业向现代化发展的一整盘棋。①

---

① 山东人民广播电台1994年播出，《新闻评论作品选》，第142页。

这里所说的“断奶”指停止农技站的事业经费，让它们自负盈亏。这一概括性的阐述，不仅雄辩地说明基层农技站“断奶”对农业院校招生难的影响，同时进一步引申开去，点明在发展农业生产中政策、科技、投入三者的关系，而最后落脚于“发展农业生产，一靠政策，二靠科技，三靠投入，最终要靠科技和投入解决问题”。如果没有这种概括和引申，恐怕未必能够这么中肯而深刻地揭示农业院校招生难的根本原因，也未必能够发出“这与其说是农业院校的悲哀，莫如说是整个社会的悲哀，整个民族的悲哀”这样深沉的呐喊。

再如浙江电视台的评论《桐乡粪桶事件留给我们的启示》所以获得人们的好评，也在于它从粪桶畅销这件具体的事实入手，通过概括和抽象的语言阐述，赋予画面以政论性的内涵，回答了当时社会普遍关注的问题：市场疲软到底“疲”在哪里？启动市场应从哪里入手？下面这几个片段，都相当中肯地触及到了问题的实质：

> 事实上，农民们已开始追求高档消费品，但他们迫切需要的，还是那些登不了大雅之堂但急用、实在，如粪桶之类的商品。
>
> 应该说，经过10年改革的努力，拥有全国人口80%的广大农村经济面貌已今非昔比。据有关部门提供的资料：目前全社会50%以上的购买力在农村，市场货币存量的60%在农民手里。
>
> 农村市场疲软的症结在于供给与需求错位，所以启动农村市场的关键也在于有的放矢地调整产品结构，这前提是我们必须实实在在地去了解和理解我们的农民……①

---

① 浙江电视台1990年10月25日播出，引文据播出录像带，《新闻评论作品选》第208页。

如果说比较善于把事物放在事物的联系中分析和发掘，从而扩大了评论的涵盖面、增强了思想深度，是这则电视评论的表现特点，那么恰如其分的概括和抽象就是其中的关键。假如没有必要、适当的概括和抽象，就谈不上升华和深入，就不可能由此及彼地分析问题、由表及里地揭示事物的实质。

但是，概括和抽象也给听众、观众带来理解的困难。人们对于事物的认识，一般是循着由具体到一般、由形象而抽象，或者说由感性而理性的方向发展的。具体、形象的东西可以直接感知，是方是圆、是黑是白，是悲是喜、是苦是乐，都可以经由视、听直接感知，一般不会发生理解歧义，也不必冒“误解风险”；而概括和抽象的内容都不同程度地接触到事物的内里，这就不是通过稍纵即逝的视、听所能完全明白了然的了，往往需要用心想一想，经过一番推敲、琢磨，才能既知其然又知其所以然。许多研究资料表明，概括、抽象的程度越高，理解起来就越困难，能够毫无障碍地接受的人也就越少。上述两个例子中都有概括和抽象，它们之所以还能让较多的人接受和理解，主要依靠具体事实的铺垫，也就是通过一桩桩借叙述或音响、图像（画面）展现出来的事实引路，一步步接近概括和抽象的内容。

一方面容量大、内蕴丰富，一方面浓缩度高、不易理解，这是新闻评论政论性特点本身包含的矛盾。它们像一枚硬币的两面，不可分割地联系在一起。新闻评论要保持鲜明的政论性特点，收到举一反三的认知效果，不能缺少必要的概括和抽象；但为了便于广大受众理解，它又不能不有所节制，防止一味追求高度概括和抽象倾向。对于广播、电视评论来说，怎样在广播、电视稍纵即逝的传播条件下，适应多数听众和观众的接受能力，恰到好处地体现新闻评论的政论性特征，无疑是一个比报刊评论更严峻，而且不能一劳永逸解决的课题。

以上是对制约广播、电视评论个性特征发展的三个因素的大致分析和说明。

广播、电视评论个性特征的发展方向

不过，上述三个因素并不是各自发挥作用的。不仅三个因素相互依存、互为作用，而且它们的不同侧面也经常相互制约。比如，媒介的一头是传播者，另一头是受众，对于传播者来说，无论忽视媒介或受众，在驾驭体裁方面的努力都难以完全摆脱盲目性；体裁是符号的组合，但符号既离不开媒介传输系统，也离不开客观存在的事物，以及社会语言环境，因此，它的两重性的消长固然取决于驾驭符号的能力，但也不能无视传输方式、客观事物的存在形态和社会语言环境。所以，要弄清楚上述因素如何制约广播、电视评论个性特征的发展，就需要着重弄清楚三个因素之间的相互关系，尤其是以下三点：

一、媒介、受众对体裁的影响

上面讲过，广播、电视媒介的传播方式和传播特点，是巨大的传播优势和不易克服、消除的传播劣势的对立统一。传播优势，对于各种新闻体裁的积极影响总的说是一致的，而其传播劣势对于新闻评论的消极影响却远远超过其他新闻报道体裁，而且更加不易克服。这样说决非夸大其词。这是因为新闻评论要保持政论性特点，就离不开必要的概括和抽象；这样，它所表达的内容，也就不像其他新闻报道中的具体事实那样可以直接感知，那样容易理解，往往需要经过一番思考和琢磨。而广播和电视的线性、非实体、动态的传播方式，决定它们只能一句话接着一句话、一个画面接着一个画面不绝如缕地传送内容，几乎没有也不可能为听众、观众提供想一想、琢磨一番的必要条件。一方面是需要想一想才能更好理解的政论性内容，一方面是几乎没有为人们提供想一想条件的媒介传播方式，这两方面碰在一起，构成了多么尖锐的矛盾啊！

大家不妨以听众、观众的身份感受一下，在稍纵即逝的条件下，能不能既专注收听、收视而又能认真思考一番？在不易保存、不能倒检索的情况下，到底有多大可能去仔细推敲、琢磨那些一时没有完全明白、透彻理解的内容？在不能微观选择的情况下，是不是能够准确地把握重点和难点，在关键处格外地用心听、用心看？虽然不能说完全不可能，但对于多数听众和观众来说，恐怕是难以办到的。所以，如果说在阅读中，概括、抽象的政论性内容不易理解的问题不难解决（因为可以边读边思考，可以查阅参考材料或工具书，甚至可以向他人请教），那么在听广播、看电视的过程中，这却是一个不折不扣的难题。在这里，不仅是广播、电视传播方式中包含的劣势加剧了政论性内容的理解困难；政论性内容的较高浓缩度，也反过来影响广播、电视，使它们的传播劣势显得更加突出。二者是相互联系、相互为用的，它们的综合效应在很大程度上决定着广播、电视评论个性特征的发展方向。

听众、观众的状况对广播、电视评论的影响，也远远超过对其他报道体裁的影响。如果说听众、观众数量多，是各种广播、电视新闻体裁都可以享有的优势，那么听众、观众层次多、平均接受能力比较低和经常处于半接收状态，则给广播、电视评论如何处理它们的政论性内容，提出了这样那样的难题。如一则评论是不是一定要满足不同层次受众的需求，又怎样才能满足这种需求？怎样处理才能既让接受能力较低的受众能够理解，也能引起接受能力较高的人的兴趣？怎样使说理娓娓动听、引人入胜，能够引起受众的共鸣、唤起他们的接收兴趣，进入并保持专注接收的状态？这些都是广播、电视评论需要经常认真对待、精心处理的问题，否则就难以真正拥有众多的受众；而解决这些问题，则必然导致评论内容和形式的一系列发展变化。上世纪 90 年代，广播、电视评论领域的一系列新的尝试，如“中广”《新闻纵横》的开办，“央视”《焦点访谈》、《东方时空》的改版等等，都可以说是努力适应和满足受众需求和接受能力、接受习惯的反映。2004 年“中广”第一套节目“中国之声”，除保留《新闻纵横》外，在推出《新闻观潮》、《中国调查》、《今日论坛（晚间版）》的同时，一度与“新浪网”合作，在网上开辟“央广论坛”①，看来也是基于取长补短、更好地克服广播的传播劣势、适应受众需求的考虑。当然，其他广播、电视新闻体裁，其他媒介的新闻评论，也存在着如何适应变化着的受众的需求和接受能力、接受习惯的问题，但一般不像广播、电视评论这么尖锐、突出，这么同体裁的命运和发展前途休戚相关。

所以，影响和决定广播、电视评论个性特征发展方向的，不是其中的某一个孤立因素，而是媒介传播方式、受众状态、体裁特征等因素互为作用的结果。

---

① 据“中广网”2003 年 12 月 29 日《中央人民广播电台与新浪网联合打造评论旗舰》的报道。报道说：“新节目开播之际，央广评论部将新浪网选定为唯一的门户网站合作伙伴，联合打造‘评论旗舰’，并在新浪网开辟央广论坛。关注您的关注，分享您的评说，打造最前沿的新闻论坛，让你的声音回响在中国大地。”

二、优势与劣势的不同性质

无论媒介、受众还是体裁，都有其相应的长处和短处，或优势和劣势。它们虽然存在于一个矛盾的统一体之中，但性质却不尽相同，既不能等量齐观，更不能只强调其优势而无视或回避其劣势。实际上，所有优势都是潜在的，即它们只是提供某种条件或可能性；只有善于恰当利用，才能成为实际的传播优势。如果不善于利用和调动，如果广播、电视报道的尽是一些陈年旧事，评论的尽是一些早已解决或鸡毛蒜皮的问题，哪来什么迅速、及时的优势，受众多的优势，评论体裁的舆论优势呢？而它们的劣势则是实在的，也就是说，如果不能有效地消除或克服，它就必然构成某种传播障碍，从而影响传播效果。

从"木桶理论"[①]的角度说，只有补短才能扬长。广播、电视评论在媒介、受众、体裁方面所拥有的优势能否得到充分的发挥，固然取决于是否善于调动和利用它们，同时也在很大的程度上依赖于能否有效地克服和消除劣势。从某种意义上甚至可以说，克服劣势是发挥优势的必要条件。广播、电视界的工作人员常常慨叹不得不"戴着镣铐跳舞"，恐怕也就是由于优势与劣势并存，而且发挥优势在很大程度上以克服劣势为前提所使然。从自由是对必然性的认识和利用这个哲学原理出发，假如不接受来自媒介、受众和体裁的约束，不时时正视并着力克服客观存在的劣势，那就不可能形成健康完美的广播、电视评论个性特征。

---

① 所谓"木桶理论"，是经济管理和决策中的一个重要原理。艾丰在《需要你啊——"软科学"》中，曾作了这样的解释："您见过用一块块木板箍成的水桶吧，假若这些木板长短不齐，那么木桶的盛水量取决于哪一块呢？最长的吗？不。平均长度吗？不。它取决于最短的那块板。"，《思考的笔》，中国新闻出版社1987年版，第39页。

三、媒介、受众、体裁的主从关系

广播、电视媒介的传播方式和传播特点，包括它们的优势和劣势，来自它们的传输系统和符号系统。即使传输技术和设备日新月异，但只要声、光、电的物理性能和符号的表意功能、组合规律不变，它们的传播方式就是稳定的。受众的状况，作为个体虽然经常处于变化之中，作为整体也是相当稳定的。而广播、电视评论是一种利用符号组合为表现特定内容服务的体裁，而且本身仍然处于发展和完善的过程之中，无疑是三者之中最活跃、最具可塑性的因素。从这三个因素的基本态势看，当然只能体裁服从媒介、受众，适应媒介的传播方式和传播特点，适应受众的需求和接受能力、接受习惯；如果反过来要求媒介、受众适应体裁，那就无异削足适履，就无所谓广播、电视评论了。

明确这三点，也就明确了广播、电视评论个性特征的发展方向。这一发展方向可以概括为：从各自的传播方式和受众状况出发，改造和完善新闻评论体裁，使广播、电视评论的政论性内容，能够在广播、电视的传播条件下，尤其是在稍纵即逝、不易保存、不能微观选择的不利条件下，让平均接受能力较低的听众和观众易于理解、乐于接受。如果背离这个方向，那么在完善广播、电视个性特征方面的任何努力，不仅都可能落空，甚至还可能陷于南其辕而北其辙的境地。

思考题：

1. 广播、电视评论个性特征的发展受哪些因素制约，为什么？
2. 说说你对广播、电视评论个性特征的发展目标和方向的理解。
3. 电传输的声音、图像符号有哪些表现优势和劣势？为什么说优势是“潜在”的，而劣势是“实在”的？

4. 说说你对广播、电视评论政论性内容具有两重性这个问题的理解。

第二节　广播评论的相对特点

人民广播在它的草创时期，就开始以电台的名义播出新闻评论。1940 年代，延安（陕北）新华广播电台曾经开辟“广播评论”节目，提出“多写广播评论”的要求[①]，不定期地播送本台的广播评论，以及延安《解放日报》的社论和时评；以后应听众的要求，决定每天在 19 点至少播出一篇评论[②]。不过，从现存的资料看，这一时期播出的评论，多数是“根据新华社的文字广播稿改编的”，只是“按照口语广播的要求，作了一些口语化和通俗化的加工”[③]。新中国成立以后的前 30 年中，除了 1950—1951 年和 1958—1959 年曾经播出过少量广播评论以外，我国各级广播电台基本上没有自己的新闻评论；这一状况一直持续到 1978 年。党的十一届三中全会以后，“中广”于 1979 年开始在新闻节目中播出自己撰写的新闻评论；从此，广播评论逐渐成为新闻广播的有机组成部分，成为新闻广播的一种基本体裁或话语形式。

到 20 世纪末，广播评论的整体状态，大致可以用四句话来概括：(1)开始成为新闻广播的重要组成部分，但还未达到不可或缺的程度，没有形成健全、严密的评论体制；(2)开始注意适应广播的传播方式，但还没有完全摆脱报刊评论表达方式的束缚；

---

① 《解放区广播历史资料选编》，中国广播电视出版社 1985 年版，第 72 页。

② 同上书，第 79 页。

③ 《延安（陕北）新华广播电台广播稿选》，中国广播电视出版社 1985 年版，第 359 页。

(3)初步形成某些表现特点，但远未完善、成熟；(4)开始重视对个性特征的探索，但还不完全自觉，多数仍停留在经验的层次。总的说，在上世纪末的20多年中，广播评论虽然有长足发展，但在整个新闻广播中仍然是一个比较薄弱的环节，与社会日益增长的需求之间仍然存在着一定的距离。1994年，“中广”创办《新闻纵横》，标志着广播评论开始“节目化”的发展途程；2004年，它的“中国之声”频率，更设置了包括《新闻纵横》在内的四个评论性栏目，开始了在评论领域进行多节目互补的探索。这一发展的新态势仍然有待实践的检验。但从既往的情况看，广播评论在通向未来的发展途程中，面临的仍将不仅是量的多少，而主要是质的问题。而无论是量还是质的问题，都同能否自觉地坚持广播的传播特点和新闻评论的体裁特征，也就是在评论领域里实践“自己走路”、“走自己的路”的方针紧密地联系在一起。从这个意义上说，立足于广播的传播方式和传播特点，立足于面向广大听众，继续发展和完善自己的个性特征，依然是一个直接关系广播评论日臻成熟、持续发展、进一步发挥积极的社会舆论功能的迫切课题。

广播体裁的风格特点

围绕个性的发展方向，广播评论究竟应当具备哪些具体的特征？由于体裁还在发展，加上缺乏系统的研究，目前很难作全面、确切的概括。这里先就恽逸群40多年前提出的关于广播体裁风格特点的看法作些介绍，然后在这个基础上结合广播评论的实践做些力所能及的探讨。

恽逸群是党的报刊宣传活动家和新闻教育家。[①] 早在 1947 年担任山东《大众日报》总编辑的时候，他就以广播爱好者和延安（陕北）新华广播电台长期听众的身份，对广播的风格及其主要特点的问题，比较系统地讲了自己的看法。他说：

> 广播应该有自己的风格，这个风格的主要特点是“短、浅、软”。
>
> 短，大家都晓得了；浅就是通俗，使人一听就懂；软就是轻松、风趣，使听众在文化娱乐中不知不觉地接受你的观点。[②]

这里讲的虽然是整个广播的风格，实际上主要指广播新闻和广播评论等新闻体裁的风格特点。

这些看法，是针对当时延安（陕北）台的播出情况而讲的。不过，这不是即兴式的一般议论，而是广泛地比较研究的结果。他比较研究了广播和报纸的传播特点，认为广播应该有更多“以短为主要特点的新闻、评论”；对比分析了国民党和香港广播宣传的优劣，指出国民党广播电台的宣传从来就是拙劣的，“每天除了放唱片，就是读报，使人听了腻得慌”，而“二战”之后的香港广播电台则以节目活泼、清新、多样，进入了广大市民的生活。正是在广

---

① 恽逸群（1905—1978），江苏武进人。1926 年加入中国共产党。1932 年起从事新闻工作，先后任上海新声通讯社记者，上海《立报》记者、总编辑，中国青年新闻记者学会秘书主任，《译报》、《导报》总编辑。1939 年到香港主持国际新闻社编务。1945 年进入解放区后，历任新华社华中分社编委、社长，《新华日报》华中版社长兼总编辑，华中新闻学校校长，山东《大众日报》总编辑，济南《新民主报》社长。1949 年后，任上海《解放日报》副社长、社长，华东新闻出版局局长，华东新闻学院院长。1955 年因受潘汉年案牵连，从此离开新闻界。1978 年 12 月病逝。参见《新闻学大辞典》，河南人民出版社 1993 年版，第 728 页。

② 此处和下引恽逸群其他谈话，均见《中国人民广播回忆录》，广播出版社 1983 年版，第 125－127 页。

泛比较研究的基础上，他针对“陕北台的新闻少，更没有自己的具有广播特色的评论”的状况，强调这些是广播的灵魂，建议人民广播根据广播自身的传播特点，在广播新闻和广播评论方面“创出新路子”。所谓“短、浅、软”，其实就是服务于这一目标的体裁要求。整个看法贯穿着对人民广播事业发展前景的关注，体现了强烈的听众观念，以及从广播传播特点出发考察广播体裁风格的整体观念。

以“短、浅、软”概括广播体裁的风格特点，这在60年前是独到的，在现在也仍然不失为中肯，甚至富于针对性的见解。广播诉诸说、听，直接面对着各有不同需求、接受能力相差悬殊的各种类型的听众，只能以自己的魅力吸引听众收听。广播的各种稿件，只有短小、浅显，生动活泼、亲切平易，才能适应大多数听众的接受能力和收听状态，拥有广泛、持续的吸引力。[①] 正如西方的一位广播新闻研究者所说的：“银行总经理不会因为报道是用基本词汇写的而被弄得心烦意乱；相反，那些处在半收听状态中的理解能力不强的听众将会由于你写得复杂而被完全弄糊涂。”[②]“软”作为一种与枯燥、生硬相对立的表达方式，有利于调动听众的收听兴致，使听众从半收听状态进入自觉的，甚至专注的收听状态，尤其值得重视。所以，“短、浅、软”是新闻广播体裁更好地适应广播传播方式、传播特点和听众状况的必要条件，也是在新闻传播领域里发扬广播之长、克服广播之短的重要保证。

---

① 广播稿件非短不可，除顾及听众专注收听耐久力之外，还受单位时间语词容量的限制。在一般情况下，广播每分钟大致可以容纳200来字（音节），超过250字恐怕很难让听众听明白。

② 〔美〕马克·霍尔著，尔煌译：《广播新闻——新闻写作指导》，第46页。

广播体裁的风格特点，是否就是广播评论的个性特征呢？这里有个共性与个性的辩证关系问题。广播评论作为广播新闻体裁，必须适应广播的传播特点，以及听众的整体状态、收听方式、收听习惯等；而作为新闻评论的分支，则必须体现体裁的基本特征。这两方面的要求，在具体的广播评论作品中，实际上既互为共性、又互为个性。也就是说，从媒介的角度看，广播评论是广播中的政论体裁，它需要从适应广播的传播特点和听众的特点出发，体现政论性这一体裁特征，即寓媒介的共性于体裁的个性之中；从新闻评论体裁的角度看，广播评论是供听的新闻评论，因此它在体现新闻评论的共同特征时，需要时时注意遵循口说耳听的传受规律，即寓新闻评论的共性于广播的传播特点之中。这样互为共性、互为个性的结果，赋予广播评论既不同于其他媒介的新闻评论，也不同于其他新闻广播体裁的个性特点。从这个意义上说，广播新闻体裁的风格特点与广播评论的个性特征，既有联系又有区别。它们之间的差别，在于广播评论在体现广播体裁或话语形式的"短、浅、软"风格特点时，有自己的特殊要求和特殊方法，所以称之为相对特点。

"短"的目标和求"短"的途径

在新闻广播领域，"短"已经成为广播界的共识。即使在广播评论中，求"短"也曾经成为引人注目的一种趋势。在 1980 年代中期，"中广"播出的广播评论，多数只有五六百字，千字以上的评论一度成为罕见的现象；有些地方台甚至一度以"一分钟"作为评论栏目，经常播出两三百字的短评论。可是，近些年来，情况似乎有所逆转。不仅播出时间超过 5 分钟甚至 10 分钟的广播评论日见增多，而且时不时出现系列评论或系列述评。这固然与所阐述问题的复杂程度有关，但主要是"短"观念有所削弱的表现。

"短"的特殊目标　"短"，就是短小精悍。短小指文章的篇幅，精悍要求言之有物；这两方面的要求融合在一起，体现了内容与形式统一的原则。

"短"本身并不是目的，而是实现广播评论预期目标的基本要求之一。一般新闻广播体裁要求短小精悍，目的在于扩大节目的信息容量，力争在有限的节目时间内容纳更多的内容，提供更多的信息。广播评论要求篇幅短小，当然也同充分利用节目时间有关，但主要是由它的政论性内容决定的。政论性内容由于具有一定的概括性和抽象性，一般需要听众聚精会神地听，才能听得明白、理解得透彻；而听众专注收听的耐久能力，却是相当有限的①。文章长了，超过了多数听众专注收听的耐久力，势必影响听众的理解和接受，所以非短不可。换句话说，照顾听众专注收听的耐久力，这是广播评论求"短"的特殊目标。

---

① 听众专注收听的耐久力究竟有多长？我们迄今没有掌握任何调查、实验数据。所谓"有限"，纯属作者基于自身收听经验的判断，未必有多少说服力。这里且引几则西方学者提供的间接数据，供参考。(1)对广播新闻的理解和回忆的实验表明，在一般情况下人们所记住的内容不会超过所报道的新闻20%(阅读时记住的可达40%)。头条新闻(首因效应)和新闻的开头部分(层次效应)的记忆率，高于其他部分。场景信息最容易被认知；具有与所报道的新闻相关知识的听众，回忆比率大于30%。(2)听众和观众在接收一次性播报的7条新闻时，分别多达34%和21%的人连一条新闻也回忆不起来。研究者认为，这主要是由于"无论是广播听众还是电视观众，他们在收看或收听时都在做其他事情"，即处于随意接收状态。(3)在一次对旧金山市民接收晚餐时段电视新闻的问卷调查中，发现在平均19.8条新闻中，观众在没有任何提示的情况下，只能想起1.2条，多达一半根本不能回忆起任何报道。给予新闻主题提示之后，大约有20%的人能回忆起这条新闻的内容。(4)画面在电视新闻理解中起了重要的作用。在使用情景画面的情况下，对新闻事件后果的回忆率可以从10%上升到43%；使用有关新闻发生地的地图，回忆率可提高到61%。(据《作为话语的新闻》，华夏出版社2003年版，第157－161页。)这些数据虽然不能直接回答我们的问题，但或许可以有所启发。

不过，篇幅短小毕竟只是形式。如果一味在篇幅上打主意，忽视内容的精练，那就可能短而单薄，短而空洞无物，因“短”而削弱广播评论的政论性内容，“短”也就毫无意义了。例如有一篇论述人口普查的广播评论，在讲到人口普查能不能胜利完成时说：

……但是，我们还有许多有利条件。最主要的，是我们有党和人民政府的统一的、强有力的领导，有广大人民群众的积极支持和配合，有优越的社会主义制度。我们还有1953年和1964年两次人口普查的经验，有近两年来各地普查试点的经验和整顿户口的基础。所有这些，都是我们进行人口普查的有利条件。（据收听录音）

用一百多字遍举人口普查的有利条件，的确是够短的，可是毫无实质性内容，虽短犹长，很难说能给听众多少启发，或对人口普查能起多大推动作用。假如利用这些篇幅，扼要讲讲有关政策，如对以前因各种原因隐瞒或提供虚假人口资料（虚报年龄、学历，死亡不注销户口，生育不报户口等等）的问题怎么办，也许更有利于消除人们的疑虑，动员人民群众积极主动配合人口普查，保证人口资料翔实。所以，广播评论的“短”，是短小的篇幅和精练的政论性内容的统一，是言之有物的“短”。如果不从精练内容入手，为短而短，那就难免沦于短而空、短而单薄，再短也是对节目和听众时间的浪费，当然也难以吸引听众进入专注收听的状态。

不过，短小精悍或短而有物的评论，却未必便于听知，能够让人一听就懂。所以，求“短”除了坚持短而有物的目标以外，还有个怎样做到短而易知的问题。广播评论求“短”之所以难，就在于它必须同时兼顾“短而有物”和“短而易知”这两个方面。

求“短”的途径 为了使文章短小精悍，历来有两种不同的方法，一种是“省文”，一种是“省意”。

“省文”就是尽可能节省文字，力求言简意赅，在有限的篇幅里充分表达内容，争取预期的论辩、说服效果。这是供读的文章，尤其是古代政论文求“短”的常用方法。像李斯的《谏逐客书》，徐乐《上皇帝书》，魏征《谏太宗十思书》，韩愈的《杂说·四》，王安石的《读孟尝君传》，[①]长的不过数百字，短的只有百字，都堪称以省文求短的珍品，不仅当时收到预期的论辩、谏诤、说服效果，迄今仍然拥有引人的魅力。不过，这些作品都是为特定的目的、写来供特定的人读的。这种方法用于广播评论，固然可以使文章短而有物，却未必能够让人听得懂、理解得了，甚至还可能增加听知的困难。广播评论面向广大听众，它的政论性内容本来就不怎么便于听知，要是单纯在节省文字上下工夫，把三句话拼成一句说，把一大堆听众并不熟悉的内容硬塞进有限的篇幅里，岂不像压缩饼干一样，变得更加不容易消化和理解。例如下面这段文字：

> 我们要建立高度的社会主义民主，最根本的是要使全体人民在共同享有对生产资料不同形式的所有权、占有权、支配权和使用权的基础上，充分享有管理国家各种事务的最高权力。（据收听录音）

这是一篇论述精简机构的评论中的一段。在这几十字中，塞进了多少概念！光是对生产资料的这个权、那个权就有四个之多；不要说许多工人、农民听不懂、理解不了，就是有相当文化水平的干部、知识分子，恐怕也未必都能透彻理解“四权”的区别。

---

① 这五篇古代短文中，《上皇帝书》见《汉书》徐乐本传，其余均见《古文观止》。

在这里，不讲“四权”则已，要讲就得逐一加以解释，否则讲了不仅等于不讲，而且可能反而把人搞糊涂了。所以，不问内容、不看对象地“省文”，实际上是让内容俯就形式；这种“省文”，固然可以节省篇幅，但在广播评论中却只能带来不易听知的消极后果。

当然，这不是说广播评论绝对不能“省文”，而是说要省在该省、有条件省的地方。且看下面这一片段：

> 然后交房租啊，交水电费啊，所有的费用都得要自己打交道，生活能力必须要很强，但是中国的孩子去了以后在这一点显得非常的弱。因为在家里都是特保儿嘛，所以他当时去了两三个月以后就买了游戏机，然后他们就在家里打游戏，他们所有孩子都是这样的，他们一般就是四五个孩子一起租一栋楼，然后每个人一个房间，厨房、厕所公用，平时就在家里坐。这就打游戏机，他一打可能就打一个星期嘛，要吃饭就出去买一点点快餐，回来接着打。这样学习了差不多一年吧，肯定不行嘛。

这一片段本意是讲低龄留学生存在着自理、自制能力弱的问题。它本身的抽象程度并不高，表达也相当口语化，听众对其中的每一句大概都能听得懂。但整体上却显得拖沓松散，听众听了之后，恐怕未必能够完整理解说话人的本意，甚至还可能给人仿佛“东一榔头、西一棒子”的印象。问题出在哪里？看来出在：(1)可省的地方不省，如讲住房情况的话，同自制力强弱没有必然联系，省了不仅不影响意思，而且有利于人们准确地理解；(2)“特保儿”一词是揭示低龄留学生自理、自制力不强原因的关键词，但又是一个非规范词；这样，不加任何解释用这个词，读的时候也许还能勉强理解，在听的情况下人们恐怕只能“莫明所以”；(3)忽略必要的过渡。整段分别讲缺乏自理和自制能力，二者虽然有紧密的联系，但现在这样不加任何过渡性提示，恐怕难免给人“走题”的感觉。后两点，其实就是忽略了“省文”的必要条件。换句话说，广播评论即使在该“省文”的地方，也需要为听众提供经由“听”准确理解意思的必要条件。

“省意”　就是删枝刈蔓，在一篇文章里突出最主要的问题，在论述一个问题时讲非讲不可的道理。这样既能压缩篇幅，又能在关键处具体、充分地阐述内容，无疑比“省文”更有利于兼顾“短而有物”和“短而易知”的要求。《学习安珂敢于同坏人坏事作斗争的精神》[①]，可说是“省意”比较成功的例子。这则评论，针对社会上存在的袖手旁观、见凶不惩、见义不为的“恐惧症”，集中阐述安珂精神最可贵的一面，号召人们学习安珂，为争取社会风气根本好转而斗争。虽然评论并没有接触安珂精神的全部内涵，但由于号准了社会脉搏，不仅毫无片面之嫌，而且给人以深刻中肯、痛快淋漓的强烈印象。

“省意”，实际上是整体上讲究精练，而在重点处则不仅不省，必要时甚至要不惜笔墨、不辞繁复。如《从中小学教师的呼声谈起》[②]，这则广播评论一开头就点出了问题的症结：

> ……前不久在北京 10 家中小学教师的座谈会上，记者听到了一个令人不安的事实：6 天学校良好教育根本抵不上一个星期天某些不良的社会环境对孩子的侵蚀。人们说，这是 6+1=0。

然后围绕这个“1”，或是直接引用教师的发言，或是列举不利于孩

---

① 中央人民广播电台《新闻联播》1983 年 4 月 15 日播出。

② 中央人民广播电台《新闻联播》1994 年 4 月 24 日播出，全文见《新闻评论作品选》。

子健康成长的社会文化现象，以三个自然段、占全文将近一半的篇幅，说明这个“1”正在怎样冲击、抵消学校教育，腐蚀着孩子们的心灵。在这里，“省意”为重点处充分展开提供了条件，而重点处的展开则赋予“意”以有血有肉的丰满的内涵。二者相互为用，较好地实现了短而有物、短而易知的目标，看来可以收到增强评论说服力和加深听众收听印象的效果。可见，强调“省意”，也决非不分主次、轻重地任意舍弃某些内容，而是为在有限的篇幅内突出重点、充分地表现重点而舍弃那些可有可无的东西，套用军事上的说法就是“集中力量打歼灭战”。明确“省意”的这一特定含义是重要的，否则就可能导致片面性、表面性，或是面面俱到、不得要领之类的偏向。

概括地说，“短”这一特点，要求广播评论摆正内容精悍与篇幅短小的关系，力求短而有物；摆正表达简练与便于听知的关系，力求短而易知。短而有物，短而易知，这是一个统一目标的两个不可分离的方面。忽视其中任何一个方面，为“短”而“短”，搞“压缩饼干”式的“省文”固然不可取，任意“省意”也难免偏离正确的方向。反过来说，无论“省文”还是“省意”，只要有利于在“听”的条件下实现既“有物”又“易知”的目标，就不失为求“短”的有效方法或可靠途径。

“浅”的含义和“浅出”的方法

“浅”，就是深入浅出，以浅显通俗、让人一听就懂的方式、方法表现深刻的内容。对于广播评论来说，“浅”与“短”是一个问题的两面：短着眼于适应多数听众专注收听的耐久力，“浅”侧重于照顾多数听众的接受能力，但目的都是为了增强政论性内容的听知效果。听众之间的接受能力差别很大，他们对“浅”要求不尽相同。一位美国学者认为，广播新闻应浅显到使处于半收听状态的、具有九岁孩子那样接受能力的听众能够听明白。[①] 广播评论的听众以成年人为主，当然不能直接套用广播新闻的标准，但原则上应尽可能浅显，力求让那些文化水平不高、接受能力较低的成年听众，也都能听懂它的政论性内容。

“浅”的核心问题　有一种倾向，仿佛“浅”就是语言通俗化、口语化似的。这是片面的理解。语言通俗化、口语化，当然是广播评论浅显通俗的重要方面，但绝不是“浅”的全部要求，甚至也不是主要要求。光是在语言上求“浅”，那是浅不到哪里去的，弄得不好，还可能牺牲政论性内容，以至流于浅薄和庸俗。列宁曾经指出：“庸俗化和浅薄同通俗相差很远”。他揭露庸俗化和浅薄的一系列表现，其中的一种就是“每一句话都是矫揉造作，都要用上几个‘民间的’比喻和‘民间的’方言”。这当然不是说比喻和方言要不得，列宁自己就十分重视应用群众熟悉的比喻、成语和有特色的方言；而是说语言从来就是思想、情感的外壳，语言方面的任何讲究，包括通俗化、口语化的努力，如果离开内容，就有走向庸俗化和浅薄的危险。有的广播评论滥用成语、乱用比喻，乃至插科打诨、油腔滑调，不正是脱离内容，孤立地看待语言通俗化、口语化的表现吗？这是一种需要警惕的倾向。

对于广播评论来说，“浅”的核心问题，是深入浅出地处理政论性内容。从表达的角度看，“浅出”首先是想方设法把深刻的内容，尤其是比较概括、抽象的道理讲得明白，让人一听就懂。怎么“浅出”？列宁在讲到通俗理论读物时说：

---

① 〔美〕马克·霍尔著，尔煌译：《广播新闻——新闻写作指导》，第46页。

> 通俗作家应该引导读者去了解深刻的思想、深刻的学说，他们从最简单的众所周知的材料出发，用简单易懂的推论或恰当的例子来说明从这些材料得出的主要结论，启发肯动脑筋的读者不断地去思考更深一层的问题。[①]

列宁说的虽然是通俗理论读物，但它的基本精神同样适用于广播评论。不过，广播评论除了适应如同通俗理论读物读者一样接受能力的听众以外，作为供听的文章，还需要正视政论性内容不易听知的弱点，因此“浅出”要着重注意把握两个互相联系的方面：(1)适当控制内容的抽象和概括程度；(2)尽可能为听众提供理解抽象内容的条件。下面分别就这两个方面作点说明。

适当控制表达的抽象程度　新闻评论在说理的过程中，总要运用概念、判断和推理等逻辑手段，以及同逻辑手段相对应的词语、句子和章法。说理抽象程度的基础，是概念和概念间的关系，或词语与句子的结构。广播评论控制抽象程度，就是在准确确定指代特定评论对象概念的基础上，恰当处理它与其他概念的关系，形成既能揭示事物本质，又比较易于理解的判断和推理；而在语言文字方面，则要求以明白确切的词语、简洁明快的句子，以及平易质朴的章法表现相应的内容。

不同的概念和它的语言表现形式——词语，有不同的抽象层次。抽象层次越高，概念的外延就越大、涵盖范围就越宽，而内涵或者说概念所反映的事物的本质属性则越少，因此也越不容易理解。《传播学概论》曾介绍过一个所谓“早川阶梯”的模式，它把概

---

① 这里和上引列宁的话，均见《列宁全集》第5卷，人民出版社1959年版，第278页。

念的抽象程度分为八级[①];其具体划分未必十分科学(如“奶牛”和“牲畜”之间,按理还应该有“牛”这一层次;又如第二级未必需要),但不无参考价值。在这个阶梯中,第三级“贝茜”(一头奶牛的名称)指特定事物;它可以同它的下位或上位概念联系起来,形成意义和抽象程度各不相同的判断,如:

①贝茜的毛色花白,有一对美丽的犄角(与第一级相联系);

②贝茜是我们见到的那几头牛中的一头(与第二级相联系);

③贝茜是一头奶牛(与第四级相联系);

④贝茜是牲畜(与第五级相联系);

⑤贝茜是财富(与第八级相联系)。

在这五个例子中,虽然都是回答贝茜是什么,但意义和抽象程度明显不同。①②是形容贝茜是什么,即具体解释、说明这一特定事物,不仅本身不抽象,而且旨在化解抽象,让人们获得对这一事物感性认识。③说明贝茜是一头奶牛,界定了它的属性,与最接近的上位概念联系起来;这虽然是最低层次的判断,但已有

---

① 《传播学概论》,新华出版社 1984 年版,第 96 页:“几年前,S. I. 早川为了说明人类的思维和谈话能够进行的各个水平,曾设计了他称为‘抽象的梯子’。他说,这是人们站在各个梯级上观看“奶牛贝茜”的途径:

第一级　科学上知道的微观奶牛和亚微观奶牛;

第二级　我们所看到的奶牛;

第三级　贝茜——我们用这个名字来辨认所看到的特定对象;

第四级　奶牛——我们用这个符号来代表我们从所看到的或所听到的贝茜和所有其他奶牛身上总结出来的“奶牛式”特点;

第五级　牲畜——这是一个更抽象的符号,代表奶牛与猪、小鸡、绵羊等共同的特点;

第六级　农场财产——这个符号代表牲畜与农场里其他可出售的东西所共有的特点;

第七级　有交换价值的东西——这是农场和其他可出售的东西所共有的特点;

第八级　财富——这是所拥有的财产程度,可能包括贝茜的价值,但也可能包括更多更大的价值。

所抽象,已进入理性认识的范围。④与更高一级的上位概念相联系,这已经有点费解了;人们听了这句话就不免要问:它究竟是什么牲畜呢? ⑤跨越了5级,不仅费解,而且简直让人莫名其妙。从这些例子中,可以看到在判断中,表示事物的本位概念(即形式逻辑学所说的"主项")与上位概念(即"谓项")间隔的梯级越多,就越抽象、越费解,同时也越容易引起歧义或误解。

新闻评论的特定评论对象,在概念的抽象层次上属于第3级。由于评论对象多种多样,以词语出现的概念,未必都是人们熟悉的。假如它是一个人们陌生的概念,那就需要先解释本位概念,帮助人们具体了解作为评论对象的事物。例如,《人民日报》在评论警惕不法之徒利用互联网络从事危害社会的活动时,就用相当的篇幅解释互联网络是怎么回事、为什么容易被不法之徒利用:

> 所谓互联网络是指公共电话线路连接的数以万计电脑网络的网络。1969年,美国五角大楼出于军事需要建立了这一网络。为避免整个系统在战争爆发时遭到核攻击而陷于瘫痪,设计者把它建成一个连接各种国防电脑系统的"三无"网络:无人管理、无指挥中心、无主人。只要标明电子地址,任何信息均可自动寻找途径到达目的地。如果某一局部遭到破坏,电子邮件还会自动另找出路。[①]

这实际上是化解本位概念本身的抽象程度,使它变得易于理解,从而为理解评论中的判断、推理奠定基础。但是对于控制抽象程度来说,更重要的是控制本位概念与上位概念(或主项与谓项)的

---

① 1995年7月2日《人民日报》。

间隔梯级。一般的说，与距离最近的上位概念联系起来的判断，都有所抽象，但抽象程度不高，也不难理解；每间隔一级，抽象程度都提高一个层次，就需要适当解释、说明，否则就不是多数人所能理解的了。例如上面说的精简机构的那一段所以难于理解，就是因为上位概念与本位概念间隔的梯级太多，又缺乏必要的解释和说明。如果把精简机构直接与提高办事效率、方便人民群众联系起来，不是可以比与社会主义民主、与生产资料的所有权、占有权、支配权、使用权相联系，更容易让多数听众理解精简机构的意义吗？

广播评论诉诸声音、面向平均接受能力比较低的广大听众，而且篇幅短小，一般不可能作多层次的解释和说明。究竟与哪一层次的上位概念联系起来进行判断和推理，既要考虑揭示事物本质的需要，也要照顾多数听众的接受能力。只要能够在一定程度上揭示事物的实质，一般应该控制在间隔梯级最少的层次上，避免作多层次的推论。把握这一原则，不仅有利于多数听众的理解，而且还具有防止节节拔高或无限上纲，以及说空话、说大话的意义。

为听众理解抽象内容创造必要条件 不过，不管怎样控制，评论毕竟离不开抽象，因此在表达中还需要尽可能为听众理解抽象的政论性内容提供条件。也就是尽可能像列宁所说的那样，“从最简单的众所周知的材料出发，用简单易懂的推论或恰当的例子来说明从这些材料得出的主要结论”。从方法的角度说，主要是把握以下三点：

（一）稀释抽象内容。

这就是运用具体事例、数字、常识、历史事实，以及概括社会生活经验的成语、格言等各种人们熟悉的材料，以举例、比喻、比较等各种方法说明道理，帮助听众经由具体理解抽象内容。就说《“以德营商”是一种基本的要求》[①]吧。这则广播评论通过对三个引起社会责难的广告的分析，批评某些企业为追求高额利润无视社会公德的行为。围绕这一论旨，评论先是指出：

> 合法不合理的行为经常成了某些企业和商家追求出位的招数，这根源于我们正处于市场转型期和市场经济培育成长的阶段。

继而在末段作了如下概括：

> 公道自在人心，越过了道德底线的商业行为，寿命总是短暂的。……广大的商家做到“以德营商”，也应该是一种基本的要求。

其中比较抽象、可能影响听众理解大致有三，即：①何谓“合法不合理的行为”？②为什么说“根源于……”？③为什么越过道德底线，“寿命总是短暂的”？对于这三个问题，评论在阐述过程中，都采取了相应的稀释手段，如②③分别通过专家解释、举例来化解抽象，而①则直接同对三个广告的分析结合在一起，分析过程本身就是“稀释抽象”的过程。评论把主要精力集中于分析这些广告引起公愤的缘由，的确可以收到既增强论断说服力和又比较易于听知的效果。

当然，这个例子只是说明通过稀释化解抽象内容的听知难度，是广播评论的一个永恒的课题，任何时候都不可以掉以轻心。至于如何稀释，则尽可以调动各种手段。如果说有什么规矩，那

---

① 广东人民广播电台 2002 年播出，全文见《新闻评论作品选》，第 134—136 页。

就是一切为便于听众确切理解评论内容着想，如尽量运用听众熟悉的、易于理解的稀释材料，避免连篇累牍地堆积数字（有些数字本身就是抽象的，尤其是天文数字、微观数字）、不加解释运用专业术语和缩略语等等。

（二）适当还原从具体到抽象的认识过程。

还原作为一种表达方法，包括还原事物的发生发展过程和还原认识事物的过程两层意思。这里主要指后一种还原，也就是尽量使文路顺乎思路。人们在认识事物或形成论点的过程中，其思路或思维的走向一般是“材料→观点”或“论据→论点”；而在表达时，则往往以观点统率材料、以论点支配论据，其文路或行文的顺序多表现为“观点→材料”或“论点→论据”。适当地还原认识的过程，让表达与思维或文路与思路一致起来，这有利于引导听众随着作者的思路一步步接近论点或结论。

怎样还原呢？让我们看看《一则启事的更改引起的联想》[①]的两个片段。这是海峡之声电台在《青年之友》节目中播出的一篇评论，它的开头两段如下：

> 青年朋友们，今年8月20号，台湾《中央日报》在第一版的广告栏内，刊登了《中央日报》社、“中国电视股份有限公司”、“中国大陆问题研究中心”联合征文比赛的启事。征文的名称是“‘一国两制’征文比赛”，征文的题目是：“请就‘一国两制’征文，题材自定，自由发挥意见。”征文的对象是：“在校的大专青年和社会青年。”但是在第二天也就是8月21日

① 海峡之声电台1987年播出，《第6届全国优秀广播稿选（1987）》，中国广播电视出版社1988年版，第153—156页。

> 的《中央日报》同一个版位上，重复刊登了这则征文启事，在内容上作了根本性的变换。首先是征文的名称变了，把头一天的"'一国两制'征文比赛启事"，变成了"征文比赛启事"；其次是征文的题目也变了，把原来的请就"'一国两制'征文，题材自定，自由发挥意见"，改成"中共'一国两制'谬论之我见"。并且还附加了一段声明，声明说："昨日启事所刊征文题目，文字误植，敬祈原谅"。
>
> 青年朋友，一则征文启事在文字上出现误植现象，重新刊登作一下更改，这并不是什么了不起的事儿，更不值得大惊小怪。然而这一则启事的更改，特别是后面的那句郑重其事的声明，却不得不使人感到很不平常，很自然地给人带来一些联想。……

第一段原原本本地介绍了两次启事的令人奇怪的变化，第二段借此入题。这还原了提出问题的因由，它等于告诉听众：我是通过对这两则启事的比较，发现其中有些颇为值得深思的离奇做法，才来谈论这个话题的。这就既为自己的论述奠定基础，也不着痕迹地提醒台湾青年听众琢磨其中的蹊跷，唤起他们对这个话题的兴趣，引导他们作进一步思考。紧接着的一段阐述所谓"文字误植"的看法，揭穿其中的"秘密"；它的主要部分也是运用还原的方法：

> 青年朋友，这则启事的更改给我第一点想法是，这则启事的更改不是像声明所说的，是所谓"文字误植"。对比一下两天的启事就一目了然。启事变更的地方主要有以下三点：一是取消了原来对"一国两制"征文的题材自定，自由发挥意见这条规定；二是硬性肯定中共提出的"一国两制"构想是

"谬论";三是声明征文比赛只发表那些也把"一国两制"看成是"谬论"的人的见解,对不同意、不认为"一国两制"是谬论的意见,一律拒之门外。青年朋友,我们从变更的三点可以清楚看出,这根本不是所谓文字误植,而是地地道道的内容上的变更。青年朋友,我们青年是有头脑的,对一些事情都有自己的看法。祖国政府提出用"一国两制"来实现包括台湾在内的祖国和平统一的主张。这个主张是不是可行,或者说是不是对,朋友们会有自己的看法和想法。《中央日报》等三家联合举办征文比赛,让大家自由发挥意见,这种做法,无疑是开明之举,既合乎大家的心愿,也有利于互相研讨。可是第二天这么一更改,加上了批判性的限制词,就把见解强加给了应征者,而应征者也就被剥夺了"自由发挥意见"的权利了。这样的更改怎能说是由于头一天的文字误植?

它着力分析第二个"启事"的三点"变更",然后指出它的武断、强加于人的实质;这里的文路与人们认识这个问题的思路是一致的。经过这样的引导,人们也就可以毫不勉强地接受评论的见解了,甚至还可能往前走,得出诸如"文字误植"不过是欺人之谈一类的结论。

从这个例子中可以看到,运用还原这种方法要着重把握两点:(1)主要用于论证重要论点或关键性的说理层次,切忌不分主次、任意运用;(2)还原主要的认识环节,避免过于琐碎。把握了这两点,在关键处适当来点"还原",既有助于化解抽象,还可以启发善于思考的听众进一步联想。在广播评论中,运用还原方法的作品不多见;这篇评论在这方面的尝试是相当可贵的。

(三)恰当运用"正——反——合"说理方式。

所谓"正——反——合",就是围绕一个问题或一个说理层次，正面讲一讲，反面讲一讲，合起来再讲一讲；这种说理方式，只要用得恰当，也可以收到化解抽象、加深印象的双重效果。对于诉之于听的广播评论，是一种值得适当提倡的表现方法。

运用这种方法说理，等于一层道理讲三遍，会不会导致篇幅冗长呢？其实，这是两回事，二者之间并没有必然的联系。现在不少广播评论篇幅偏长，主要是由于不分轻重、主次，或者是面面俱到、四平八稳地讲道理，或者叠床架屋地罗列事例，并不是由于在重点处反复说理所造成的。上面在讲到“省意”时，曾经强调“省意”是整体上省，而在关键处则要不惜笔墨、不辞繁复。如果按照这个原则运用“正——反——合”的说理方式，固然在某一部分或某个说理层次需要增加篇幅，在整体上却不仅可以不增加篇幅，而且还可以使“不辞繁复”更加富于变化。且看下面这一片段：

> ①事物变是绝对的，不变是相对的，就看咋个变法。②如果这种变没有脱离党的农村基本政策，符合当地的实际情况和农民的意愿，有利于发展生产、改善生活，有利于国家和人民，对这样的变我们应该拍着巴掌欢迎。就拿责任制来说吧，几年来，不是由包产到组变到包产到户又变到大包干，由不完善变到逐步完善吗？这样变，把产量变高了，票子变多了，农民变富了，国家变强了，你看多好啊。③可是，我们有些农民一听到某项具体政策有新变化，不问为啥子变，不问这种变对农民好不好，便一概忧虑、怀疑，于是对投资、打基础的事马马虎虎。“啄一嘴算一嘴”，这样下去，充其量眼前富，不可能长远富。这种倾向不克服，农民要真正富裕起来就只能是一句空话。④现在，中央的政策订得好，我们农

民就要相信它，决不要“一朝被蛇咬，三年怕草绳”。

这是《致富不能“鸡啄米”》①中的一段，约占全文的二分之一。这篇评论旨在消除农民对党的农村政策会不会变的疑虑，引导农民增加投入、扩大生产规模、加快致富步伐。农民担心党的农村政策变，这是整个问题的症结。不少评论都接触过这个问题，但一般都强调走共同致富的道路是党在农村的基本政策，在相当长的时期内是不会变的。这篇评论却一反这一常规思路，在这段的开头，就开门见山地说“事物变是绝对的，不变是相对的，就看咋个变法”，然后用“正——反——合”的方式来阐述这一看法。其中①和④两句话，以相互呼应的方式表述论点，属于“合”；②中的三句话，依次为假设、举例和论断，它们形成了一个逻辑严密的推导、说理过程，起正面证明和说明论点的作用；③也是三句话，同②逆向呼应，属于“反”，相当于间接论证中的反证。如果说这篇评论的思路是新颖的，比一般强调党的农村政策是长期政策更能说服农民，那么，它的这种特殊的说服力，不也可以认为得益于恰当地运用“正——反——合”吗？这里所说的恰当，主要表现在两方面，一是用在症结处，二是正、反条缕分明，较好地发挥了相反相成的互补效应。反之，如果不分主次、一律如法炮制，那就可能导致篇幅冗长；如果正、反不相对应，那就“合”不起来，就可能相互掣肘，自然也不可能收到预期的表现效果。

以上三点，目的都在于为听众提供更好理解抽象内容的条件。而能否在表达中恰到好处地提供这些条件，关键却在于是否“吃透”自己所论述的问题，是否树立强烈的听众观念，而不仅仅

---

① 四川新都县广播站 1983 年 11 月 27 日播出，《全国优秀广播节目稿选（1983）》，中国广播电视出版社 1985 年版，第 134 页；引文中的序号系引者所加。

是具体的方式方法问题。因此，在讲究“浅出”的时候，千万不能忽视“深入”这个基本前提，尤其不能忽视这个前提中的一个至关重要的侧面——对于听众的深知深解。

“软”：讲究说理艺术

在恽逸群概括的广播风格的三个特点中，“软”这个特点很耐人寻味，同时也很容易引起误解和疑虑。

“软”究竟意味着什么？与广播评论有什么关系？

恽逸群所说的“软”有其确定的含义。它只是指“轻松、风趣”，直接针对当时的广播“娱乐性内容太少，宣传气味太浓，太生硬，太不冷静，不够含蓄，有时厉声厉色，旁若无人”①的倾向，目的是“使听众在文化娱乐之中不知不觉地接受你的观点”。换句话说，所谓“软”，其实就是讲究宣传策略、宣传方式和方法，争取更好的宣传效果。它所要排斥的是生硬的、不讲究方式方法、不问客观效果的主观主义宣传倾向，丝毫不意味着放弃新闻广播包括新闻评论的党性原则，模糊自己的思想、政治倾向，削弱以至于放弃人民广播固有的性质和立场。明确“软”的这一确定含义是必要的。否则，随意解释，任意地扩大它的含义，不是不分青红皂白地把它与党性原则对立起来，从而谈“软”色变，予以摈弃；就是走向它的反面，把“软”当作最终目的，而从根本上背离人民广播的性质。不管哪一种，实际上都是对“软”的误解或曲解，势必影响新闻广播体裁完善自己的风格特点，影响广播充分发挥自己的作用。

1957 年，毛泽东在同新闻出版界代表的一次谈话中，也曾经

① 《中国人民广播回忆录》，广播出版社 1983 年版，第 126 页。

接触到“软”的问题。他说：

> 报上的文章“短些，短些，再短些”是对的，“软些，软些，再软些”要考虑一下。不要太硬，太硬了人家不爱看，可以把软和硬两个东西统一起来。文章写得通俗、亲切，由小讲到大，由近讲到远，引人入胜，这就很好。①

有人引用这段话，断言毛泽东同志提倡“软”②，这显然不尽符合原意。不过，说他无条件地反对“软”，恐怕也理解偏了。毛泽东对“软”有保留，但并不一概反对；他主张文章软、硬结合，既坚持原则，注重思想内容，保持无产阶级的战斗风格，也讲究写作艺术，把文章写得引人入胜，使人乐意看、乐意接受。所以他说：“文章的好坏，要看效果，自古以来都是看效果作结论的。”③在讲究宣传艺术、写作艺术和重视文章的社会效果方面，应该说与恽逸群同志所说的“软”是一致的。

把“软”与“短”、“浅”并列为广播的风格特点，对于完善广播评论的个性特征，具有特殊的意义。广播评论政论性内容的听知效果，与听众的收听状态关系极大；听众乐意听，有收听的主动性和积极性，有持续收听的兴趣，进入聚精会神的收听状态，自然能够比半收听状态更容易听懂，更能深入地理解和接受它的内容。怎样调动听众的收听兴趣？对于广播评论来说，除了内容本身的说服力以外，重要的就是适当讲究“软”的说理艺术，增强说理的亲切感、感染力和吸引力。不妨设身处地想一想：一篇文章，如果摆出居高临下的架势，用颐指气使的口吻讲道理，甚至疾言厉色、

---

① 《毛泽东新闻工作文选》，新华出版社 1983 年版，第 190 页。
② 见《新闻学会通讯》1984 年第 8 期，第 43 页。
③ 《毛泽东新闻工作文选》，新华出版社 1983 年版，第 191 页。

盛气凌人，令人听而生厌、闻而生畏，你有兴趣听下去吗？广播虽然没有给听众提供微观选择的机会，但听众却有宏观选择的权利。当他对某篇文章、某个节目不感兴趣时，他完全可以不听或听而不闻。常说“话不投机半句多”，人家不愿意听，你总不能像“强按牛饮水”那样，拧着人家的耳朵听下去吧？在这种情况下，即使文章讲的句句是真理，实际上也起不了多少作用。总之，广播评论是一种舆论形式，它只能吸引而不能强求听众听，因此需要讲究说理的艺术。它包括：

（一）摆正与听众的关系，以地位平等的朋友身份面向听众。这是由人民广播的性质和评论的舆论性质决定的。阐述与听众休戚相关的问题，固然需要以平等的态度、平易近人的口吻说理；就是阐述方针政策精神的评论，也应当以与听众共同理解、领会其中的精神实质，或商量如何贯彻、落实的方式来处理，而不能以居高临下的姿态、以指令式的口吻谈论问题。例如《“五爱”是当前道德建设的基本要求》[①]这篇评论，它阐述中央《关于社会主义精神文明建设指导方针的决议》的一个重要精神：以爱祖国、爱人民、爱劳动、爱科学、爱社会主义作为当前道德建设的基本要求。评论在扼要说明决议确定这个基本要求的背景、分析要求的基本含义之后，毫不含糊地指出：

> 毫无疑问，公而忘私以及为人民的利益勇于献身的共产主义道德，仍然是全体共产党员的行为准则。但在当前乃至今后一个很长的时期内，共产党员必须学会团结和帮助周围的群众，开展以“五爱”为基本内容的社会主义道德建设，并

---

① 作者李戈华，中央人民广播电台1986年播出，获第五届全国优秀广播节目奖；全文见《新闻评论作品选》，第110—111页。

且首先成为奉行社会主义道德的模范。这，就是党的实事求是的思想路线在道德建设上的具体运用。

这个结论干脆明快，既有鲜明的针对性又平易近人，既中肯又毫不强加于人。据说评论播出之后，北京一些高等院校和工业企业纷纷打电话索取稿件，这显然同它这种说理方式有着密切的关系。

正面倡导的评论要以平等的态度、平易近人的口吻说理，批评性的评论是不是也可以这样呢？批评性评论面向广大听众，批评那些违背社会发展趋势的事情、现象、问题、思想和行为倾向及其"当事人"（个人或群体）。它针对批评对象说理，固然是为了消除或纠正这些错误的东西；但这个理主要是说给广大听众听的，旨在让听众明白其中的是非、正误、善恶、美丑，与之划清界限，从而增强辨别、抵制错误倾向的能力。听众是接受者，而不是"当事人"；就是"当事人"也有不同矛盾性质的区别，而且多数属于人民内部矛盾。既然面向听众说理，既然批评的多数是人民内部的问题，当然可以而且必须用平等的态度、平易近人的口吻来分析问题、论辩是非。有的批评性评论效果不太好，甚至使听众反感，很重要的一个原因就在于忽视了这一点，或者动辄要听众从中吸取教训、把听众视为"当事人"，或者单纯为了"曝光"、把批评当作揭丑的同义语。后者尤其值得警惕，因为意在"曝光"，就可能疾言厉色，而忽视冷静的分析，那就很难达到预期的目的。

（二）设身处地为听众着想，捕捉他们关心的问题，及时为他们排难、解惑、释疑。评论说理讲究有的放矢，这个"的"包括两个方面，一是事情或问题本身的实质，一是听众关注的焦点（假如听众关心这件事或这个问题）。因此，既然面向听众评论某件事或某个问题，当然要把听众在这件事或这个问题上的疑难、疑虑作为说理重点来对待；如果忽视这一点而就事论事，即使道理讲得头头是道，也不一定能够引起听众的共鸣和收听兴趣。比较一下上面所举的《致富不能“鸡啄米”》和那篇关于人口普查的评论，就不难理解这一点。所以，要在兼顾两个“的”的同时，把更多的注意力放在捕捉听众关注的焦点上头，把说理重点放在为听众排难、解惑、释疑上头。

（三）重在启发、引导思考，而不是代替思考或把简单的结论塞给听众。听众的接受能力悬殊，一则评论怎样才能既让接受能力较低的听众听懂，又能够让接受能力较高的听众感到有所启发，这是说理过程中经常遇到、值得认真探索的一个问题。在既没有一定之规、也缺乏成熟的经验的情况下，不妨把它作为一个目标，从各方面作些尝试和探索。比如，对于某些重大的、仍在发展中的问题，能不能通过具体分析，在引出具体结论的同时提出问题，指明可能的发展方向和基本思路，引导听众作进一步联想和思考。对有些存在着多种发展可能性的问题，能不能同它的存在条件联系起来，提供多种可能的解决办法，引导人们作相应的选择。对有些处于萌芽状态的事物或问题，能不能把重点放在唤起人们重视和注意上头，而不一定作出什么论断，等等。既然客观事物是复杂的，而听众的接受能力也参差不齐，那么以更加开放的方式说理，也许可以比贸然作出论断、勉强提供“唯一”的结论，更加切合实际，更有利于发挥评论的舆论作用。

（四）照顾多数听众的接受习惯，尽可能用他们熟悉的材料、方法和喜听乐闻的方式说理。这个问题上面已多处涉及，下面还将介绍广播评论的某些独特形式，为避免重复，这里就不赘述了。

这里有必要再次强调，"短、浅、软"作为广播评论的相对特点，是相互依存、相辅相成的。文章短小精悍、浅显通俗，适应听众的收听耐久力和接受能力，可以为多数听众创造方便的收听条件；讲究"软"，把文章写得生动活泼、轻松风趣、娓娓动听、引人入胜，则可以激发听众的收听兴趣，使听众进入乐于听的境界。"短、浅、软"互为作用，将使广播评论更好地适应广播的传播特点，收到更好的听知效果。反之，忽视其中任何一个特点，则必然削弱其他特点的作用。

思考题：

1. 广播评论的相对特点是什么？如何理解特点的相对性？
2. 怎样辩证地理解广播媒介的传播特点与新闻评论的体裁特征互为共性和互为个性？这同广播评论的相对特点有什么关系？
3. 何谓"省文"和"省意"？为什么广播评论求"短"要着重在"省意"上下工夫？
4. 试述"浅出"的基本方法。
5. 怎样正确地理解和体现"软"这个特点？

第三节 电视评论基本特点的形成机制 *

电视评论是新闻评论体裁与电视媒介结合的产物。作为体裁或话语形式，它的属性和在新闻传播中的功能，与报刊、广播评论是一致的。但由于传播方式的不同，它在内容取向、表现形式、

* 本节是从与胡平合著的《新闻评论教程》，中国广播电视出版社 1995 年版，移入的。初稿由胡平执笔，移入本书初版时有所修改，这里再次据以修订。

表现方法方面，则必然有自己独有的特点。问题是怎样认识、概括和能动地驾驭这种个性特点，有效地发挥其优势、控制乃至消除其劣势。在 1980 年代初期，电视评论刚刚起步，实践还没有为探讨这些问题准备必要的条件，人们还只能“摸着石头过河”，跌跌撞撞地一步一步往前走。如果说这是新事物发展的正常现象，那么在经过二十多年的摸索，在电视评论正以电视的声画兼备、视听结合的表现优势而日益受到人们重视的时候，显然有必要也有条件更深入地探讨这些问题，力求引出较为系统的规律性认识。

电视评论走过的路程

为了准确地把握电视评论的个性特征，有必要回过头来看看我国电视评论走过的路程，以及在这个过程中所进行的摸索和探讨。

1980 年代中期以来，我国电视新闻评论获得了长足发展。除新闻节目中的评论以外，还出现了类似《焦点访谈》（中央电视台）、《新闻透视》（上海电视台）、《今日话题》（北京电视台）这样一些产生广泛社会影响的分析性节目。电视评论的这个局面，当然不是一蹴而就的，而是如同广播评论一样经历了一个移植、改造和逐步适应自己的传播方式的过程。有人在 1990 年代初期，曾经作了这样的概括：

> 自 80 年代中期以来，电视评论大体经过“三代”变化。第一代的模式是，由记者写出一篇评论，由播音员播出，只是自始至终有播音员的半身图像。这基本上是在报纸模式中摸索。第二代模式是，仍然写的是报纸风格的评论，也是由播音员播讲，只是配合出现画面，但许多画面和评论内容脱

> 节;这说明,电视工作者已经意识到要摆脱报纸模式的束缚,但还没有冲破樊篱。第三代电视评论模式的形成大约在1990年前后,它以电视述评为主要形式,在遵循新闻评论共性原则的基础上,用有声的画面语言来论证。论据是形象化的,论证是由记者、主持人和各界人士共同完成的。[①]

这个概括基本上符合电视评论发展的实际,反映了电视新闻工作者在评论领域摸索前进的基本轨迹。

进入90年代以后,电视评论的发展步伐加快了,陆续出现了一批评论性或分析性的节目。有人这样描述这类节目的影响:

> 评论性节目的迅速发展是近年来我国电视屏幕上一个令人注目、使人感奋的现象。
>
> 以中央(电视)台为代表,从《焦点时刻》到《焦点访谈》栏目的建立,说明电视评论节目已经作为一个经常性的、具有鲜明电视特色、十分耀眼的品类,列入了荧屏之林。各地电视台也先后办起了自己定期或不定期的评论性节目,在观众中同样受到了格外的青睐。

他认为观众之所以欢迎这类节目,是因为:

> 1. 它反映的是当前人们普遍关心的重大问题;
> 2. 它播出及时,题材广泛,贴近生活;
> 3. 它具有相应的时间长度,使节目内容具有一定的深度;
> 4. 它不回避对一些不良现象进行必要的揭示与善意的批评,敢于反映人民的心声,并对社会作出有力的

---

① 吴少琦:《喜看电视评论质量的提高》,《优秀电视新闻稿选(1991年)》,中国广播电视出版社1992年版,第119页。

呼吁；

5. 形象化、直观性和群众、专家的参与使它具有较高的说服力和权威性。[1]

也就是说，观众欢迎这类节目首先是因为它是新闻评论，或者说具备了新闻评论的就人们普遍关心的问题迅速及时发表自己的见解和看法的基本属性，同时也由于在一定程度上发挥了媒介传播方式固有的某些传播优势。

不过，电视评论无论是与其他媒介的新闻评论、还是电视中的新闻报道形式相比较，毕竟还年轻，离完善、成熟毕竟还有相当的距离。作者在上引的文章中，曾经对 1994 年送评的评论性节目，作了以下的分析：

这次送评的评论性节目大体上可以分为三种类型：

第一种是新闻事件的深度报道。

第二种是综述形式。

第三种是述评形式。它以叙为主，夹叙夹议。议的部分或多或少，或深或浅，但都起了评论所必备的画龙点睛作用。这种形式才是目前堪称为真正的电视评论。

送评节目中存在的这种现象，也许在一定程度上说明电视新闻界对于什么是电视评论还存在着认识方面的分歧或“误区”。甚至可以说，主要是陷于“认识误区”，否则怎么会出现把深度报道、综述当作评论送评的现象，怎么会出现要不要“评”之类的问题。

电视评论是电视中的新闻评论，它当然要适应电视媒介的传播方式，否则它就不是“电视”的作品。但是，如果背离了新闻评

① 夏之平：《发展中的电视评论节目》，《1994 年度中国电视奖获奖新闻作品选评》，中国广播电视出版社 1995 年版，第 41、42 页。

论的体裁特征，尤其是它的政论性特征，淡化了评论的色彩，没有自己的有理有据、观点鲜明的评说，那它就不是新闻评论。一个是媒介的传播方式，一个是体裁的基本特征，只有二者紧密结合起来，电视评论才堪称为名副其实的“电视评论”。

然而，怎样实现这一结合，看来并不容易。有人曾说：

> 可是，电视作为一种新的语言，迄今还没有文法。电视仍在成长时期，还没有发展出一套全备的理论。今天制作电视的人当然仍有一些可循的法则，有的采用电影手法，有的采用舞台艺术，只是没有一套真正属于电视这种新媒体的哲学理论与指导原则罢了。①

作者在“谈电视”的一章里，甚至还加了一个“还没有文法的语言”的副标题。经过 20 多年的发展和探讨，是不是已经摆脱了这种状态？这自然不能无凭无据地妄加断言，但就电视评论而言，应该说的确还没有找到把媒介的传播方式和新闻评论的体裁特征有机结合起来的“文法”，即“结合”的规律或规律性认识。正因为这样，所以在它的发展过程中，就不免时而偏于这面，时而偏于那面；而现阶段出现的偏向或认识误区，则是初期忽视适应电视媒介传播方式的矫枉过正。当然，这只是就存在的问题而言，目的在于强调探讨电视评论基本特点时需要着重注意的一个前提，即既不能忽视媒介的传播方式，也不能背离体裁的基本特征。

总之，电视评论经过电视新闻界 20 多年筚路蓝缕的摸索，已经闯开了相当可观的局面，初步踩出了自己的路子。但在发展的过程中，也提出了一系列有待解决的问题。如果在前面引述中接

---

① 余也鲁：《门内门外》，香港海天书楼 1980 年版，第 32 页。

触到的问题基础上作进一步归纳，这些问题大致可概括为：

(1)由于电视是后起的媒介，电视评论不仅起步较晚，而且一开始就面临着报刊、广播的既有评论模式的双重影响，因此无论是在“自己走路”还是在“走自己的路”的问题上，都可以有更多参照模式，但也都需要经过一番艰难的吸取和改造。吸取不是简单的搬用，改造也不意味着另起炉灶，而是借鉴其他媒介经验过程中的两个相互联系的方面。前期的电视评论缺乏电视自身的特点，近年来又出现了淡化评论的政论性属性、模糊新闻评论与新闻报道的界限偏向。这一现象，其实都与不善于在吸取的同时进行适应性改造，在改造的时候保持体裁的基本属性有着直接的关系。

(2)电视有两种符号、两种通道，这既赋予它某种表现优势，也给它带来表现的难题。在如何看待两种符号、两种通道的问题上，如果不是自觉地与政论性内容的表达联系起来考虑，而是盲目地重此轻彼，那就难以发挥电视媒介的潜在优势，甚至导致传播的障碍。比如重图像、轻语言，重“访”轻“谈”，把评论窄化为述评、把述评窄化为“访谈”，甚至一味标榜“用事实说话”、大张旗鼓搞偷拍窃录的所谓“隐性采访”。这些现象的出现，固然有多方面的原因，但都可以在一定程度上归因于忽视甚至漠视双符号和双通道内在的必然联系。

(3)在电视评论领域，人们虽不乏探索，但多数停留在经验层次上，而不善于把经验与它的生成条件联系起来作理论的概括，形成可以举一反三的规律性认识。因此，一种新的尝试获得成功，便不问青红皂白纷纷仿效；某种既有形式存在着某些缺陷，也不分析原因、寻求改进的办法，而是干脆弃之如敝屣。这就难以避免或是“一窝蜂”、或是“昙花一现”之类的现象，也难免在一定程度上影响电视评论基本特征的发展和完善。

如果说电视评论仍在成长之中，那么明确上述这几个问题，就是更好地认识和把握电视评论的基本特点，促使它健康发展和成长的重要前提条件了。

电视评论个性特征形成的基础

那么，电视评论有别于报刊、广播评论的特点是什么呢？由于它是在体裁与媒介相结合的基础上形成的，因此可以分别从媒介和体裁的角度，作出相应的概括：或者从体裁特征出发，以声画兼备、视听结合、双线互补等传播特点，把电视评论与其他媒介的新闻评论区别开来；或者从媒介的传播方式出发，以融新闻性与政论性于一体的特点，作为电视评论区别于其他电视新闻表现形式的基本界限。下面就从体裁的角度出发，分别就电视评论的个性特征形成的基础或基本条件，作些认识所及的阐述。

声画兼备　电视评论是综合运用画面、字幕、实况音响和论述语言的新闻评论。符号的多样性，决定了电视评论具有不同于主要诉诸文字的报刊评论，以及单纯运用声音的广播评论的某些特点。

传播学认为，符号是人类传播的要素。[①] 传播的一方，利用符号表达“意思”，接受的一方通过符号理解“意思”。电视评论同时运用画面和声音表达内容，既赋予它具体、形象、富于感染力和吸引力的表现优势，也提出诸如怎样恰当处理声画关系、运用具体

① 《传播学概论》，新华出版社 1984 年版，第 67 页。

形象的表现手段传递抽象的观念性内容的问题。

报刊是一种印刷媒介，它的传播符号除文字之外，还有图片、美术作品等形象化形式。人们理解和接受报刊评论的政论性内容，主要是通过阅读文字符号实现的。由于印刷文字可以保存，可以微观选择，能够为读者提供把握重点、反复琢磨的条件，所以报纸评论长于通过严密的逻辑推理，表达高度概括、抽象的内容。从这方面说，它比之广播运用声音、电视运用声音和画面，题材的选择范围更为广阔，论辩也较易深入、周密，能够提供更加深刻而细致的分析和言简意赅的论述。不过，报纸评论要求接受者具有相当的文化水平和阅读能力，这又在一定程度上限制了它的传播范围。

广播评论主要运用声音符号，包括论述语言和实况音响表达政论性内容。它拥有声音传播的优势，但也不得不面对着声音在电传输情况下难以避免和消除的弱点，如稍纵即逝、同音词容易混淆等等。这类弱点在一定程度上加剧了人们对抽象的政论性内容的理解困难，因此克服这些弱点成为广播评论形成和完善自己的个性特征的核心问题。

电视这种最现代化的传播媒介可以调动和综合运用所有大众传播符号。它既能像报纸那样使用诉诸视觉的文字符号，又能像广播那样使用诉诸听觉的声音符号，还可以广泛使用图像符号，藉以表现姿态、表情、服饰、色彩、场景、空间等。研究的结果表明，综合使用多种传播符号与使用单一符号的传播效果是大不相同的①：

① 转引自《实用广播电视新闻学》下册，北京广播学院出版社 1989 年版，第 108 页。

传播方式	记忆保持率 3 小时后(%)	3 天后(%)
听	70	10
看	72	20
边听边看	85	65

电视评论综合运用图像、声音、文字等符号，可以融形、声于一体，同时诉诸受众的听觉和视觉。这种既可以看又可以听，甚至可以读的评论，为观众提供了以较小的“费力程度”理解政论性内容的可能性。

不过，这只是声画兼备的一面，而且是潜在的一面，即它只是提供了获致这种效果的可能性。至于能否真正收到这种效果，则取决于是否善于把声音与画面有机结合起来，使它们完全融为一体，形成 1+1=2(或>2)的综合表现效果。从这个意义上说，认识多符号可能拥有的表现优势固然重要，但更为重要的是具体地认识各种符号自身的优势、劣势及其组合规律，通过符号的恰当组合发挥它们的互补作用，实现以具体、形象的方法表现抽象内容的目标。因为电视评论毕竟既离不开画面，也不能因为画面不能或不善于表现消逝了的事物和抽象的观念而回避必要的抽象，牺牲政论性内容。在这里，难点不仅在于符号(包括画面自身和画面、声音、屏幕文字)的组合，尤其在于通过这种组合实现具象与抽象的结合和转化，即把抽象的内容具体化、形象化。

为说明问题，试比较两则同一题目的评论：一是《人民日报》1997 年 5 月 19 日的社论《保护耕地，刻不容缓》；一是山西电视台 1995 年播出的同名评论。前者在阐述保护耕地的严峻形势之后，着重指出：

现在的问题是，保护耕地的形势如此严峻，却仍有相当一部分人没有多少危机感。特别是一些地方的领导干部，并没有把耕地保护作为经济发展的前提。有人还错误地认为，“为了把经济搞上去，牺牲点耕地不算什么”，“只要有钱，没有耕地也有饭吃”，甚至说“保护耕地就是保护落后”。不少地方以牺牲耕地为代价来招商引资、聚集“地财”，不顾国家大局，乱上项目，滥占耕地，甚至肆意炒卖地皮，从中牟利。近年来，许多城市无限制地外延发展，各类开发区一度无序遍地开花，农村宅基地严重超标，“圈大院”和乱建“路边店”成风，耕地浪费、破坏的情况触目惊心。有的地方大片土地闲置不用，白白地在那里晒太阳，造成农民生产生活无着落。这种不管国家命运前途，不顾群众死活，不顾子孙后代利益，肆意挥霍耕地的行为，实在令人无法容忍！

山西电视台评论的整体结构虽说有 5 个部分（即①提出问题；②分析山西耕地锐减的成因；③从全国看山西；④对策和措施；⑤结论）.但主体是第 2 部分，它展现了乱占耕地的种种现象，基本上涵盖了上引社论的内容。且引其中一个片段：

[字幕]保护耕地 刻不容缓

[现场解说]观众朋友，这里是晋城市经济技术开发区，占地面积 13.3 公顷，记者在这里没有看到一家新开发出来的像样的企业，相反土地却被挪作他用，盖起贵族学校和宿舍。

由于这些开发区的土地征而未用，用而不尽，结果造成大量耕地被圈占。在 1993 年前后的“开发区热”中，我省就建了各类开发区 76 个，其中 80%属于乱设，共占用土地 7880 公顷。

> 这种一哄而上、急功近利的短期行为致使我省耕地锐减的势头又有所回升，而有的地方领导却依然是“土地跟着需要走”，把招商引资置于基本国策之上，因为有了行政决策和权威意见作后盾，一些地区“先上车，后买票；先圈地，后申报；先发展，后规范”，使非法占地禁而不止，难怪群众形象地说：“政府现在吃土地，子孙将来吃空气”。①

这一片段，以画面、现场解说结合的方式，按由点及面的构思表现内容。虽然这段文字没有提供画面的情况，但通过还原大致可以认为：它的画面，主要展现“点”（典型单位）的滥用耕地的情景、提供感性的材料，为“面”（全省）的概括和深一层的揭示（原因和后果）提供有说服力的依据；而现场解说则同时承担了说明画面、概括“面”上情况和揭示深层内涵的功能。紧接着又依次表现矿区土地塌陷、污染，工厂非法征地，变耕地为鱼塘、果园，宅基地失控，坟墓占地等；除一处运用同期声外，表现方法大致类似。这样处理，较好地发挥了声、画的互补作用，在一定程度上实现了抽象与具象的结合，看来是经过一番精心策划和剪裁的。据说为制作这一述评，记者用了一个月的时间，行程数千里，摄录了 300 多分钟素材，采访了几十位有关人士②；但在运用时却又力求少而精，这在同期声的取舍方面尤为明显。

如果说通过两则评论的比较，可以较为具体地理解不同媒介各自的表现特点，那么从山西台的述评中，则可以看到声、画符号同样

---

① 山西电视台 1995 年播出，《1995 年度中国电视奖获奖新闻作品选评》，中国广播电视出版社 1996 年版，第 85 页。

② 《1995 年度中国电视奖获奖新闻作品选评》，中国广播电视出版社 1996 年版，第 90 页。

需要坚持扬长避短的原则，在画面的支持下充分发挥声音，尤其是解说词的多方面的表现功能，是强化电视评论政论性特点的重要保证。总之，离开声音与画面的紧密配合，就不可能具体、形象地表现抽象内容，电视评论也就不成其为“电视的”新闻评论。

视听结合 视听结合作为电视评论特点的另一基础，是从感知通道的角度说的。人类认识外界的事物，都需要经历由视觉(眼)、听觉(耳)、触觉(四肢)、味觉(鼻舌)等器官的感知和大脑综合加工的过程，其中视觉和听觉是最主要的感知通道。电视媒介同时诉诸视觉和听觉，为人们提供获得外界信息的较完备的介体，大大延长了视、听器官和强化了它们的感知功能，因此迅速发展成为当代最富于吸引力的传播媒介。视听结合这一传播特点，决定电视评论任何时候都必须把视、听放在同等的地位，而不可以畸轻畸重、稍有偏废。这是我们认识和把握电视评论特点的另一重要前提。

但是，以连续画面表现新闻事实和有关事物，为观众提供可视的信息，毕竟是电视评论的优势所在。而从接受心理的角度说，观众既然选择了电视，他的第一心理需求就是看，就是连看带听或连听带看。况且，在电视评论出现以前，新闻评论都是供读或供听的；怎样使评论可视，或者说怎样用画面为表现评论内容服务，完全是一个崭新的课题。鉴于这些因素，在表现手段上适当地强调和突出“以视为主”这一侧面，在一个时期内重点在“视”上下工夫，可以说是形成和完善电视评论建立在视听结合基础上的特点，增强其说服力和感染力这一过程的必要环节。

那么，怎样适当突出“视”的侧面呢？

首先，需要分清两种画面。一是直接再现评论对象——新闻事件、社会现象、社会问题的画面。这种画面来自客观事物发生、发展的现场，需要即时、即境地抓拍，因此反过来要求电视评论尽可能选择适于现场抓拍画面，或含有画面资料的题材或话题。这是电视评论发挥画面直接表现功能的重要条件。获首届中国新闻奖《桐乡粪桶留给我们的启示》、《学雷锋的队伍走了以后》①，以及获全国优秀电视新闻奖的《菜篮子里看改革》②、《制止用公款吃喝》③等作品之所以获得成功，都在很大程度上得益于选择了含有现场画面、适合于"视"的题材。另一种是表现访问过程的画面。这是因为电视评论的选题，往往是在评论对象已经显现出某种评论价值之后确定的，许多事实的发生发展过程及现场景象已经无法再现，通常只能通过对当事人、目击者的访问来弥补。这类画面虽然也"可视"，但它所表现的已经不是事情本身而是访问的过程。这类画面本身并不"说话"，而是用来表现"说话人"及其"说话"的环境、情景，充其量起某种衬托作用。从这个意义上说，"以视为主"是有条件的，两种画面的表现功能及拍摄要求也有不容忽视的差别，切莫作绝对化的理解。

况且如同其他媒介的评论一样，电视评论选择题材主要服从于社会需要；而不同题材适合于用什么符号来表现，主要诉诸"视"还是诉诸"听"，也有其自身的规定性。不妨比较一下《北京人会说普通话吗？》④和《造林还是"造字"》⑤。就题材而言，前者显

---

① 江苏电视台 1990 年播出，全文见《新闻评论作品选》第 209 页。

② 武汉电视台、中央电视台 1985 年播出。

③ 江苏电视台 1987 年播出。

④ 北京电视台 2005 年 9 月 17 日播出，全文见《新闻评论作品选》第 158—161 页。

⑤ 湖北十堰电视台 2002 年 11 月 15 日播出，全文见《新闻评论作品选》第 176—179 页。

然更适合用声音、经由口说耳听来传递内容，而后者要充分表现所“造”的“字”的“壮观场景”及其付出的代价（民力和财力），则只有发挥画面的再现功能。这两则评论虽然都“可视”，但前者的画面主要用于衬托声音所表现的内容，后者却有相当一部分画面承担着直接表现内容的任务。如果说较好把握“视”的不同表现功能，是这两则评论成功之处，那么因为这样那样的原因而稍失分寸，则又不免给它们留下某些瑕疵。如前者也许出于增强可视性的考虑，安排了一个“小唐”跟随采访，就不无徒费精神、甚至有“摆布”之嫌，也多少冲淡或抑制了声音的表现功能。后者因为“造字”之举已经时过境迁，又没有可资利用的画面资料，也不很善于运用“蒙太奇”手法，虽然力图用声音来弥补画面的不足（如这段现场解说：“在村民的带领下，记者来到其中的一个‘封’字跟前，由于字体太大，记者很难将该字完整地拍摄下来”），毕竟多少了削弱“视”的感观冲击力。是否如此，琢磨琢磨，也许有助于更好地把握“视听结合”，更好地驾驭和发挥画面表现功能，满足观众的接受心理需求。

第二，要善于捕捉可视的形象、场景，丰富画面语言，把具体分析、抽象议论与可视的形象融为一体。请看看《学雷锋的队伍走了以后》中的一组画面：

①全景　四环路街道

②特写　墙上的学雷锋标语

③近景　地上遗弃的快餐饭盒

④近景　鼓楼广场一角满地头发

⑤全景　正在收摊的学雷锋队伍

⑥全景　队伍走后街道上的垃圾

即使没有论述语言，人们也可以通过这组对比强烈的画面，清楚地了解作者的意图，理解其中的寓意。由于捕捉了真实、典型的现场画面，并进行了恰当的组接，评论所阐述的道理也就具有较为雄辩的说服力和较强的感召力：

雷锋同志公而忘私、艰苦奋斗精神，是我们的社会、我们的时代需要大力弘扬的精神。全民学雷锋、做好事的高潮十分必要。但是正如广大群众所说，学雷锋千万不能走形式，而要扎扎实实地学习雷锋精神，从自己身边的每一件小事做起，使雷锋精神真正植根于人们的心灵里，体现在人们的行动中。这样，“学雷锋”才能收到更好的效果。

不过，现场画面的摄取毕竟受时空等条件的限制。对于某些不能获取画面但本身包含可视因素的事实、情节或细节，则应尽可能运用相关的影视资料或图片、图表、字幕等，开发其中的可视因素，藉以丰富画面语言、增强视觉效果；这样就可以通过满足观众“看”的心理需求，引发他们的接收兴趣，引导他们更好地理解评论的政论性内容。例如《惜哉文化》开头展现熊熊燃烧着烈火的画面，就是录像资料；它为伴随它的解说提供了历历在目的现场情景，不仅使它更加有血有肉，而且赋予这则述评的引言以强烈的震撼力：

11 月 15 日凌晨 1 点多，吉林市银都夜总会内部起火，火势迅速蔓延到两侧的市博物馆和市图书馆。这幢面积为 1 万 4 千多平方米的大楼成为一片火海。在这场火灾中，除银都夜总会被焚毁外，损失最重的是吉林市博物馆。这个博物馆里收藏有世界级国宝吉林陨石标本，其余还有各级文物上万件。①

① 中央电视台 1994 年播出，全文见本书末附录。

假如没有这段录像资料的烘托，这段解说固然也能表达意思，但恐怕不免使人感到苍白，其震撼力也将大大削弱。当然，调动可视材料也要适当，要防止滥用和坚决杜绝移花接木、颠倒时空关系等弄虚作假的现象。

这里需要指出，强调在电视评论中适当突出"视"这一侧面，绝不意味着视觉语言可以取代论述语言，或论述语言无足轻重。电视评论毕竟是评论，它如同其他媒介的新闻评论一样，重在通过说理阐述对于所评论事物的思想、观点、见解和态度。而无论是思想、观点还是见解、态度，多数是画面拙于表现的，一般主要依靠论述语言来表达。因此，视觉语言不仅不能取代论述语言，而且必须与论述语言紧密配合。如果说经过一个时期的努力，电视评论的可视性已经得到相当程度的加强，那么现在的矛盾主要方面已经转移到怎样精心处理论述语言的方面来了。为什么观众感到电视评论叙多议少、访多谈少呢？假如对为观众赞赏和受观众非议的某些作品作些分析、比较，那就可以发现问题的症结并不在于叙与议、访与谈的量的多少，而在于有些议和谈或者没有触及问题的实质，或者语言粗糙、逻辑紊乱，归根结底都是论述语言方面的问题。这种缺陷，即使在获奖作品中也时常可以见到，更不要说日常播出的节目了。所以，在强调电视评论的可视性的时候，有必要把精心处理论述语言提到更重要位置上来。

视听结合这种双通道的传播方式，赋予电视评论以其他媒介难以企及的表现优势，这几乎已经成为人们的共识。但是，究竟怎样看待和发挥这种优势，却还存在着一些有待探讨的问题。也许正因为这样，《传播学概论》在阐述这个问题时，一方面说：

电视和有声电影可以进入眼睛和耳朵。……因此，视听

> 媒介在传达一定题材、一定数量的信息上，要比单纯的听觉或视觉媒介更为有利一些。

另一方面又提醒人们注意另外一种截然不同的观点：

> 在看到同时向听觉和视觉器官发出信息的优越性时，也应该考虑到布罗德本特、特拉弗斯等人提出的人的知觉只能通过一个渠道进行的理论。换句话说，感觉器官通向大脑的路径是只有一条车道的公路，不论是听觉的还是视觉的信息都可以通过这条路径，只是不能同时进行。因此，全部信息的某一组成部分必须在短暂的存储系统中等候轮到它的时候，因此一个人决不可能从通向两种感觉器官的传播获得双倍于只通向一种器官传播的信息量。不仅如此，现在已经有材料证明，在听觉与视觉两种通道上传播的信息之间往往发生干扰，因而视听传播渠道非但远不能获得双倍的效果，有时候还可能不如只通向一种感官的传播渠道那样有效。

与电视评论的实践联系起来，琢磨一下这两种观点，也许有助于更冷静、更清醒地看待双通道这种传播方式，以及如何才能更有效地发挥它在评论领域里的表现优势。

双线互补　电视与广播一样，以线性传播的方式传播内容。不过，广播只运用声音，是单线的线性传播；电视则同时运用声音和图像，诉诸听觉和视觉，它是声音线和图像线双线并行的线性传播。电视媒介的这一传播特点，赋予电视评论形成自己的表现特点另一个重要条件——双线互补，即通过画面和声音的连续性及其交互作用表达内容。

电视评论除口播评论主要诉诸声音以外，都注意同时调动画面和声音的表现功能。[①] 作为供“视”的画面，它的表现功能在于以具象符号表现客观存在的事物，如人的活动、事物的状态、事件的现场以及周围环境、访问过程等等，为评论所表达的思想、观点、见解、态度提供依据或佐证。作为“听”的声音，包括同期或非同期的实况音响和论述语言。实况音响无论是否伴随画面，在评论中都拥有类似画面的再现功能；论述语言则主要按逻辑的方式、方法和规律阐述思想、观点、见解，有时也用来说明或解释画面、揭示画面的内在蕴含。所以，电视评论的线性传播方式，实际上是由承担不同表现任务的两条线——画面线和声音线组成的，它们分别从目视、耳听两个通道消除人们对事物认知的不确定性，进而更好地接受和理解评论的政论性内容。在这种“双线互补”的声、画关系中，声音影响观众对画面内涵的理解，画面则有助于观众经由具体、形象的材料领会声音所概括的抽象内容。它们相互结合，相互补充，可以收到相得益彰的表达效果；而任何割裂这种互补关系的做法，则必然会削弱甚至损害政论性内容的准确表达。所以，英国电视理论家格林·阿尔金说：

> 电视不只是一种看的东西，然而也没有必要说音响或画面哪个更重要。在制作一个效果好的电视节目时，两者是相辅相成的。如果说两者中任何一个能独立发挥作用的话，那不是对它的赞扬，相反，却说明这两者还没有很好地结合起来。[②]

---

① 口播评论事实上也有画面，只是它的画面不是用于再现事物或访问过程，而是用于表现播音员的播音状态；这为播音员提供了利用表情、动作等“态势语”的可能性，从而拥有通过播音再创作增强表现效果的不可忽视的潜力。从这个意义上说，口播评论的画面也是表达内容的重要手段。

② 《电视音响操作》，中国电影出版社，第5页。

电视评论声画互补的传播特点，通常有两种表现方式：

（一）声画合一

即声音和画面直接结合，共同为表达同一内容服务。同期声与画面同时摄录，自然属于"声画合一"，不用多说。此外，还有另一种"声画合一"：其中的论述语言直接解释画面内容，发掘画面内涵，并在这个基础上进行分析和阐述。请看《大家一起来扫除"文字垃圾"》①中的这一片段：

景　别	画　面	解说词（论述语言）
……	……	……
全 推 特	上海南京东路的橱窗 "具"字 "萃" "具""萃"（规范字，特技）	上海灯具总厂门市部装饰体面的橱窗里，错别字居然有4个，灯具的"具"和精萃的"萃"是这样写的吗？
全 切 特	橱窗 "微" "微"（规范字，特技）	这个橱窗里，微孔墨水笔的"微"中间缺少了点什么？
特 拉 全	橱窗："质"字	这个橱窗里，保证质量的"质"，看来并没有保证质量。
全 推 特	电讯商店招牌上的"讯" "讯"（规范字，特技）	这个商店的招牌上，电讯的"讯"，恐怕也是生造的。
全 切 特	广告牌上的"蕊"	瞧，灯芯绒的"芯"，多了两个"心"，就不念"芯"。
全 切 特	招牌上的"东"字 "东"（规范字，特技）	这块漂亮的金字招牌上，南京东路的"东"，岂不是画蛇添足？
特 拉 全	"皿"、"巳" "器"、"展"（规范字，特技）	至于不规范的简化字就更多了，请大家看看，这句话里能找出几个？
全 推 特	"难帽" ……	这面墙上的广告里，这个"鞋"字，汉语的字典里是找不着的。 ……

① 上海电视台1986年播出，《1986年优秀电视新闻选》，北京广播学院1988年版，第210页。

这里的画面通过一组组典型的镜头，具体反映了社会上用字混乱的状况；声音（解说词，即论述语言）虽然是后期制作时配入的，但直接针对画面提供的典型例子进行评述，二者紧密结合，共同说明社会用字混乱问题的严重性以及纯洁祖国语言文字的迫切性。这种既不脱离画面，又不简单重复画面的组合方式，使评论的说理既有充分的依据，又有的放矢，易于为人们所理解、信服并接受。总之，不管是否运用同期声，只要实现声画合一、视听同步，无疑都有利于增强评论的说服力和感染力，唤引观众共鸣和联想的效果。

（二）声画对位

这是电视评论双线互补的又一表现形式，指声音与画面围绕同一政论性内容，在各自发挥自身的表现功能的基础上，互相配合，共同为实现说理目标服务。其特点是利用声音与画面不同步产生的信息差距，充分调动人们通过视觉和听觉感知事物的能力，引导他们把声音与画面联系起来加以思考，进而深化对于事物的认识。请看下面这一片段①（见下页）：

在这里，声音（解说词）部分是批评在举办展览这一类活动时，硬拉孩子们来装点门面的花架子，呼吁不要影响孩子们的学习和健康，敦促主办者应以务实的精神办事；而画面部分并没有顺着声音内容反映展览会的情况，也没有直接表现主办者如何把孩子们“从课堂里拉出来”，更没有反映人们对这种现象如何有意见，而是用 8 个镜头着力“描绘”孩子们“在寒风中无精打采”、“东张西望”、“颤抖”、“发抖”的神态，显示出孩子们的“被迫”和“无奈”的表情。然而，这些画面又都为以声音表达的议论提供了形

---

① 中央电视台 1987 年 12 月 20 日播出。

画 面	解 说 词
寒风中无精打采的小朋友	近百名少儿鼓乐队员为了给展览会撑门面，已经在寒风中站了一个多小时。
打鼓的小女孩在颤抖	这天并不是星期天。
无精打采的鼓乐队	孩子们是从课堂里被拉出来的。
高挂的“展览会”横幅	里面展出的又是机械产品，可以说，跟小朋友并没有多大关系。
东张西望的鼓手与小号手	众多的展览、展销、开会一类的活动没有必要搞“吹吹打打”这样的花架子。
看热闹的群众	更不应该影响孩子们的学习，把他们从课堂拉出来“凑热闹”。
打小鼓的两只缓慢的手 四个发抖的小女孩	在一切都需要务实的今天，组织者还是应集中精力把展览搞好，把会开好，让充实的内容去吸引人们。

象的依据和有力的支持。乍看像是各自表现各自的内容，实际上处处相互照应；这种照应的实现，主要不在于孰主孰从、孰先孰后，而在于在形成明确构思的基础上，紧紧围绕构思统一处理声音和画面。严格地说，声画对位是在采制全过程中实现的，决非仅仅是后期制作的事。

声画对位的表现优势，在于它能引起观众的联想，激发观众的思考，从而收到单纯的语言或单纯的画面所达不到的表现效果。这种优势以声、画分别表现的事物之间存在着必然的联系为基础。如果没有这种联系，或者没能把这种联系恰当地表现出来，那就可能出现或相互重复、或互相脱节的现象，不仅不能形成互补的综合表现效应，甚至还可能导致两种信息形态的相互干扰。

电视评论的双线互补，并非声音与画面齐头并进。就电视的传播特点说，它传播的连续性主要表现在画面方面，而声音则是可以适当间断的。理解并利用声音的可间断性，为观众腾出理解画面或思考声音内容的时间，将可以更好地发挥双线互补的优势。

以上我们从三个方面分别阐述电视评论形成自身特点的基础。但是,这三者并不是各自孤立存在和分别起作用的,而是一个统一体中的不可分割的组成部分。从这个意义上说,电视评论的个性特征,是在双符号、双通道和双线传播共同作用下形成的。因此,要确切概括和体现电视评论的基本特点,就不能不认真研究画面、声音等符号的表现功能和规律,在提高驾驭符号能力上下一番工夫。

画面、同期声、字幕的运用

如上所述,电视具有声画兼备、视听结合和双线互补的传播特点和优势。不过,媒介的特点和优势之间,存在着不容忽视的区别。媒介的传播特点是客观存在的,而优势却在很大程度上依赖人们自觉、恰当地体现这些特点。就电视评论来说,电视的传播特点,只不过是为它调动具体、生动、形象的表现手段,增强议论的说服力和感染力,提供了条件和可能性。至于能否成为评论作品的实际表现优势,主要取决于在采制的过程中是否自觉地把媒介的传播特点和评论的体裁特征结合起来,并在这个基础上调动各种符号、各种表现手段,共同为既得体又充分地表现政论性内容服务。它涉及电视评论采制全过程各个环节的一系列问题,这里仅就画面、同期声和字幕的运用,作点必要的说明。

画面——画面可以直接再现事物、场景以及记录其发生、发展过程,给予人们仿佛亲自面对事物、身临其境之类的感受,这是它成为电视传播不可或缺的表意符号及其表现优势的基础。不过,它的具体表现功能,又因电视的不同体裁而异。电视新闻报道以画面再现部分新闻事实,而电视评论则着眼于通过画面具体、形象的展现,引导观众理解客观事物的内在蕴含、发展趋向、

社会效应,甚或作举一反三的联想和思考。且看《是"振兴会",还是"催眠会"》[1]的这一片段:

画 面	解 说 词
会场全景	观众朋友,您不妨猜猜看,这里在干什么?
与会者横躺、侧卧的睡态	有的卧躺,有的侧眠,这里似乎是车站候车室;
与会者看报、闲聊	有的看报,有的聊天,这里又好像是宾馆的休息厅;
会标:"振兴开封经济座谈会"	然而都不是,这里正在开会。这是8月18号……

在这则述评中,画面既是引出话题的"由头"(全景),也为话题的展开提供了活灵活现、无可辩驳的形象化事实依据(特写),从而以其强烈的视觉冲击力吸引观众去琢磨述评所提出的核心问题:"像这样无意义、无效率的会议,还能让它继续开下去吗?这类会议赖以存在的现行体制,不改革,行吗?!"

如果说这则述评中的画面,主要起引出"由头"和提供形象化论据的作用,那么《惜哉文化》[2]的画面,就不仅着力调动可以调动的各种画面为表现论题服务,而且无形中扩大了画面的取材范围和表现功能。这则评论除常规的访谈画面外,还先后运用了四种来源、性质、功能不尽相同的画面:

其一,用于烘托解说词的资料性画面,如:

[资料画面]熊熊燃烧的博物馆和图书馆烈焰腾空,从建筑物的各个窗口向外喷着火舌,消防队在灭火……

[解说]11月15日凌晨一点多……

① 河南电视台1988年8月22日播出,作者杨诚勇。"央视"播出时,题目改为《振兴开封经济座谈会开成了催眠会》。解说词全文见本书末附录。

② 中央电视台1994年11月19日播出,全文见本书末选自《焦点访谈精粹》的附录。其中的画面说明,本书引用时有所删改。

这组显现时间相当长的全景画面，虽然不是与作为评论“引言”的解说同步摄录的，却同解说词天衣无缝地粘连在一起。二者相互衬托，相互为用，赋予评论以让观众非看下去不可的巨大吸引力。

其二，用作访谈背景的现场画面，如：

[现场画面]仍在冒烟的废墟；残破的博物馆外；记者采访聚集在现场的群众……

[采访同期声]

市民甲：这个博物馆在我们的心目中是非常神圣的地方，今天看到烧成这个样子，江城人民心中感到特别气愤。

市民乙：太可惜了。那些文物太可惜了，太可惜了。

记者：损失有多大你清楚吗？

市民乙：无法估量。无价之宝。

史吉祥（吉林大学教师，原吉林博物馆馆长助理）：我在长春听说之后，昨天晚上赶回来看了吉林市电视台播放的新闻，一宿没睡着觉。一闭眼全是火。我们博物馆收藏的东西是几千年的文物遗留下来的。博物馆是 1962 年建馆的，三代人惨淡经营，一下毁于一旦。上万件文物所剩无几。我脑袋都大了，都木了。我真受不了这事儿。唉……

这里的画面，同一般的访谈画面明显不同。它展现受访人在火灾后的现场接受采访，以灾后废墟衬托受访人的面部表情。这样把现场、面容和话语融为一体，显然可以给观众带来情景交融、相得益彰的强烈视听感受。

其三，用于长距离电话访谈的组合画面，如：

画　面	电话访谈
①记者在中央电视台办公室电话采访吉林市消防支队支队长徐士彩	徐:他们(指夜总会)搞的这个是他们自己整的,也没有经过我们消防部门……
②火灾现场全景和一些特写镜头	记者:文件都有? 徐:都有。可他们也没有经过消防监督验收部门的验收就投入使用……
(中间插入采访副市长徐祚祥的片段,他的回答极尽敷衍、推脱之能事)	…… …… ……
③镜头切换到台办公室,继续采访徐士采	记者:他为什么能擅自开业呢? 徐:这个问题你刚才提了,我也不好谈,我说不太清楚为什么能够开业,现在都看挺复杂,具体我也说不太清楚。

这组画面包括两部分——“央视”办公室的通话镜头和火灾现场的全景、特写镜头。这样组合,显然出于避免单独拍摄采访者这一头可能导致画面单调、削弱谈话交流感的考虑,可以说是一项以权宜方式争取意想效果的积极措施。其中的火灾现场镜头与谈话内容联系紧密,不仅可以弥补没有受访人画面的缺失,也许还可以收到另一效果,即激发观众将穿插于这一电话访谈前后的两段访谈(即前面对徐祚祥和后面对陈福的采访)联系起来思考的效果。

其四,这是一个很特殊的镜头,这里姑且称之为“补缺画面”:

补缺画面	访谈录音
②松花江,江上风平浪静,水波不兴。《精粹》本对这一画面作了两处说明:(1)“记者采访吉林市副市长陈福。由于陈拒绝摄像机拍摄,所以记者放下摄像机。即使这样,这位市长也没有像样地回答任何一个问题,没有关掉的录音话筒记录了下面几句令人遗憾的对话。”(2)“在这里记者插上了一幅松花江的画面……与节目开头的熊熊烈火形成了鲜明对比,似乎这平静的水面反映着某种人的心态。”	记者:银都夜总会营业的时候有没有经过消防部门的批准或者验收?它的消防手续是否齐全? 陈:我无可奉告。 记者:你这也不愿意…… 陈:我无可奉告,我不能回答你。我知道,但是不能告诉你。 记者:那么这个夜总会曾经被消防通报整改,有这个事吗? 陈:我无可奉告。 记者:你这也不愿意回答? 陈:无可奉告,不愿意回答。

这是一个罕见的特例：在受访人拒绝摄像采访的情况下，采取这种办法填补画面的空白，就本例说，也许可以收到如《精粹》所说的某种对比效果。可惜，由于播出的节目并没有对运用这个聊以补缺的画面作相应的说明，却也可能因访谈双方的话语与图像展现的情景毫不相干，而让观众莫名所以。是否如此，作点琢磨，也许对能动驾驭画面、增强画面的表现功能不无裨益。

上述这两则评论的画面及其表现功能，存在着明显的差别。如前一则的画面比较单纯，它主要以"曝光"的方式，让画面直接面向观众"说话"，同时辅以提示式的解说；而后一则的画面，不仅类型及表现功能多样，而且运用了"组合"、"补缺"画面。不过，这些差别，其实都是在特定条件下，尤其是从适应题材的实际、能动体现选题意图和立论思想出发所作的具体选择和运用。如果差别说明电视评论可以根据各自的需要调动各种各样的画面，让它们在论述过程中发挥各种各样的功能的话，那么，一切从题材出发，服从于体现选题意图和立论思想，就是能动驾驭画面的根本准则了。而单纯就画面而言，则主要是发挥"照相本性"，以准确的画面语言表现事物、事件及其有关的人、事、物和相关环境等，增强新闻事实的可信程度，最大限度地消除人们认知事物的不确定性，以及由于文化水平、生活经验等方面的差别而形成的理解差异，并为观众提供"一种显而易见的亲近性"（克拉考尔语）[①]，以满足其"百闻不如一见"的心理需求。因此，恰当地运用画面，电视评论就获得了一种其他传播工具所不具备的说理手段，可以大大增强评论的说服力和贴近性，从而也较易

---

① 转引自《电视新闻学》（华东师范大学出版社 1990 年版）第 33 页。

于为人们所接受。

那么，怎样恰当地运用画面呢？具体要求将在下章结合“电视图像评论”阐述，这里只强调几个原则：

（一）坚持为说理服务的原则。究竟用什么画面，从哪个角度用，怎样剪裁、组接，都要服从说理的需要，有利于增强论述的说服力和感染力。按照这个原则摄取和处理画面，才能使其成为表现内容的必要因素，而不是可有可无的点缀品。因此，要警惕为画面而画面，甚至不惜让内容俯就画面、牺牲政论性内容的倾向。

（二）恰当处理同言语的关系。这里所说的“言语”，包括所有面向观众的解说、阐述和访谈话语。力求让二者相互为用、相互强化，防止不必要的重复和声画分离的现象。

（三）善于调动各种表现技法和编排手段，加强画面自身的论辩功能。如在《学雷锋的队伍走了以后》中，大量运用了蒙太奇的技巧，把热热闹闹的学雷锋场面与队伍走后遗留的大量垃圾两组画面组合在一起，使之形成鲜明的对比，使画面自身具有一种不言而喻的论证力量。在《桐乡粪桶事件留给我们的启示》中，则调动组接技巧表现画面之间的有机联系，使画面具有对比、象征意义，从而在一定程度上弥补了画面不能表现抽象的缺陷，表达了单一镜头难以表达的内容。在《观察与思考》的一次谈论减轻学生作业负担过重的节目中，当采访对象谈到应减轻小学生的压力、让他们健康成长时，甚至把访谈画面与采访现场背景——花园里盛开的鲜花、绿草和插在花园中的标语牌“请爱护花草”——组接在一起，形成画面隐喻。这组画面不仅恰如其分地支持了评论的论点，而且具有激发观众作由此及彼联想的作用。这些评论的实践表明，调动各种表现技巧和手段，增强画面语言的论证功能，是恰当运用画面为说理服务的重要一环。在这方面，电视评论拥有巨大的有待发掘的潜力。

同期声——同期声指与画面同步摄录的各种声音，包括伴随客体——人、事、物发展变化而发生的声音，因采访而发生的现场或非现场访谈音响，以及与客体发展变化、采访活动相关的环境音响。

同期声在电视评论中的作用，大致可概括为以下几个方面：

（一）增强真实感、可信性

由于同期声与画面同步摄录，同画面所表现的声源（客观事物）保持着不可分割的联系，二者相互配合，就能使观众通过屏幕既见其形又闻其声。在电视评论中恰当运用同期声，让画面人物直接面对观众讲话，或表现与采访对象交谈的内容，或再现新闻现场的声音，无疑将使电视评论更具真实感和可信性。请看《造林还是“造字”》的这几个片段：

画　面	声音类别	同　期　声
太平山陡坡上的大字	记者现场解说	我现在是在郧西县店子镇姜家沟村。我们现在看到我身后这座山叫太平寨山，这个山上清晰地写着“封禁治理”四个大字。这四个字的意思就是封山、禁伐、治理荒山。
陡坡上的“封”字，凸显“寸”字旁中的点	记者现场解说	在村民的带领下，记者来到其中的一个“封”字跟前，由于字体太大，记者很难将该字完整地拍摄下来。 我现在站在封禁治理的“封”字的一个大点上面，大家可以看到，这个“封”字的点是多么大，长我估计了一下大概有六米，宽大概有两米五到两米八这个宽度，而且这个坡度是非常陡峭的，现在我估计有70度的坡度，可以想象当初村民在这儿建这个“封禁治理”的“封”字时是多么艰难。

续表

画　面	声音类别	同 期 声
在姜家沟村采访村民	访谈 记者解说 ……	记者：当时你参与了没有？ 村民：参与了。 记者：这个材料是什么材料呢？ 村民：这个材料先开始是用石头铺的，后来用水泥和沙做浆，把它糊起来。 村民：开始先搬草皮子，搬完了之后把字打成印子，打成印子挖槽子，挖槽子以后搬石头上去齐齐排，排罢了之后，慢慢和水泥浆，往上抹。
	记者介绍	这位村民说，造字所用的石头、沙、水泥等都是从山下运上来的，从河中挑一桶水到“封”字跟前要四五十分钟。 而始终参与店子镇造字活动的林业站工作人员余秀武也给记者算了一笔账。
采访一个林业站工作人员	受访人话语	余秀武：店子镇前前后后上了2000多人，我们这么算了一个账，我们只按他们每个人只干了10天，10乘以2000就等于2万个劳动日；2万个劳动日每个农民每天只算10块钱的工钱，光人力店子（镇）4个字就花了20万。你比方说太平寨那地方就做那几个大字，当初（县）林业局给店子镇24000块钱的奖金，这是县委领导授意的。给了24000多块钱的奖金，用24000多块钱买一毛五一棵的松杉苗子，大概要买16万株，16万株就可以把这个山绿化12遍多。

在这个例子中，记者通过画面把观众的注意力引到陡峭的山坡前，然后运用现场解说和采访的同期声，绘声绘色地介绍“字”的“壮观”、“造字”付出的代价，以及农民的无奈，最后以“编后语”议论说：

> 封山育林，绿化山川，是我们各级政府部门义不容辞的职责。郧西县部分乡镇加强封山育林的宣传本无可厚非，但要劳民伤财地去“造字”不造林，那也只能是违民意、毁民财、失民心了。郧西县是国家级贫困县，至今还有不少农民未解决温饱，花费如此浩大的人力、财力来建造这样的石头标语，说到底还是一种不注重实绩、只做表面文章的形式主义。

如果没有一系列现场解说和采访的同期声提供的真实感和可信度，这一议论是否能够获得这种有如水到渠成，既自然又雄辩的说服力呢？虽然不能说绝对不可能，但恐怕不容易。

(二)渲染气氛，增强现场感和感染力

这一作用，在现场评论和以分析新闻事件为主的评论中尤为显著。由于画面与言语、环境音响等是同时录自同一现场的，它们相互配合，无疑可以更好地再现现场气氛，强化现场感，给观众以更直接、更强烈的感受。例如《让我们伸出双手》[①]中的这一片段：

画　面	话语类别	同　期　声
甘肃一个村庄，在采访一群蹲在地上玩泥土的孩子之后	记者现场述评	我作为一个年轻的母亲，长期的城市生活使我耳闻目睹的是，许多年轻的父母怀着望子成龙的殷切期望，为孩子们购买钢琴、小提琴、手风琴；送孩子们进美术班、舞蹈班、书法班，还有的家庭花钱为孩子请来家庭教师，辅导各项学习。应该说，在城里或是富裕的乡村里，为孩子进行大量的智力投资，已经是普通家庭的寻常事。 但是，在同一片蓝天下，在同一块土地上，由于地区间经济发展不平衡，使这些同龄的孩子拥有不同的童年。
在农民家采访一位失学孩子的父亲	访谈	记者：你有几个孩子？ 农民：三个。 记者：这是老三？ 农民：老三。 记者：老大老二都念书没有？ 农民：老大老二都念过。老二念到小学三年级就算了，老大挣扎着供了个初中毕业。 记者：您自己读过书没有？ 农民：没念过书。我父亲没念过书，爷爷也没念过书，我们三辈人都不识字。 记者：我看你身体挺好的，怎么家里供不起他上学？ 农民：我母亲八十几了，我就是挣了些钱也给老婆看病用了。我老婆是个“常病汉”。这么个情况。人一不识字，就没有经济脑筋，上个什么肥料就搞不清楚。不识字，人也粗鲁得很。有些事情确实应该先走一步，要不就落后了。 记者：那你想不想送孩子上学呢？ 农民：现在确实想。

① 中央电视台 1991 年播出，参见《新闻评论作品选》，第 204—207 页(节选)。

这样将记者的联想式述评、同失学孩子的家长、一位农民交谈的话语，连声音带画面地呈现出来，声、画相互催化，当能让观众获得比非同期的画面、话语更真切的感受，乃至引发他们的种种联想。这种相互催化，或许就是同期声的力量之所在。

毫无疑问，同期声同画面一样，是电视评论表现论据的重要手段。为充分发挥它的作用，就必须精心处理它与论述语言的关系，使二者榫卯相应、紧密配合，防止不必要的重复和脱节、背离等现象，否则就可能出现类似下面这个例子的缺陷：

同期声	解说词
	……开幕前，芦头秀溪塑料厂生产的一种塑料粪桶是不是要放上去展出，县里的领导发生了争执，最后终因“不能登大雅之堂”而被冷落到了仓库。
（县计经委副主任） 我们在摆的时候，考虑到这个展厅的美观，一些人有看法，觉得有伤大雅之堂，放时是反反复复，最后还是拿掉了。结果第一天就订了 60 万的生意。	
	可意想不到的是，开业第一天，他们做的第一笔，也是最大的一笔生意，就是省农资公司与这家乡镇小厂签订的 60 万元的粪桶供货合同。

这里的同期声与论述语言显然不无重复。如果是要渲染现场气氛，则论述语言须适当调整阐述角度，至少应避免语言重复；如果画面已经显示了现场气氛，那么舍弃这段同期声恐怕也未尝不可。虽然就这则评论来说，这一缺陷并不影响它的整体表现效果，但毕竟是一种需要也可以避免的瑕疵。

字幕——字幕指根据内容需要，在后期制作时，运用电子技术叠加在画面上的文字。它也是电视的可视因素之一。

电视评论主要运用画面和声音表现内容。但无论画面或声音,都存在着某些本身难以克服的局限性。如画面善于表现空间,却难以表现空间方位和时间;善于表现事物的状态,却难以完善地表现事物的内在含义。用声音表达政论性内容,则可能由于声音稍纵即逝、同音异义词不易辨别之类的弱点,导致这样那样的听知困难,影响观众确切理解其中的含义及逻辑联系。适当运用字幕,就可以在一定程度上弥补这类缺陷,使观众通过视、听、读三位一体,以及同向、多维的感知通道,获得更为确切的理解。具体地说,字幕的作用,主要有以下两方面:

(一)提示、强调作用

以字幕显示标题、论述重点和主要论点,是电视评论常用的手法。如《桐乡粪桶事件留给我们的启示》中,先后出现了 4 条字幕:

①桐乡粪桶事件留给我们的启示

②农村市场的两头一方面是疲软,另一方面是有效供给不足,原因何在?

③农村是一个潜力巨大的市场,启动这个市场应该从哪里着手?

④农村市场疲软的症结在于供给和需求的相互错位,所以,启动这个市场的关键在于有的放矢地调整产品结构。

其中,①是标题,②和③是提示、强调重点,④是概括结论。通过这几条屏幕文字的提示、强调,无疑可以增强观众对画面和声音所表达内容的印象,从而更好地把握其中的重点,加深对主要论点的理解。

（二）补充、说明作用

字幕可以用来补充、说明画面无法表现的时间和地点、人物名字一类的要素，消除画面信息的不确定性，有利于把论述语言集中用于说理。而配合声音适当运用字幕，则可以避免或减少同音词带来的听知困难和理解歧义；弥补同期声可能存在的缺陷，如录音质量不好（听不清）或说话人方音太重（听不懂）等，提高同期声的表现效果。

总之，字幕的主要功能在于帮助观众看懂、听清评论内容。它是一种配合画面和声音表情达意的辅助手段，用好了可以收到锦上添花的表现效果，用滥了则不仅无助于表达，还可能破坏画面的美感或分散观众的注意力。这里重要的是控制字幕出现的频率，选择适当的屏幕位置（以不影响画面的完整性为原则），以及掌握闪现的时间。①

画面、同期声和字幕，都是电视评论独具的表现手段。它们各有所长，各有自己独特的表现能力。恰当运用这些手段，发挥它们的综合优势，则需要注意以下原则：

——一切以充分体现立论，为深入浅出而确切地说理服务的原则。这是充分发挥画面、同期声、字幕综合优势的前提。要善于调动这些手段，利用画面的形象、直观，字幕的提示、强调功能，以及同期声的可直接传情的感染力，准确、生动、深入浅出地处理政论性内容，为观众创造理解抽象内容的条件。切不可片面夸大某一表现手段的作用，或者盲目追求技巧、故弄玄虚，那样势必将

① 有人对汉字阅读频率做了试验，结果为每次“眼停”（约三分之一秒）最多可读 6 个字，最少为半个字。参见陈安石《新闻编辑学》，台湾三民书局 1981 年版，第 279 页。

异化为干扰，反而增加理解困难，影响和削弱评论的传播效果。

——双线互补原则。即在保持画面的连续性、完整性同时，恰当处理和利用声音的可间断性，避免二者的不必要重复或相互割裂、相互干扰。

——以论述语言为主导的原则。论述语言是电视评论的主体，处于支配画面、同期声的地位。音响的选择和剪裁，画面的取舍和组接，都要与论述语言配合一致，既要注意充分发挥画面、音响的作用，又要防止喧宾夺主，冲淡评论的政论色彩，削弱评论的逻辑说服力。不过，这里所说的论述语言的主导作用，不是量的要求，而是作为连结一切的中轴或贯穿始终的主线；论述也不意味着非长篇大论不可，画龙点睛式的议论，以至于访谈时的提问，事实上都是相当受欢迎也相当有效的论述手段。

把握这几个原则，是不是可以更好地体现电视评论的基本特点，发挥它的舆论作用呢？不妨在实践中认真作一番尝试和检验。这样我们就可以加深认识、提高能动驾驭能力，而且还可以在实践中不断丰富和完善其基本特点，推动电视评论继续往前发展。

思考题：

1. 与报纸评论、广播评论比较，电视评论有哪些基本传播特点？
2. 在电视评论中如何体现双线互补的原则，发挥它的声画结合的表现优势？
3. 在电视评论中，画面、同期声、屏幕文字拥有哪些表现功能？为发挥它们的综合表现效应，应该遵循哪些原则，注意哪些问题？
4. 说说你对以论述语言为主导这一原则的认识。

第四节　完善广播、电视评论个性特征的途径

经过1980年代以来的摸索，广播、电视评论逐渐闯开了路子，打开了局面，日益显著地发挥着舆论作用，这是不争的事实。与此同时，也有种种迹象说明，它们距离形成稳定、鲜明的个性特征这个目标，还有一段相当长的路程。一方面是实践的发展为缩短这种距离提供了经验，另一方面是仍然存在的距离限制着实践的发展；这种认识和实践之间相互抑制的"循环"状态如果不能适当中断，那就可能因此而停滞不前。而要中断这种循环，除了从寻求完善和发展个性特征的途径入手，恐怕别无其他选择。

至于如何完善和发展广播、电视评论的个性特征，套用鲁迅先生的话——"这正如地上的路；其实地上本没有路，走的人多了，也便成了路"①，可靠的办法恐怕就是在"走路"中找路。当然，这是一个自觉实践、不断探索和总结、提高的过程；而从体裁发展的角度看，却又是一个没有终点的过程。在这个过程中，既需要坚持理论与实践结合、内容与形式统一的原则，也需要紧紧围绕既定的目标——在媒介传播方式和评论体裁特征结合的基础上构建自己的"文法"，认真地解决如何适应受众的广泛性、正视内容的选择性，以及形式方面的特殊要求等一系列问题。

适应受众的广泛性

广播、电视评论如同其他广播、电视新闻体裁一样，可以拥有广泛的受众。至于究竟能够实际拥有多少受众，则未必与广播、

---

① 鲁迅：《故乡》，《鲁迅全集》第一卷，人民文学出版社1963年版，第71页。

电视的覆盖面成正比，而取决于它们在多大程度上满足受众的需求，适应受众的接受能力和接受习惯。

我们曾经在小范围内，在有意识收听的条件下，就三篇广播评论的可听性做过3次调查，可听率分别为59%、45%和6%。可听率最高的，是“中广”的一篇题为《这样的“会诊”值得提倡》的广播谈话[①]。当时，青年电影演员张瑜、郭凯敏，跳高运动员朱健华，青年作家贾平凹，各自在自己的工作领域里崭露头角。为了扶植他们健康成长，上海、西安有关部门先后邀请专家、学者帮助他们总结经验，在肯定成绩的基础上着重分析不足之处。这篇评论用“会诊”比喻这种做法，并从这一点出发，比较深入地论述了社会如何正确对待青年人才、青年人才如何正确对待自己的问题，同时对日益增多的瞎吹滥捧的现象作了严肃的批评。它得到较多听众的认可，看来主要由于具有某些吸引人听下去的因素，如论题引人关心，所接触到的人和事听众比较熟悉，批评的是听众早有同感的现象，而且运用谈话的形式也比较平易近人。这个例子说明，广播评论能够拥有多少听众，与作品本身具有多少吸引听众的因素成正比；电视评论恐怕也大体如此。如果这个推断与实际距离不太远，那么就可以认为，适应受众的广泛性，既是把可能拥有的受众变成实际拥有的受众的保证，也是广播、电视评论完善自己的个性特征的必由之路。

适应受众的广泛性，固然需要从内容到形式做多方面的努力，但根本的一环却是牢固地树立面向基层受众的观念。广播、电视直接通向千家万户，这为广播、电视评论直接面向基层受众

① 中央人民广播电台1984年播出。

提供了条件；充分利用这个条件，直接同活跃在实践第一线的基层受众谈论他们关心的问题，这样就能够拥有报纸评论不可取代的舆论优势。反之，如果像现在有些评论那样，动辄“各级党组织应该如何如何”、“广大干部必须怎样怎样”，或者谈论些与基层受众“八竿子够不着”的事情，那岂不等于“画地为牢”，自己缩小受众面，限制自己的影响范围和舆论作用吗？弄得不好，甚至还可能造成思想和情感的隔膜，扩大与多数受众的距离，哪里还谈得上适应受众的广泛性？所以，这个“面向谁”的问题，是关系广播、电视评论发展前途的根本问题，是任何时候都不可掉以轻心的。

树立面向基层受众的观念，必然促进广播、电视评论从内容到形式发生一系列变化。从大的方面说，这种变化将包括：(1)扩大评论领域，更加注意研究实际，尽可能捕捉和论述现实社会生活中与受众休戚相关的问题；(2)调整评论视角，尽量从多数群众关心的、易于理解的角度阐述有关问题(如把中心工作、部门工作问题与群众切身利害联系起来)，促使评论角度多样化；(3)摆正与受众的关系，以平等的态度面向受众，增强评论的贴近性和亲切感，而不是居高临下地发号施令、指手画脚；(4)改进说理的方式方法，以多数受众熟悉的材料、易懂的语言和平易近人、促膝谈心的口吻说理；(5)从关心播出效果出发，从整体上为受众创造更方便的接收条件，包括在评论中作必要的交代、说明、解释，以及在节目安排、节目预告、内容提要和播音方面提供收听方便。当然还可能导致其他变化，不过以上几方面是主要的、基本的，是树立面向基层受众的观念以后的必然趋向、必然结果。

总之，树立面向基层受众的观念，是适应受众广泛性的关键。抓住这一关键，千方百计地满足多数受众的需求、照顾他们的接受能力和接受习惯，广播、电视评论就能够在这个过程中逐步完善自身的特点，赢得越来越多的受众。

正视内容的选择性

内容选择，通常有两种：一是基于需要的选择，即从宏观实际的需要或特定的意图出发，在权衡利害得失、轻重缓急的基础上，确定评论什么、如何评论；一种是基于可能的选择，这是从媒介和体裁能否胜任出发的选择。广播、电视播出的各种节目实际上都经过这两种选择，差别只在于自觉不自觉、恰当不恰当。

广播、电视评论的内容选择，从需要的角度说，与其他媒介评论的选择没有什么不同，因为都同样遵循从客观实际出发、服从于社会需要的原则。但是由于受媒介传播方式、受众状况和新闻评论体裁特征等因素的综合制约，它们基于可能的选择却比报刊评论严格得多。换句话说，广播、电视评论与其他媒介的评论相比较，既有特别善于表现的题材，也有拙于表现的论题。比如，与新闻事件联系紧密的论题，广播、电视评论可以享有时效方面的优势，拥有记录现场情景的音响、图像，因此论述起来也就比较得心应手；而像《回答一个问题——翻两番为什么是能够实现的?》这种需要做多侧面论述的论题，就不是可以胜任自如的了。上面曾经比较过两篇题目同为《保护耕地，刻不容缓》的评论，《人民日报》可以很从容地论述，而山西电视台则付出了历时一个月、行程数千里和摄录300多分钟画面资料的辛勤劳动；两相比较，难易程度多么悬殊！所以，在完善个性特征的过程中，广播、电视就不能不十分重视内容选择方面的问题，不能不特别注意处理需要与可能、内容与形式之间的关系问题。

严格地说，广播、电视评论的内容选择，主要是基于可能的选择，或者说是在慎重考虑社会需要基础上的再选择。面对着现实社会生活中出现的各种各样需要论述的问题，广播、电视评论既有所能，也有所不能，这是需要正视的事实。因此，在论述什么的问题上，既不能简单地与报刊评论攀比，“强不能为能”，勉强地论述自己不善于论述的论题；但也不能无所作为、消极取舍，甚至回避那些迫切需要论述的问题。正确的方针应当是也只能是积极地扬长补短，能动地处理需要和可能、内容与形式之间可能出现的矛盾。

怎么处理？一般性的内容，当然可以根据自己是否善于论述，或取或舍；而对于攸关全局、人们普遍关心的重大问题，就不是这么简单了。面对这类内容，如果因论述有困难而置之不顾，那就等于放弃社会责任；如果无视广播、电视的传播方式等因素勉强地论述，则无异于应付差事、敷衍塞责，充其量是削足适履，自然也难以收到预期的效果。对于本来不善于论述却又非论述不可的内容，成功作品的经验就是：立足于需要，能动地采取各种因应措施，尽可能变“不能”为“能”，变“不善于”为“善于”。它们的经验归纳起来，大致有以下几种处理方式：

（一）把观念性内容具体化

有些以观念形态出现的内容，如方针政策的精神、思想或工作作风、社会思潮、行为倾向等，报刊评论往往运用逻辑推理的方法进行论述，广播评论如果照此办理就不免捉襟见肘，电视评论则更是无从下手。但如果同典型事例联系起来，首先把观念性内容具体化，运用解剖麻雀的方法去论述，那就不仅可以胜任，而且可以收到绘声绘色、情理交融，既不乏说服力也富于感染力的表达效果。至于怎样把观念性内容具体化，在本章第三节“为听众理解抽象内容创造必要条件”已有所阐述;其中所说的方法,大致也适用于电视评论,这里就不再赘述了。

(二)在症结处充分展开

有些重大的社会现象、社会问题,涉及面比较宽,与周围事物联系比较复杂。铺开论述,纵横交错,不仅节目时间不允许,而且在线性传播的条件下也不利于受众透彻理解;压缩式地论述,把许多内容硬塞进有限的篇幅里,则难免空泛,在电视评论里甚至还可能导致声画脱节或相互干扰。面对这类内容,广播、电视评论与其作面面俱到,结果是“水过地皮湿”的肤浅论述,不如突出重点、在问题的症结处下工夫,也就是按前面所说的“省意”原则[①]处理内容。

(三)适当化整为零

有些重大的题材涉及许多处于同等地位的侧面,不便于突出重点,而在一则评论中论述则不是篇幅冗长、便是流于肤浅。在这种情况下,化整为零,以相对独立的系列评论的形式播出,未尝不可以成为有效的办法。例如上面所举的《保护耕地,刻不容缓》,山西电视台那样处理当然可以,也取得了较好的播出效果。如果用化整为零的方式,按乱占、滥用耕地的主要表现,把它分割为几个相对独立的论题,是不是还可以论述得更深些,更有针对性些呢?因为同样乱占、滥用耕地,但原因不同,纠正的办法自然也有所不同。比较一下这两种论述方式,就可以发现山西电视台那样集中论述,虽有利于人们认识问题的严重性和紧迫性,形成重视保护耕地的社会舆论,但不利于深入地分析原因和问题的实

---

① 参见第二节“求‘短’的途径”。

质;而化整为零、分别加以分析,则可以更为直接地促使问题的恰当解决和处理。不过,广播、电视毕竟是不能倒检索的媒介(通过互联网提供在线接收的节目除外),所以运用化整为零的论述方式,务必要注意把握"适当"这一原则,即(1)用在非用这种方式不能充分论述的问题上;(2)尽量保持相对的独立性和完整性,让受众即使只收听、收看某一则,也能确切理解本则的内容;(3)为受众提供可以集零为整的条件,如扼要复述前此播出的内容、提示下篇的要点等等。把握这几点,化整为零才能够真正成为广播、电视评论突破某些本来不善于论述的题材的有效方法。

总之,正视内容的选择性,是为了更好地发挥广播、电视评论的优势,而不是束缚它们的手脚。明确这一点,在尊重广播、电视传播规律和受众接收状态的基础上,能动地处理需要和可能、内容和形式之间的矛盾,广播、电视评论也就可以在这个过程中,逐步闯出一条属于自己的路子来。

探索形式的特殊性

广播、电视评论作为新闻体裁,本身就是一种形式。这里所说的形式特殊性,指从属于体裁的形式——包括评论的具体类型(或称"样式")和结构、语言等方面的特殊要求。这是广播、电视评论个性特征的重要组成部分。

广播、电视评论属于新闻评论体裁的范围,在形式方面当然要遵循新闻评论的基本要求。但是,它们毕竟是经由视、听媒介传播的新闻评论,因此在形式上也有自己的特殊要求和特殊处理方法。广东人民广播电台有一篇评论,题目叫《再论"行动也是一种广告”》[①]，开头的一段是这么写的：

4月18日，“大众论坛”广播了一篇题为《行动也是一种广告》的评论，评论说到个体户张华勋并没有买过广告，但他的档口生意兴隆，原因是他能热情为群众服务。而某电梯厂广告虽然说得好，但由于没有信守广告诺言，在某用户中留下不好的印象，评论指出：行动也是一种广告，并敬告那些在广告中滥用溢美之词的单位，还是把主要精力放在抓好优质服务上，不然，即使花了几千元来买广告，也不一定能够为你的产品打开销路的。

这样以复述前论的内容开头，在报刊评论中也许是累赘，甚至违背“开门见山”的原则，而在广播的连续或系列评论中，却是帮助听众明白前论讲些什么，更好理解后论的新的论点所必需的。因为听众未必都听过前一则评论，即使听过，时过一周，也未必能记住它的内容；如果没有这段复述，听众就可能像听天书一样，陷于不知所云的境地。又如“央广”有一篇评论，其中一段是这样写的：

为了使经济联合更加健康地向前发展，我们需要十分注意宏观的经济效果，加强计划指导。宏是宽宏的宏，观是观察的观。所谓宏观经济效果，就是……[②]

这里的“宏是宏观的宏，观是观察的观”，也是为让听众听得明白的特殊处理。这类例子还可以举出许多，它们说明广播评论如果

---

① 广东人民广播电台1983年4月25日播出，《全国优秀广播节目稿选》，中国广播电视出版社1985年版，第118－119页。

② 中央人民广播电台1980年10月21日播出，《中央人民广播电台广播评论选(1980—1982)》，第27页。

忽视供听的特殊要求，它的有些内容就不容易为听众听懂。

电视评论为了让观众在视听结合的条件下，更加透彻地理解内容，在表现上又何尝没有自己的特殊要求呢？例如在《保护耕地，刻不容缓》这则述评中，这个题目就以字幕的形式，先后出现了四次。这实际上是利用电视的传播特点，以其特有的视觉冲击力，实现反复强调、大声疾呼的意图，同时也起了区分和衔接上下内容的作用。又如《“三国四方”何时拆除篱笆墙》①的开头这一部分：

主持人（现场解说）：……这里是我省东部边境小镇迎春。今天对迎春镇来说是一个喜庆的日子，这里正在庆祝迎春镇程控电话交换机工程的开通。

[画面]（庆祝仪式，机房）

[解说]对一个地区来说，程控电话的开通，标志着这个地区通讯能力已经达到了现代化水平。但是，刚刚开通程控电话的迎春镇在通讯方面却面临着这样的困惑：在这幢邮电大楼里，楼上楼下的通讯仍然要靠长途电话来完成。原因是楼上楼下属于不同的通讯系统。楼上，迎春镇邮电局是地方电话网络；楼下，854 农场电话站属农场通讯系统。

[同期声]854 农场值机员：我们迎春片特别大，各有各的通讯网络，像我们 854 是农垦线，林业局有他的线，迎春镇开程控了，我们楼上楼下打个电话也必须通过长途线。

[画面]（值机员接电话）

[解说]我们试着请值机员给楼下迎春镇邮电局打个电话，这

---

① 黑龙江电视台 1994 年播出，全文见《新闻评论作品选》，第 194—197 页。

个电话通过长途线绕来绕去,10 分钟居然还没有接通。

主持人:尽管迎春镇开通了程控电话,但迎春镇地方与同处一地的 854 农场之间的联系,却还要通过总机走长途线,于是就出现了即使楼上楼下彼此联系也要挂长途这样的怪事。是两个单位不愿意使用一个电话网,还是 1000 门程控交换机没有足够的容量呢?

[同期声](采访虎林邮电局长)局长:就目前情况看,是完全有这个能力的。

记者:程控开通后,为什么不能把农业、林业系统的电话并过来呢?

局长:这个问题是我们国家管理体制的问题,在通讯这一块,还是条条块块分割的,要打破这个条块,就是要推翻这个"篱笆墙"。

主持人:邮电局长的一番话,道出了为什么一个小镇却有如此多的电话系统,以至楼上楼下要打长途电话的个中原因。那么,这里的条条块块是个什么样的"条条块块"?"篱笆墙"又是什么样的"篱笆墙"呢?

[解说]这就是迎春镇,在这个面积不足 3 平方公里,人口不过 3 万的小镇上,并列着几个隶属关系不同的单位,有农垦系统的 854 农场,林业系统的迎春林业局,森工系统的迎春机械厂和迎春镇政府。除迎春机械厂外,其他几个单位都各拥有一套完整的公检法机构以及文教、卫生、通讯、电视差转台等公共事业设施,以一个个小社会的面目,在迎春镇上几分天下,各自为政,被人们戏称为"三国四方"。

这则评论主要分析论述条块分割、各自为政的弊端,以及这种状态与社会主义市场经济体制之间的尖锐矛盾。开头这一部分这样处理，假如用报刊评论的眼光看，不免有叠床架屋的感觉，但作为电视评论，它不如此处理就不足以按电视的传播方式强化对内容的表现，就不能满足观众的视听需求，也就不成其为电视评论。

下面大致讲讲关于改善结构和语言的思路，具体形式留待下章阐述。

广播、电视评论的结构　有人说，由于新闻评论结构比较古板，不容易翻出许多花样来，要设计一个紧凑的、引人入胜的布局，得花一番工夫。① 这虽然是就报纸的评论而言的，但其中的紧凑、引人入胜的要求，其实也是所有媒介的新闻评论的共同要求。

就目前的情况看，广播评论基本上承袭报刊评论的结构方式，即力求开头“开门见山”，主体丰腴严谨、层次分明，结尾挺拔有力、耐人咀嚼。电视评论由于同时运用声画符号，不能不更多考虑怎么适应画面的表现特点，更多地与具体事实联系起来，这就不能一概“开门见山”了；主体与结尾的要求则大致相同，只是具体的处理方式有所不同而已。

不过，广播、电视评论都需要在线性传播的条件下考虑结构问题，因此它们面临的特殊问题，大多数是共同的，这就是：

(1)怎样在线性传播的条件下力求有所变化？

(2)怎样在控制说理层次的条件下做到波澜起伏？

(3)怎样在虚实相间的同时达到逻辑层次分明？

线性传播、说理层次不宜多、讲究虚实结合，这些都是广播、电视评论适应媒介传播方式的基本要求，也是它们在处理结构时

---

① 范荣康：《新闻评论学》，人民日报出版社 1988 年版，第 252 页。

不能忽视的前提条件。如果无视这些条件，结构方面的努力，就可能沦于徒劳乃至适得其反。

广播、电视评论的语言 这里不准备具体探讨语言技巧，而主要强调两个问题：

(1)怎样认识广播、电视评论语言的特殊性？广播、电视评论在语言方面，既要遵循新闻评论的语言要求，朝着准确性、鲜明性、生动性的目标努力，也要从广播、电视的传播方式和多数受众的语言习惯出发，十分自觉地坚持语言规范化、口语化、通俗化的方向。所谓语言的特殊性，主要表现在上述两种要求的结合点上。具体地说，就是精心运用规范化的语言，力求通俗易懂地表达抽象的内容，把揭示事物本质的道理讲得既准确、透彻，又明白如话、娓娓动听。这是语言特殊性的具体表现，也是广播、电视评论在语言方面不可背离的共同目标。

(2)怎样看待广播、电视评论语言的现状？媒介运用语言反映社会生活；因此，它们的语言总是要随着社会生活的发展、变化而发展、变化。在改革开放的年代里，社会生活日新月异，社会语言中反映新事物的新词语和新的语言现象也层出不穷；这些新词语和新的语言现象出现在包括广播、电视评论在内的节目之中，应该说是不可避免的。问题在于究竟怎样恰当看待这些新的语言现象，接受和运用这些新词语。一概加以拒绝，那就不可能准确地反映新事物；不加分析地接受，甚至把痞子语言当珍宝、以玩弄新词语为时髦，则难免损害语言的规范化、口语化、通俗化，造成传播障碍，甚至反过来污染社会语言。一个时期以来，社会上对广播、电视的语言状况表示忧虑，恐怕不是空穴来风。广播、电视评论的语言状况，较之其他节目好得多，但也不容乐观。如不加选择地运用同期声和采访录音，不时出现方言、方音对评论内容的干扰；不加解释地运用新词语、中外缩略语，也往往使受众听不懂、理解不了，甚至产生误解；随意肢解或生吞活剥滥用成语、乱引诗词，则不仅妨碍准确表情达意，而且有损于祖国的优秀文化遗产；至于不确切的用词、不合语法的句子，即使在优秀评论中也是常见的现象。如此等等，说明面对着社会语言的冲击，有必要重新强调坚持语言规范化、口语化、通俗化的方向。这不是拒绝新词语和新的语言现象，而是更好地消化和吸取其中的有益成分，丰富媒介语言的基础和保证。广播、电视评论作为一种强有力的舆论形式，在规范祖国语言方面应该也能够发挥自己的舆论作用和表率作用。

上述两个问题，实际上是广播、电视评论语言问题的“两头”。一头是目标——优化语言，朝哪个方向努力？一个是当前的起点——改进语言，从哪里开始？明确了这两个问题，才能够树立正确的媒介语言观念，也才能够更好地掌握语言艺术，更有效地提高我们的语言表达能力。

上面从适应受众的广泛性、正视内容的选择性和探索形式的特殊性，大致探讨了广播、电视评论完善和发展个性特征的基本途径。这三个方面归结起来，其实就是为了通过从内容到形式的不断改进和完善，使广播、电视评论的政论性内容更加易于为多数受众所理解和接受，从而更好地发挥其影响、引导社会舆论的作用。如果说认识制约个性特征的诸因素是起点，实现预期的舆论功能是终点，那么加强上述三个方面的研究、形成规律性认识，就是从起点到达终点的必由之路了。

思考题：

1. 为什么必须牢固地树立面向基层受众的观念？它将导致广播、电视评论发生哪些变化？
2. 广播、电视评论为什么要正视内容的选择性？怎样克服媒介自身的局限性，突破自己不善于论述的重大论题？
3. 广播、电视评论在结构方面需要着重注意解决什么问题？在这些问题上你有什么想法？
4. 你怎样看待广播、电视评论语言的现状？当务之急是什么？

第四章　广播、电视评论的基本形式

随着广播、电视的发展，广播、电视评论的具体表现形式日渐增多。就耳目所及，现有的具体形式大致可以归纳为三类：(1)与其他媒介共用的形式，如由文字稿转化为声音播出的“口播评论”；(2)在广播、电视评论实践中孕育的独特形式，如“音响评论”、“图像评论”；(3)纳入评论节目定期播出、有特定形式要求的评论，如“中广”的《新闻纵横》和“央视”的《焦点访谈》等。这三类具体形式，既反映了评论形式多样化的纵向发展过程，即共用形式——>独特形式——>节目化的过程，也存在着同时并存、相互渗透的横向关系。也就是说，评论形式的发展变化有一定的承袭性、共存性，新形式的出现既非“平步青云”，也未必意味着既有形式将因之而衰亡。形式总是为内容服务的，具体形式的存废以能否有效地表现内容为转移，而不在于形式本身的新、旧之别。从这个意义上说，在如何对待既有形式的问题上，实践中存在的那种“猴子掰包谷”式的、一味趋“新”弃“旧”的倾向，是不利于形式多样化和广播、电视评论完善自身个性特征的。本着上述认识，本章拟扼要介绍几种基本形式，并就觉察到的有关问题作些探讨性的阐述。

第一节 口播评论

“口播评论”是一个不很规范的语词。严格地说，所有广播、电视评论都主要用口头语言即“言语”表达内容，都可以称为“口播评论”。这里作为有特定含义的概念，专指广播、电视的一种共用形式，即单纯以评论主体——作者、播音员或主持人的言语面向听众或观众的评论形式，也就是不含实况音响或采访同期声的广播或电视评论形式。在这个特定意义上，口播评论其实又是广播、电视各自的特定形式——广播音响评论、电视图像评论的对应形式。

口播评论及其演变轨迹

口播评论实际上是一种直接脱胎于报刊评论的广播、电视评论的共用形式。

前面说过，报纸评论分为两大类，即代表媒介发表见解的不署名评论和以个人名义阐述看法的署名评论；不署名评论又按规格分为社论、评论员文章、短评、编者按和编后，署名评论则多为专栏评论，规格因专栏的定位而异。①

广播、电视先后承袭报纸不署名评论的体例，以播音员口播的方式播出本台的评论。② 这种播出方式，意味着以电台、电视台

① 如《人民日报》的“今日谈”专栏的规格相当于短评，“人民论坛”则相当于评论员文章。

② “中广”在20世纪七八十年代，一度形成了本台评论（相当于报纸的社论）、本台评论员文章、本台短评、编后话4种规格的评论系列；“央视”则多以“编后话”的名目播出。

的名义阐述对于评论对象——新闻事实、社会现象、社会问题的看法，一般在新闻节目或新闻性专题节目中播出。这类广播、电视口播评论与报刊评论的区别，主要表现为：(1)适应视、听接收方式，按“省意”原则精练内容，力求短小精悍、深入浅出地阐述公众普遍关心的问题；(2)由于主要诉诸供听的言语而不是供读的文字，除如同报刊评论坚持语言规范以外，还着意讲求语言口语化、内容通俗化；(3)既重视锤炼语词，也注意调动音调、节奏的表情达意功能。不过，不署名的口播评论一般由文字稿转化为言语，因此能否体现这一区别，取决评论执笔人和从事声音转化的播音员、主持人的共同努力。也就是既要求执笔人带着诉诸“口说耳听”的观念组织内容、驾驭语言，为口播过程中的“再创作”创造基础条件；也要求播音员、主持人熟悉“文本”，在准确把握评论内容的基础上，驰骋自己的言语创造力。如下面这一片段：

> ……有的地区，有的单位，还有那么几个官不大、权不小、惹不起、管不了的“小霸王”，他们把一再敲响的警钟当成耳旁风，继续为非作歹，闹得很不像样子……①

如果说这一片段可以给听众以铿锵有力、娓娓动听、仿佛表达自己心声的感受(这种效果是供读的评论难以享有的)，恐怕就得益地执笔人与播音员的紧密配合。再看这则“编辑点评”：

> 测量标志虽然小巧，却事关国防建设、经济发展，不可掉以轻心。测量标志损毁严重，究其原因，一是轻视，二是无知。因此要彻底改变测量标志“常设常丢补”的局面，相关部门必须提高认识，加强执法和广泛宣传“两手一起抓”，才能

① 《绝不允许有“特殊公民”》，“中广”1980 年 10 月 17 日播出；全文见《新闻评论作品选》第 113—114 页。

把这些国家投入巨资的重要基础设施真正保护好，利用好。

这是一则配合报道发表、类似“编后”的短评论，看来作者是本着“点到为止”的原则写作的，语言也还简练，但却未必能够收到如同上一片段那样的听知效果。究其原因，也许同内容比较平淡、语言没能为播音“再创作”提供充分的条件（如夹杂着文言词语、缺乏节奏感）等有关。比较一下这两个片段，可以更好地理解不署名口播评论与报纸同类评论之间区别的实质。

当然，广播、电视口播评论之间也有区别。这主要是由于电视口播评论同时出现播音员或主持人的图像，多了一种表情达意的辅助手段。如果电视口播评论不仅重视声音转化，而且播音员、主持人在播出时善于依据内容的需要塑造自己的画面形象，这样既“绘声”又“绘色”，不就可以形成不同于广播口播评论的独有特点吗？至于能否真正享有这一特点的表现优势，主导权则在播音员、主持人，尤其在他们是否于播出前“吃透”文本，以及是否善于依文本内容塑造自己的屏幕形象。

口播评论中的署名评论，还可以分为两种：一种由播音员、主持人代播，另一种由评论作者自己“出声”。这样，广播、电视口播评论就逐渐形成了多种表现和播出方式，大致表列于下：

- 口播评论
  - 不署名评论——播音员播出（含各种规格评论）
  - 署名评论
    - 播音员播出（多为署名短论）
    - 作者播出（多为记者述评）

就“中广”和“央视”的播出情况看，在1980年代中期以前，以不署名评论为主的口播评论是唯一的评论形式，嗣后仍一度占据两台论坛的主导地位。此后，随着广播中的音响评论、电视中的图像评论的蓬勃发展，口播评论出现了日渐式微的态势。进入新世纪以来，“中广”虽然还在新闻节目中开辟了“编辑评点”栏目，也随时播出一些署名(多数由播音员播出)或不署名的单篇评论，但口播评论已经退居近乎“拾遗补缺”的境地；“央视”则几乎同口播评论“绝缘”①。地方各级电台、电视台的情况也大致如此。

那么，这是否意味着口播评论已经丧失生命力，势必日益式微甚至退出广播、电视论坛呢？在探讨这个问题之前，让我们先看看口播评论在兴盛时期尝试过的一些较为特殊的表现和制播形式。

口播评论的特殊形态

当广播、电视评论仍以口播为主的时候，广播、电视界力求有所创新，曾尝试过某些比较特殊的表现或播出形式。这里就若干个例子作些回顾和分析。

(一)广播“口头述评”　1982 年 1 月中旬，“中广”在新闻节目中播出了一则题为《军民共建文明村》的述评，在正文之前有一段由播音员播出的“引言”(也称“导语”)：

> ……从八一年下半年，本台曾经几次报道过军民共建文明村的消息。现在这个活动已经在许多地区普遍开展起来。从 1 月 13 日开始，中共河北省保定地委和保定驻军联合召开了军民共建精神文明现场会……现在请听本台记者刘长乐就开展这场活动，从河北保定发回来的口头述评。②

然后播出这则由记者自己“出声”、预先录制的述评。“引言”着意强调“口头述评”，看来旨在把它同由播音员播出的署名述评或评论区别开来。如果这一推想接近当时的实际，那么这种形式的出现，是否意味着广播的署名评论有了一种更具传播主体个性色

---

① 2008 年，“央视”《新闻联播》重新出现“三言两语”式的口播评论，但不多见。

② 作者刘长乐，引语据收听录音带。

彩,因而也较能贴近并吸引听众的播出方式呢?

“口头述评”显然是因作者自己“出声”而得名的。播出方式的这种变化,当然会导致述评内容和表现形式的相应变化,从而形成有别于一般口播述评的某些特点。虽然仅凭个例不可能准确地概括这些特点,但就这则“口头述评”看来,作者显然围绕适应说听的传受需要,作了一番比较自觉的努力。不妨从说和听的角度琢磨琢磨下面这一片段:

> ……它的新特点有两个:一个就是……另外一个突出的特点,就是军民共建文明村的活动已经从治理环境卫生、改变村容的第一步,和治理村风、整顿农村秩序的第二步,发展到了第三步。这个第三步啦,就是突出思想教育、道德教育,培养人们的集体主义和爱国主义精神,同时加强了文化教育和科学技术的传播。这个地方,我们给大家说两件事……

紧接着展开对第三步具体内容的阐述。

作者这样表述,看来是试图从两方面着手,让评论表达方式更好地适应说听的传播方式:(1)在内容方面,尽量突出重点、少及其余。他不仅在介绍“军民共建”的两个新特点时详略有别,而且对着重强调的第二个特点也轻轻带过前两步,而把主要话语用来阐述正在进行的第三步。这样既扼要地展现过程,又以过程作为引出重点内容的必要铺垫,是否比平均使用力量或干脆省略过程更有利于吸引听众进入专注收听状态,从而更好地理解内容呢?(2)在语言方面,力求简洁平易、方便口说耳听。不过这方面的努力似乎不尽到位,例如“已经从治理环境卫生、改变村容的第一步,和治理村风、整顿农村秩序的第二步,发展到了第三步”——这样表达固然简约,却可能因为第一、二步前面的定语稍长而影响听知效果。尽管语言表述尚有改善的余地，但这种由作者自己“出声”的播出方式，整体上还是给人以别开生面的感觉，据说当时颇得听众的好评。

此后，“中广”在北京亚运会胜利闭幕的第二天，又在《新闻和报纸摘要》节目中播出了题为《倒计时效应》的口头述评，它在扼要叙述北京亚运会筹备中的“倒计时”效应的主要表现后指出：

> ……我觉得一个运动员、一个人、一项事业、一个民族都应该不断以这种“倒计时”来鞭策自己，才能不断进步。恢宏的亚运会场馆和有关各项建筑，就是在这种倒计时中排除了无数从前人们认为无法排除的困难，奇迹般地矗立起来的。推而广之……①

这则述评虽然还夹杂着一些文言词语，有的句子也长了些，但从中仍然可以感觉到作者不仅注意体现述评的一般体裁特征，而且力图从内容到表达方式方面尽可能表现得更加符合说听的要求，更加适合自己的播讲方式。

从手头仅有的这两个个例中，大致可以引出这样几点认识：(1)口头述评以作者自己“出声”为主要标志，这意味着这种以播出方式为基础的表现形式，在一定条件下(主要是作者具备熟练的口头表达能力)也可以用于其他署名评论。(2)作者自己把文字转化为声音，势将促使他们自觉养成“我手写我口”②，即为说、听而写的观念。(3)因而较之写、播分离的那种口播评论，显然更有利于缩短文字表达与口语表达之间的距离，乃至实现二者的统

① 作者、播讲者陈建奇，1990年10月8日播出；引语据收听录音带。

② 引自清·黄遵宪：《杂诗》“我手写我口，古岂能拘牵？即今流俗语，我若登简编，五千年后人，惊为古斓斑。”

一。(4)由于作者在“出声”之前对评论内容已经“了然于心”,“出声”时就可以更好地把握口语表达的分寸,能动地利用音节、音调、节奏等辅助手段,从而增强言语的感染力,较好地适应听众的接收状态。当然这些都是基于推导的认识,能否成为实在的表现和传播优势,既有赖于作者兼备较强文字和口头表达能力,更有赖于持之以恒的群体努力。可惜这种尝试有似匆匆过客,在没有发育为成熟的形式之前就“夭折”了。其实,从上述两个个例看,口播评论这一特殊形态显然有其特殊的引人魅力,也存在着继续发育的可能性。它的“夭折”并非由于这种形态本身不能表现相应的内容,而在于欠缺持之以恒的努力。套用一句俗话,就是“不为也,非不能也”。

当然,作者自己“出声”也只能用于所当用、所能用。因为毕竟不是任何新闻事件和现实问题都宜于以个人名义评论的,也不是所有评论作者都善于口头表达。所以,口头述评或评论即使发育成熟了,也不可能取代其他评论形式,包括以本台名义发表、由播音员或主持人播出的评论。

(二)电视主持人评论 这是节目主持人以“我”的口吻播出的电视口播评论,类似广播“口头述评”。

在尝试“主持人评论”之前,电视口播评论多数不署名,即以本台的名义阐述对于有关事物的看法和见解;一般配合当天某一重要新闻播发,没有固定播出周期;篇幅短小,议论力求集中、切中要害。初期多数按照报刊评论的模式撰写,以“短评”或“编后话”的名目播出。以后逐渐注意体现电视的传播特点,如以抠像方式播出与内容相关的图片,日渐重视语言的规范化、通俗化、口语化;播音员也逐渐注意利用出图像的条件,调动表情、动作等非语言符号强化表达效果。这种口播评论在1980年代中期以前，是电视评论的主要形式。

1996年，《东方时空》在播出1000期后改版，增设了《面对面》栏目，并把它定位为“纯谈话类”栏目。这个栏目“以短小精悍的‘快人快语’形式围绕节目整体或局部内容在整个节目自由游动，以演播室为基本活动空间，或由主持人单独评论，或由嘉宾参与评说，或通报相关信息，或阐发精到议论，既独立成篇又与节目密不可分。”[①]这个栏目每天播出一个话题，题材多为观众关注的社会现象、社会问题，多数运用夹叙夹议的表现方法，具有相当鲜明的谈话特点。它与其他电视口播评论的区别，主要在于主持人以“我”的口吻阐述对某一问题的看法，实际上是一种没有具体署名的“署名评论”，有的还可能是主持人自己撰写的评论。如在《伤心一跪》这则评论中，主持人面向观众，言形于色讲述一件发生在广东珠海一家外资电子公司的事情：它的管理者——一个外国女人强迫中国职工加班加点，有一天竟然喝令全体职工向她下跪“反省”。主持人除在叙事中注入情感以外，还直接阐明“我”对这事件的看法：

……我不想再议论这个外国女人，因为我觉得她连被议论的资格都没有。当我听到一百多个中国职工跪下去这个情节的时候，我不知道怎么一下就想到47年前，毛泽东在天安门城楼上说的那句话：中国人从此站起来了。

这令人伤心的一跪，不是在刺刀的下面，也不是在枪口的前面，而是在一个口袋有钱的外国女人的面前。相信不会

---

① 《东方时空精粹》，中国人民大学出版社1998年版，第20页。

有人误解，说这个故事讲完之后，会对对外开放有什么不好的影响。因为我们大家都知道，我们现在过的好日子，是从对外开放之后才开始的。但是曾经的贫穷不该是我们觉得比别人低一等的理由。……在奔向富裕的道路上，我们应当把腰杆挺直。站直喽，别趴下！更不要下跪！①

在这里，主持人不仅运用言语，而且相当善于调动音调、节奏和画面形象的表现功能，赋予整个话题以情、理交融的说服力和感染力。

《面对面》的其他一些话题也具有类似的特色。在以美国为首的北约轰炸我国驻南斯拉夫大使馆事件发生后的最初几天，这个栏目还作为《东方时空》的首栏、延长栏目时间连续播出相关评论、述评，在一定程度上显现出通过"游动"发挥以评论统率其他栏目的功能。虽然《面对面》已经为其他栏目所取代，但它在实践中积累的成功经验，尤其是主持人那种按"自己说话、说自己的话"的要求驾驭话题，力求将"写"与"说"统一起来的努力，却是值得珍惜的"遗产"。比如说，有些有嘉宾参与的分析性节目，如果主持人在节目中除穿针引线之外，也能在吃透话题和嘉宾见解的基础上适当表达自己的看法，是不是更有利于观众理解整个话题的主旨，更有效地消除这类节目不时出现的那种因"众说纷纭"而让观众"莫衷一是"的现象呢?

(三)节目串联中的口播评论 1999 年 2 月 24 日，"央视"

---

① 主持人白岩松；全文见本书末附录。关于这一事件，《羊城晚报》也于 1996 年 10 月 10 日《街谈巷议》专栏中发表了微音题为《中国人决不能下跪》的评论，并点出这个女老板叫金珍仙，韩国人。全文见《新闻评论作品选》第 96－97 页。这一事件发生后 8 个月，《羊城晚报》又报道说这个女老板因欠我国 20 多家工厂数千万元债款和 200 多名工人近百万工资，携款潜逃。

在《新闻联播》节目中，以《绿色田野，无限商机》为题播出了一组新闻。它由三条新闻、三则口播导语[1]和一则“编后”组成。第一条新闻报道西安火车站开拓农产品货运市场，口播导语如下：

在我国消费者中有近80%是农民，但有数字表明农村消费总额目前却只占全国的40%。农村市场潜力巨大，这似乎是一个浅显的道理，而在实际的经营运作中，农村市场的需求却往往被忽视。可喜的是如今这种情况正在发生变化。

第二条是综合报道，从正、反两面反映工商企业适应农村需求、开拓农村市场的情况，导语为：

农村市场的巨大需求，对铁路等服务行业是发展的机遇，但对众多的生产、销售企业来说，发展机遇更大，关键是生产者如何切实地了解农村、了解农村究竟需要什么？

第三条反映专家对开辟农村市场的看法，它的导语是：

专家指出，我国80年代中期和90年代初，曾两次提出过开拓农村市场，但都没有收到显著的效果。长期研究农村问题的专家，国务院发展研究中心的研究员陈希文（音）的看法是这样的……

在整组新闻之后，还有一段类似“编后”的话语：

九亿农民的购买需求是巨大的。据调查，目前我国农村的收入水平已经达到城市1992年的水平，但农村的耐用消费品的普及率只相当于城市1985年的水平，滞后了七年。巨大的落差为企业

① “口播导语”指在图像新闻前面、由播音员或主持人出镜播报的导语。

提供了良好的机遇。只要找准市场空间，不仅能够满足农民的需求，企业本身也能够获得长足的发展。①

这几则“导语”和“编后”，显然是节目编辑依据三则报道的内在联系，或者按预先设置的议题撰写的，看来目的在于增强三则报道的内在联系。作者选择以宏观实际的基本情况衬托报道的具体内容，的确可以收到揭示报道内在蕴含的效果，同时也赋予(也许是无意中)这些片段相当浓厚的评论色彩。前三段虽说是导语，其实起着串连三则报道的作用；最后的那段类似“编后”的话语，则可以说是颇为中肯的议论。它们虽然是穿插于三则报道之间的一个个片段，实际上却是条缕清晰、脉络连贯的有机整体，兼具口播评论、口播导语和串联词多种功能，发挥了评论事物、引导接收和串联节目的多重作用。虽然这只是一个例子，但从中却可以窥见这种以片段而不是以独立篇章出现的议论，由于兼具多种功能，事实上蕴含着发育成为口播评论特殊形式的重要因素。

上面大致介绍了三种口播评论的特殊形态。比较而言，“面对面”中的主持人评论持续的时间较长，发育也比较成熟；其余两种似乎止于尝试。至于从这些尝试中引出什么认识，则有待于大家见仁见智地分析。但有一点也许是可以肯定的，这就是：所有这些尝试，无论自觉与否，都不无促使广播、电视口播评论本身多样化、增添生命活力的潜在意义。

善待口播评论

那么，怎样看待口播评论，它是否势将日益式微甚至成为“过

---

① 以上引语，均据中央电视台《新闻联播》1999 年 2 月 24 日录像带整理；三则新闻的内容，是引者依据自己的理解所作的概括。

去时”的形式了呢？

事实上，即使在音响评论、图像评论日益兴盛的今天，口播评论仍然有其存在的空间。在广播领域，除“中广”和多数地方电台仍不时播出这类评论以外，上海人民广播电台 2005 年 9 月更于 990 频率开设了每天定时播出“990 评论”栏目，并同东方网联手，提供在线收听和文字稿。[①] 这个属于“990 新闻”频率的评论栏目，经常就社会生活中公众普遍关心问题发表几百字的署名评论，如《今天是 9.18》、《名牌向上海走来》、《恶意竞争是社会毒瘤》、《钱学森不上名人录》、《为农民工“月薪制”喝彩》[②]等等。有位知名评论家撰文指出，这个专栏“既有电台评论严肃、准确、权威的特点，又具有网络评论活跃、尖锐、泼辣的气象”，它“具有短小精悍、以实论虚、注重时效的特点。在四五百字的篇幅里，融进新见解、新材料、新语言，不讲套话，触及时弊，包容思想，议论风生”，而且“不烧隔夜饭，只烧下午茶”[③]。在电视中，口播评论虽然与新闻节目几乎“绝缘”，但依然是一些节目，尤其是分析性谈话节目的构成因素，只不过不是独立成篇而已。就是在西方国家的电台、电视台中，口播评论也仍然是重要的评论形式。如美国哥伦比亚广播公司（CBS）的著名杂志节目《60 分钟》，近 40 年来始终保持由专栏作家出镜和“出声”的评论栏目，而且放在本次节目的“压轴”位置。

口播评论单纯以评论主体的言语表达内容，赋予它一些固有

---

① 《990 评论》于 2005 年 9 月 5 日正式播出。据介绍，这是由上广新闻频率和东方网评论频道联手推出的一档时评节目，是由一大批活跃在网络第一线的资深评论家和广播电台的首次携手。

② 分别于 2005 年 9 月 18 日、9 月 19 日、10 月 31 日、11 月 14 日、12 月 19 日播出。

③ 周瑞金：《祝“990 评论”开播》，2005 年 9 月 5 日“东方网”。

的表现或传播优势。其中两项尤为明显：一是言语可以脱离客体而反映客体，显然比音响或图像更便于迅速及时就重大问题发表见解，争取先声夺人的舆论效果。当然也可以像“990 评论”那样“不烧隔夜饭，只烧下午茶”，“短平快”地阐述现实社会生活中的新事物、新现象、新问题。二是言语兼具叙述、议论、抒情表现功能，便于深入浅出揭示事物实质。如下面这一片段：

> 其实，真正的名人不一定在《名人录》里，而是在人们的心中。除钱老之外，科学家有如华罗庚者，文学家有如巴金者，艺术家有如梅兰芳者，哪个不知，谁个不晓，用得着上《名人录》吗？……名人一旦需要借《名人录》来炫耀自己，这名人就该打引号了。而今有些草台班子，经常煞费苦心地引诱人们掏钱往《名人录》里挤。在这种情况下，人们还真得多一点不图虚名、但求实际的定力。①

这是就卓越科学家钱学森拒绝上“名人录”一事引申出来的一段议论，它的表面含义涉及时下颇为盛行的两种现象——“借《名人录》来炫耀自己”和“引诱人们掏钱往《名人录》里挤”，同时也给听众留一定的联想空间。类似这种以有限的言语表现丰富内涵的许多例子，既证明言语比音响、图像更利于深入浅出表现抽象内容，也彰显口播评论基于言语表现功能的固有优势。从形式本身固有的优势看，口播评论的生命力和存在价值，是无可置疑的。

不过，形式的固有优势是潜在的，只有通过具体作品才能转化为实际舆论优势。在转化过程中，起决定作用其实不是形式本身，而是评论主体——媒介、作者、播出者如何看待和驾驭形式。

① 2005 年 11 月 4 日上海人民广播电台“990 评论”，全文见《新闻评论作品选》第 121 页。

首先是认识。如果电台、电视台将口播评论视为拾遗补缺的形式，尽播出些寥寥数语的“应景式”评论，岂不等于践踏形式的固有优势？而如果因有时出现些言不及义、隔鞋搔痒的作品而否认形式的固有优势，则无异于因噎废食。当然，夸大口播评论优势，仍然把它视为主导形式，也是背离客观实际的；这不仅不能发挥它可能发挥的舆论功能，还可能阻碍广播、电视评论多样化的发展进程。所以，端正认识，实事求是看待口播评论的生命力和存在价值，坚持“用于所当用”和“用必精心”的原则，是发挥这一评论形式潜在优势的必要前提。

其次是一切为受众着想。受众需要评论，主要是为了认知，即正确认识客观世界发生的事情，尤其是关系切身利害的事情；他们关心内容的程度，向来超过对形式的关心。所以，口播评论的潜在优势虽然基于单纯运用言语，但能动驾驭这一形式，却必须从恰当选择和处理内容入手，也就是优先选择受众关心的话题，按受众的注意重点精练内容，力求不仅“言人之所欲言”，而且言得中肯、真正触及事物的实质。当然也要讲究语言表达的方式方法，尽可能做到既朗朗上口、娓娓动听，又易于为多数受众确切理解。但语言毕竟是为内容服务的；如果离开内容而一味在语言上下工夫，尽讲些花里胡哨、不着边际的套话，结果就可能适得其反，甚至给人以“玩嘴皮”的感觉。

第三是致力于自身的多样化。作为一种老形式，口播评论的确面临着老树发新枝的严峻课题。从既往的尝试看，自身多样化既有必要，也有可能。能否在这方面有所前进，关键看来在于认真总结既往经验，并善于从音响、图像评论等新兴形式中吸取营养。虽说这可能是一个需要持之以恒的长期过程，但收获的将不仅是口播评论重新焕发生命力，而且也将为其他形式的日臻完善、成熟奠定更坚实的基础，因为其他形式毕竟离不开“口播”这一基本手段。

总之，口播评论作为当代广播、电视论坛的一种形式，仍然具有不可忽视的舆论力量。它的发展前景和走向，主导权掌握在评论主体——媒介和作者、播音员、主持人手里。善于运用这一形式，于媒介不仅意味着增强自身的快速反应能力，而且是完善其他评论形式的必要条件；于评论工作者个人，则不仅是掌握一种具体形式，而且是能动驾驭广播、电视其他评论形式的基础功。善待口播评论吧！

思考题：

1. 口播评论的确切含义是什么？涵盖些什么具体形式？
2. 广播“口头述评”、电视主持人评论蕴含着什么独特优势？
3. 善待口播评论需着重注意什么问题？

第二节　谈话体评论

1982年3月11日，“中广”播出了题为《市长换锅的启示》[①]。这则当时以“广播谈话”的名称播出评论，因其一事一议、据事说理和语言亲切自然、平易近人的特点，于次年获得了全国优秀广播节目一等奖。随后带动一批电台进行了类似的尝试，一度出现了不少颇有影响的作品。广播谈话的出现，既反映了广播界力求

---

① 全文见本书末附录。

在评论领域有所作为的努力，也标志着广播评论在适应说、听传受方式方面有所创新、有所前进。尽管近些年来广播谈话已不多见，但从它显现出来的特点、曾经产生的影响和积累的经验看，仍不失是一种具有潜在生命力的广播、电视评论形式；而且它的主要特点，事实上也为广播、电视中的某些分析性谈话节目所吸取。有鉴于此，这里将“广播谈话”的概念扩大为“谈话体评论”，用来指称具有谈话特点的广播、电视评论和分析性谈话节目。

谈话体评论与谈话体

谈话体评论其实也是一种口播评论；它同其他口播评论的差别，主要在于以仿佛同听众面对面交谈的方式阐述对于事物的见解和态度。

广播谈话的首创者在策划这一形式时，也许更多地考虑如何避免讨人嫌的居高临下的“说教”、“灌输”，力图创造一种说、听双方平等交谈的模拟语境，而未必有意识同源远流长的谈话体联系起来，更未必预见到“谈话”竟然会成为风靡于广播、电视媒介的节目形式。所以，立足于今天看广播谈话，要确切认识和掌握这种独特的评论形式，有必要首先澄清它同谈话体文章、谈话节目尤其是分析性谈话节目的关系。这里先说与谈话体文章的关系。

从文体的角度说，谈话体是以说、听为本，同供读的书面文体相对应的文章体式。这种文体，在我国可谓源远流长，有人甚至认为“自六经为文言，此外虽《论语》亦语录耳”[①]。这里的“文言”指文字或书面语，“语录”指对孔子言谈的文字记录。照这一说法，谈话体可以追溯到《论语》，而且在《论语》中主要是用来记录

---

① 转引自《编辑手记》，《读书》杂志 2003 年第 10 期，第 158 页。

孔子的言论的。就近说，则可以追溯到“话本”、“拟话本”，前者是古代说书人的“脚本”，后者则是模仿“话本”的语体化小说。“话本”、“拟话本”中的“谈话”主要是叙事，但也不乏富于吸引力、感染力的议论；只不过它发议论的目的，主要在于吸引人来听故事，当然也兼有“寓教于乐”的“教化”用意。为了明确谈话体评论与其他谈话体文章的关系，也为了从前人那里寻求借鉴，且举两例，其一：

……俗谚又有“四不可尽”的话。那四不可尽？“势不可使尽，福不可享尽，便宜不可占尽，聪明不可用尽。”……那“聪明”两字，求之不得，如何说聪明不可用尽？见不尽者，天下之事；读不尽者，天下之书；参不尽者，天下之理。宁可懵懂而聪明，不可聪明而懵懂。如今且说一个人，古来第一聪明的。他聪明一世，懵懂一时，留下花锦般一段话文，传与后生小子、恃才夸己的看样。那第一聪明的是谁？①

这是冯梦龙一篇小说的开篇。他像是面对“听书”的人，以一席自问自答的谈论，在说明“所以然”的同时设置悬念，引出故事；由于所问一反固有观念、出人意料，所答又在情理之中、让人恍然大悟，的确能够将听书人带入非听个究竟不可的专注境界。

另一例出于凌蒙初的小说：

诗云：世事莫有成心，成心专会认错。任是大贤大圣，也要当着不着。……为甚么说个不可有成心？只为人心最灵，专是那虚空才有公道。一点成心入在肚里，把好歹多认错了。就是圣贤，也要偏执起来，自以为是，却不知事体竟不是

① 冯梦龙：《警世通言·王安石三难苏学士》。

这样的。道学的正派，莫如朱文公晦翁，读书的人那一个不尊奉他？岂不是个大贤？只为成心上边，也曾断错了事。①

"成心"即"成见"，或者先入为主的主观主义看法；"虚空"是"成心"的对应词，即不带任何成见看事情、想问题。这一开篇也借设问发议论，以议论带出了朱熹断错案的故事，它的引人魅力来自抓住了当时社会思潮的症结，在"太岁头上动土"。议论本身则既具有引言、点题的作用，也可以看作是对这个理学大师、"道学家"班头的讥刺。可见，谈话体作为文章或话语体式，运用范围可以遍及一切以说听为传授手段的领域。

在现代广播、电视领域里，谈话体式同样既可以用来阐述对于事物的见解，也可以用来叙述事实、描绘人物。而谈话体评论作为专用概念，则专指以谈话方式阐述对于事物看法的评论形式，是谈话体文章或话语形式之一。如果把谈话体评论与谈话体文章、话语等同起来，其结果不是抹煞谈话体评论的特殊性，便是窄化谈话体式的多种多样的表现功能。

谈话体评论的实质

对于谈话体评论来说，谈话的方式只是它的表现形式，而其实质则在于以完全平等的态度、口吻面向受众论事说理。

任何谈话，不论在什么场合、为什么目的的谈话，也不论直接说还是先写后说的谈话，都需要具备两个条件：一个是要有说的人和听的人。没有说的人当然无所谓"话"，说的人心目中没有听话的人则等于自说自话——可见，说、听双方缺乏任何一方都不成其为"谈话"。另一个是说的人和听的人之间，形成某种确定的

① 凌蒙初：《二刻拍案惊奇·硬勘案大儒争闲气，甘受刑侠女著芳名》。

社会关系。用朱光潜先生的话说就是:“话必须是由具有一定身份的人说的,说给具有一定身份的人听的”①。双方关系不明确,谈话的内容和方式不适合说、听双方的身份,谈话就难以得当、得体。常说“话不投机半句多”,不看对象尽讲些“放之四海而皆准”的套话,这样的谈话怎么可能收到预期的效果呢?

谈话体评论也不例外,只是它的谈话条件是由媒介性质决定的。广播、电视面向社会公众,与公众的关系是目标一致、休戚与共的同志关系、朋友关系。正是这种面向公众的“公共”性质,决定谈话体评论不论谈论什么问题,是正面阐述某种见解还是批评某种倾向,都只能以“处于完全平等的地位的态度”②面向听众、观众,而不能用居高临下、颐指气使的口吻说话。例如:

> 说起语言美,也许有些社员会觉得,这跟咱庄户人关系不大。我就听到这样一种说法:“唉,咱整天价跟石头土块儿打交道,想说什么就说什么,管它什么语言美不美呀!”在他看来,讲究语言美,那只是城里人或干部们的事儿,跟自己不沾边儿。真的是这样吗?其实不然。依我看哪,语言美不美,跟咱们庄户人不仅有关系,而且有很要紧的关系。你要是不相信,就听我先举个例子说说。③

这段话实际上是批评轻视语言美的倾向,却可以让人心悦诚服、毫不勉强地听下去,这就是以“信不信由你”这种平等态度说理的效果。下面这席话效果就截然不同了:

---

① 朱光潜:《漫谈说理文》,《怎样写学术论文》,北京大学出版社1981年版,第40页。
② 毛泽东:《在中国共产党全国宣传工作会议上的讲话》,《毛泽东著作选读(甲种本)》,第375页。
③ 马德:《庄户人也要讲究语言美》,本文摘要见本书末附录。

各行各业的同志们！我们应当从中吸取哪些应有的教训呢？……杜绝漏洞，事不宜迟。同志，为了保护国家资财，睁开你警惕的眼睛吧！

这是一则就某个单位发生的特大失窃案而播发的广播谈话的结束语。道理不能说不对，话语也"激动不已"，听来却不是味道；这种大家都打瞌睡、唯我独醒的口吻，谁能消受得了。所以，说听双方目标一致、地位平等，这才是谈话体评论的核心特点或实质所在。如果不摆正与受众的关系，真正把受众当作地位平等的谈话伙伴，即使挂着"谈话"的牌子、言必称"朋友""同志"，即使语言通俗易懂，恐怕也只能是有名无实的"绣花枕头"。

"类交流"：谈话体评论的灵魂

从表现形式上说，谈话体评论是一种模拟日常谈话的评论形式。在日常谈话中，说、听双方面对面，互相听言察色，当时当场就可以感受到对方的思想和情感，并作出相应的反应。而谈话体评论是在广播、电视传播条件下的谈话，说、听双方不在同一场合，这种空间距离使双方无法进行即时的直接交流，而只能由说话的一方借助某种中介，创造类似双方交谈、交流的语言环境，即前面所说的模拟语境。其中的交流感，不同于日常交谈中的直接交流，所以称之为"类交流"。例如：

要说养猪没账算，人家好多户还不同意呢！就说杏山乡养猪专业户刘惠民吧，他这两年就是靠养猪发的财。他有5头母猪，一年卖90来个猪(仔)，20多口肥猪，纯收入都在5000元以上。刘家馆乡勿兰村有个张仁，人家养猪很有道。他先办了个酒厂，用酒糟喂猪，成本就花不了俩钱。这两个例子说明：养猪要想有账算，一是得多养，反正一只羊也是赶，两只羊也是放；再就是得会养，想方设法降低本钱。

专业户养猪有利可图，一般户养猪有没有账算呢？有哇！现在各家各户都有承包地。俗话说："种地不攒粪，等于瞎胡混。"一头猪就是一座小型化肥厂，猪多肥多粮多嘛！一家养个三五头猪，底肥问题就解决了，地还会越种越肥。胜利乡差不多一人一猪，全乡每年少买化肥近千吨，省四万块钱。这还不说，谁家没点泔水，不养猪就得扔，多可惜呀！[1]

这里的"类交流"，除了话题紧扣农民的疑虑以外，还得益于心平气和的谈话气氛，顺乎农民思路的说理，以及运用农民熟悉的事例和语言等因素。这些因素起着促成"类交流"的作用；它们结合在一起，可以让听众产生这样的感受：仿佛是掰着手指头帮他们算养猪收益账，回答他们的一个个疑问似的。

"类交流"是谈话体评论的灵魂，是它的引人魅力之所在。任何一个话题，一旦形成"类交流"，就带有双向的色彩，就可以唤起受众的参与感，促使受众进入主动接收、主动思考的状态。从这个意义上说，凡是具有"类交流"特点的评论，不论它是以什么名义播出，都可以称之为谈话体评论。

"类交流"离不开交流中介。至于调动哪些交流中介，则没有一定之规，尽可以"八仙过海"。说养猪，模拟"掰着指头算养猪账"；讲语言美，交代言者随意、听者"绞汁"的场合、背景；而冯梦龙、凌蒙初则以设问吊人胃口、引起悬念……，可见交流中介多种多样、形形色色，只要有利于创造"类交流"语境，无所不可。如果说有什么规矩，那就是得体、得当，或苏轼所说的"行于所当行，止

① 《致富路上说养猪》，全文见《新闻评论作品选》，第111－112页。

于不可不止”[①]，也就是既符合受众的需求和接收心理，也与话题性质、文本整体基调保持一致。

谈话体评论的写作要领

围绕形成“类交流”这一核心特点，谈话体评论在包括写作和制作、播出的过程中，看来需要着重把握以下要求：

（一）坚持面向听话人

无论说理还是叙事，都时时想到听话人就在跟前，想到他们的需求和可能的反应，用他们熟悉的材料、习惯的语言回应他们的需求或疑问，引发他们的共鸣。这是能否形成思想情感交流的前提。

（二）用商量的态度、口吻说理

把听众视为交谈的一方，与他们一起议论事情、讨论问题，包括用允许人家怀疑、反驳的口吻说理。如前面例子中的“你要是不相信，就听我先举个例子说说。”这种“信不信由你”的态度，无疑比那种生怕人家不相信，甚至不惜强加于人的说理态度，更能引发听众的收听兴趣和联想、思考。

（三）讲究铺垫、过渡

“类交流”需要一定的交流中介，铺垫、过渡是建立交流中介的必要外部条件。《庄户人也要讲究语言美》在分析一对年轻夫妻因一句话引起的争吵时，有这样一段话：

> 其实，他也是顺口这么说的。可是说话的无意，听话的有心，妻子本来满心想让丈夫吃顿顺口饭，谁想他却不冷不

① 《答谢民师书》。

热地冒了这么一句[①]，当然不高兴了，也就来个不客气说："哼，好心当成驴肝肺，早知道你这样，我还不如把油糕喂了猫呢。"得，这么一说，丈夫可受不了啦，俩人就你一句我一句地吵起来了。瞧瞧，就因为他们俩说话都不注意方式方法，不讲究语言美，结果是一顿好饭惹了两肚子气。

在这里，"说话的无意，听话的有心"和"得"、"瞧瞧"之类的语气词，既是自然的铺垫、过渡，也发挥了增强谈话交流感的中介作用。

（四）创造和谐的谈话气氛

不同话题的谈话，尽可以营造不同的谈话氛围，如或是严肃庄重、或是轻松风趣，或是热情、或是冷静，但都要讲究整体和谐。所谓和谐，一是与话题的性质、与受众同话题的关系协调；二是整篇谈话前后协调一致。常说"听话听声，锣鼓听音"，这个"声"就是谈话的整体氛围、内在气氛，它对于谈话效果的影响是不可忽视的。

上面讲的这些要求，其实都围绕一个目标：为谈话体评论营造一个如同与受众面对面交换看法、促膝谈心的模拟语境，赋予评论以类似双向交流的品格。这是这种评论形式的魅力之所在，也是它的潜在生命力的重要支点。

分析性谈话节目

1990年代以后，"广播谈话"逐渐销声匿迹，电视中类似"东方

---

① 即"怎么又吃这个？"。前、后文为"这一天哪，她丈夫干的是割麦子的活儿，干了一上午，是又热又渴。中午回来，他一心只想吃点稀的、汤的。一看又是油糕，就说：'怎么又吃这个？'妻子说：'你不是说油糕最好吃吗？'丈夫说：'好吃也不能天天吃这个呀，你这不是存心整我吗？'"

时空·面对面”的那种带有谈话色彩的主持人评论[①]也已罕见。不过，以谈话的方式表达政论性内容的话语形式并没有消失，而是同日益兴盛的广播、电视谈话节目结合起来，逐渐从文体向节目形式转化，开始在一个更为广阔的平台上驰骋，继续以“类交流”的特点吸引受众，发挥着引导社会舆论的作用。对于这种依托谈话节目的广播、电视评论形式，目前尚没有大家认同的称谓，这里姑且称之为“分析性谈话节目”。

与谈话节目的关系　正如掌握谈话体评论需要弄清它同谈话文体（语体）的关系一样，确切界定、能动掌握分析性谈话节目，也需要同时理顺它同谈话节目类型的关系。

顾名思义，谈话节目是以谈话的方式面向受众的节目类型。近些年来，这类节目越来越多，几乎遍及所有广播频率和电视频道。在新闻频率、频道中，既有以提供具体事实为主的叙事性谈话节目，也有侧重于阐述事物发展变化因由、揭示其内在实质的分析性谈话节目；而在其他频率、频道中，则有旨在普及科学、文化知识的知识性谈话节目，以及提供欣赏、娱乐的谈话节目。如此等等，表明谈话节目已经发育成为一种可以表现不同内容的节目类型。如果按内容取向划分，谈话节目至少涵盖着叙事性、分析性、知识性、娱乐性等子类型。

不过，这些按内容性质划分的谈话节目，却又围绕着谈话的表现形成了某些共同的制播要求。就播出情况看，这些要求大致可以归纳为：(1)除设置主持人以外，还有数量不等的嘉宾或受众代表参与谈话；(2)谈话参与者在预设的场合——演播室或其他

---

① 参见本章第一节“电视主持人评论”。

场合,以一定的“角色”和相应的方式交谈;(3)主持人同嘉宾交谈,主持人、嘉宾同受众代表交谈,形成双向或多向谈话格局;(4)这种由预定的参与人在预设场合的交谈,属于面对面的直接交流(听众、观众有时也可以通过手机远距离参与);(5)这种直接交谈,同时又是同接收机前受众(下称“场外受众”)交流的“中介”,从而赋予节目以类似谈话体文章或话语的那种“类交流”特点。以上这些制播要求的总和,构成了各种具体谈话节目的共性,同时又是谈话节目区别于其他节目、区别于谈话体文章的个性特征。

分析性谈话节目的“分析性”,主要指这类节目侧重于分析事物的来龙去脉、内在蕴含,阐述如何认识、对待有关事物等问题。这一特定内容取向,既把这种节目同谈话体评论联系起来,又同其他谈话节目区别开来;而作为谈话节目的子类型,则因为必须遵循谈话节目的共同制播要求,又同谈话体评论有明显的区别。也就是说,分析性谈话节目如同其他节目一样,有它自己的内容和形式的规定性。因此,根据内容与形式统一的原则,这种节目大致可以这样界定:

> 以谈话参与者双方或多方交谈的方式,面向社会公众分析阐述对于新闻事件、社会问题或社会现象看法的节目类型。

也就是说,分析性谈话节目既是谈话节目的一个子类型,又是谈话体评论在谈话节目“平台”上的延伸,或节目化了的谈话体评论;在每次节目的策划和制播过程中,同时受内容和形式的规定性制约,需要始终坚持分析性的内容取向和谈话方式的共同要求。

若干问题的探讨　分析性谈话节目怎样从自身内容的特定性质出发体现谈话节目的共性，或者说怎样调动各种谈话方式为表现分析性内容服务呢？限于自身见闻，也由于这种节目仍在迅速发展变化，这里仅能提出若干节目策划、制播过程中较常遇到的问题，间或讲点参考意见。

兼容意味着什么？目前新闻传播领域的谈话节目，多数在保持节目定位的同时，兼容叙事性、分析性乃至知识性的内容。如果说明确定位是节目保持自身风格特点、赢得稳定受众群的基础，兼容非定位内容恐怕主要是基于扩大节目取材范围、满足受众不同需求的考虑。但这种现象却也可能增添确切理解和把握这类节目的困难，甚至导致或因兼容而抹煞叙事性、分析性谈话节目之间的区别，或以节目定位否认兼容的可能性。所以，正确理解和处理这种现象，就成为能动驾驭谈话节目，尤其是分析性谈话节目的重要前提。

就节目实践看，所谓兼容，主要有两种表现：

——两层定位的内容兼容。这里所说的“两层定位”，即一档节目和一次具体节目的定位；“兼容”则指一档节目中的具体节目，分别以叙事性或分析性为各自的内容定位。且举两例：

例一，“央视”《新闻会客厅》。这档节目的内容定位为“关注国内外重大新闻事件”，形式定位为“会见新闻当事人”，尤其是关注度很高的新闻事件中的当事人，[①]也就是定位为叙事性谈话节目。而在日常播出中，却时有侧重于分析性内容，《决策者说 · 专访国家审计署审计长李金华》[②]就是比较典型的一例。

---

① 据CCTV网《〈新闻会客厅〉简介》。

② 中央电视台2005年12月30日播出。

例二,“中广”的《今日论坛》。这档节目以“评论阵地”定位,强调节目力求“新闻事件立体化,政策解读平民化”,“以访谈或讨论的形式邀请权威人士解析政策,发表言论”①。而在实际播出的节目中,却又不时有以叙事为主的节目,如《留学低龄化现象聚焦》这组分析性谈话的第一次节目,主要介绍一位低龄留学生在英国的经历,②其实是一次不折不扣的叙事性谈话节目。

在这两个例子中,整档节目都有明确的定位,而具体节目的定位则依本次节目的话题性质而异,从而形成了一档节目兼容叙事性、分析性等不同内容性质具体节目的现象。面对这种现象,究竟怎样辨别节目的属性呢?是根据整档节目的定位,分别归入叙事性、分析性节目,还是按具体节目作相反的归类呢?乍看都无不可,却又都可能导致整档节目和具体节目两相背离的误解。也许正是考虑到这一点,所以《新闻会客厅》在专访李金华的节目中,一开始就特别强调这期节目属于《新闻会客厅》中的“决策者说”栏目,暗示“决策者”本人也是新闻人物,他的见解一旦公之于众自然也是客观存在的“事实”;这样,把分析性话题纳入叙事性谈话节目之中也就顺理成章了。而“中广”则在介绍那位低龄留学生的经历之后,预告这组分析性谈话节目的后续安排,③从而把这期侧重于叙事的节目同整个分析性话题糅为一体。

---

① 据中广网《今日论坛》简介。

② 这组节目自 2003 年 12 月 29 日至 2004 年 1 月 6 日在《今日论坛》、《新闻纵横》、《新闻观潮》节目播出。

③ 预告内容如下:“中国孩子的人生之路是否因留学而离成才更近?出国之后孩子的学习、生活将面对怎样的压力和诱惑?对留学低龄化的现象如何理智面对?中央人民广播电台新闻评论部 1 月 1 日起早 7 点《新闻纵横》、晚 7 点《今日论坛》(晚间版)、晚 9 点 10 分直播互动节目《新闻观潮》、1 月 3 日早上 6 点 05 分《中国调查》四档节目共同推出《留学低龄化现象聚焦》。”

从这两个例子中大致可以窥见，这类兼容究竟会不会干扰、破坏节目两层定位的主从关系，取决于是否提供必要的条件。这个条件，就是在两层定位之间建立可靠的联系，使乍看像是背离整档节目定位的具体节目，顺理成章地成为整档节目的有机组成部分。就这两个例子说，经过这样处理，不是既可以收到扩大节目的取材范围、满足受众不同需求的效果，又保持两层节目定位之间固有的统属关系吗？至于怎样提供这种条件，则尽可以调动一切恰当的方式方法。

——具体节目表现手段的兼容。主要指在叙事性节目中兼用分析手段，在分析性节目中兼用叙事手段。谈话节目参与人多，他们各有不同身份、不同角色，运用不同的手段表现内容，可以说是自然甚至是必然的事情。唯其如此，为避免盲目性，更需要明确恰当运用表现手段的原则和要求，尤其是两个基本原则，即：(1)从本次节目的定位出发，服从于充分、得体表现内容的需要；(2)明确主从关系，围绕主要手段调动兼用手段。

就分析性谈话节目而言，既然以分析、阐述事物的内在蕴含或揭示其本质定位，逻辑分析方法（包括引证、推理、议论等等）自然是占据主导地位的手段。它的叙事，目的不在于还原事物的本来面目，而在于为分析事物提供有血有肉的事实依据。这意味着这类节目中的叙事仅仅是一种配合分析的辅助手段；即使是不可或缺的手段，即使占据主要篇幅（节目时间），也需要围绕节目定位和遵循逻辑分析规则来组织。也就是说，究竟调动什么事实，如何剪裁材料，如何叙述，以是否有利于中肯揭示特定事物的内在蕴含、增强分析的说服力为转移。这乍看像是一种限制，其实恰恰为有效运用叙事手段开辟了广阔的空间。比如运用什么事实？只要有利于分析，古今中外无所不可，选择范围显然比叙事性节目中的叙事广阔得多。剪裁事实也可以根据分析的需要，或存头，或留尾，或掐头去尾用中段，未必都要像叙事节目那样原原本本展现事实。至于由谁来叙述，如何叙述，用什么方式提供给公众，只要得体也无所不可。例如，下面这一片段：

> 2003 年 6 月 25 日，刚刚连任审计长的李金华，代表国务院向全国人大常委会提交了 2002 年度中央预算执行和其他财政收支情况的审计报告，报告中一大批中央部委的违法违规问题曝光，被点名的有财政部、原国家计委、教育部、民政部、水利部、交通部等，报告在用词上也不再像以前那样含糊和温和，而是代以“疏于管理”、“问题严重”的字眼，当天，报告在审计署官方网站上全文公开，引起社会强烈反响，被媒体称为“审计风暴”。
>
> 一年后，也就是 2004 年 6 月 23 日，审计署向全国人大常委会提交的报告，又有多家中央部委因虚报、挪用预算资金的违规事实，被列入“审计清单”①。

这一以无名氏的“画外音”播出的片段，概括叙述过去一年多的审计情况，话语不多，却起了既为整个话题提供背景、又同前面主持人提出的问题②相呼应的双重作用。这样叙事，看来是根据上述两个原则设计。反之，如果为叙事而叙事，片面强调叙事完整性，或一味“炒”情节、细节，恐怕未必能够收到这种效果。

恰当把握这两种兼容，关系谈话节目的全局。前一种兼容关系对节目的认知，处理是否得当，主要取决于是否善于提供维系

① 《决策者说·专访国家审计署审计长李金华》。
② 主持人提问：“……您为什么希望“风暴”这个词少用一点？”

两层节目定位间正确关系的“条件”。后一种兼容，直接影响节目的播出效果，对于分析性谈话节目尤为明显。这是因为这种节目如果离开叙事，分析就可能因失却事实性论据而削弱说服力，受众也可能因此而感到味同嚼蜡或难以完全理解。但如果漫无节制地叙事，则可能干扰节目定位，涣散节目结构，同样难以收到预期的效果。所以，坚持上述两个基本原则，恰当运用叙事手段，无疑是关系这种节目得失成败的决定因素之一。

角色间的关系：主从？互动？分析性谈话节目的参与人，除主持人以外，还有一位或多位嘉宾，以及数量不等的受众代表。他们虽然都有一定的社会身份，但在节目中却是以表达特定内容的“角色”出现在社会公众的面前的。比如，应邀的嘉宾原来的身份可能是学者、专家或党政干部，一旦进入节目即转化为同公众探讨有关问题的“分析者”；受众代表可能来自不同的社会阶层，有不同的职业、阅历等，而在演播室受众席上则都是受众代表，他们的提问或反应，除表达自身的感受外，也需要适当反映场外受众的可能感受，实际上起着为主持人、嘉宾提供“模拟对象”的作用。总之，谈话参与者间的关系，是以“角色”而不是以社会身份出现在公众面前的。

那么，究竟怎样把握主持人、嘉宾—分析者、受众代表间的关系呢？

按照节目策划的一般原理，主持人（包括特约主持人）代表媒介，负责协调嘉宾和受众代表的话语活动，掌握本次节目制播的全过程，当然处于主导地位。不过，嘉宾作为分析者，肩负着体现节目实质内容的任务，他或他们的话语既回应主持人提出的问题，又面向场内、外的受众，实际上主导着内容的表达；而场内受众代表，当他们提问或作出反应时，又何尝不拥有一定的主导权呢？这当然不是否认角色间的主从关系，而是说这种关系其实是在节目制播的流程中形成并具体体现的。且看下面这一片段（引文中的序号为引者所加）：

①白岩松（主持人）：可是我们看看，比如说通过审计署的网站出来的结果是什么样的，希望加强预算管理部门的是排第一位，排第二位（引者按：据上下文的意思，这句似应为“结果却排在第二位”），是 29.45%；执行部门排第三位，26.54%；国有金融机构 7%点多，国有企业是 3%点多；领导干部的责任反而是 33.18%，您怎么看待这个结果？

②李金华（嘉宾）：这也说明了大家现在希望更多地对领导干部的经济责任进行这方面的监督和评估，这也是符合当前整个社会的一种希望和要求，实际上大家不知道，或者不是很清楚，对领导干部经济责任的审计，划分为三种情况：一部分情况就是对财政的审计，审计它的预算情况执行怎么样；第二种情况是对金融机构的审计，因为有的领导干部是银行行长；第三个实际上是对国有企业审计，有的领导干部是国有企业的领导人。所以审计局审计，实际上审计领导干部经济责任是审计国有企业，所以领导干部的经济责任审计实际上是财政财务收支审计的人格化，就是我对你财政财务进行审计；审计了以后，把它落实到具体人的责任上，不能是割裂开的。

③白岩松：其实可以说是百分之百，因为审哪个部门从某些角度来说，如果出现问题，领导要承担责任。

在这一片段中①是提出问题；②是回答，即对问题作相应的分析；

③是承接，即接过嘉宾的话头，强调其中的重点。在这一过程中，谈话双方形成了主持人→嘉宾→主持人，也就是前后互为主从的互动关系。

主持人、嘉宾同受众代表在节目流程中，其实也是互为主从的。不过这两个"互为主从"，经常以主持人引出话题——>嘉宾据话题面向受众作相应分析——>受众代表或主持人作出某种回应或继续提问——>嘉宾再作相应的解答等方式相互交错，构成了往复循环的格局。例如：

白岩松：现场观众可以对您关心的问题向审计长提问。

……

观众：每年审计署都能够查出很多问题，有的人兴奋，有的人挺灰心的，想问一下您有没有这种感觉？

白岩松：这个女孩的意思我理解，她是说年年都能查出来问题，有人兴奋，有问题就查出来；有人灰心，怎么年年都能查出问题来？

李金华：年年审年年犯，这个事情我倒觉得没有什么奇怪的。为什么讲没有什么奇怪呢？改革这么一个大时期，不可能不出问题，我们能把这个问题发现了，而且去及时地纠正它，我觉得这是一个好事情。而且很多问题不是通过一次、两次发现，纠正了就杜绝了，是不可能的事情，好多问题要不断解决。举个很简单的例子，经济犯罪问题，社会治安问题，刑事犯罪问题，计划生育问题，很多问题讲了多少年了，还在不停地讲，不停地做，随着这些问题不断地揭露，不断地纠正，不断地加强法制建设，不断加强整改，情况越来越好，给予我们信心的在于情况越来越好，这是信心所在。

将上述这两个例子联系起来，三者之间的关系大致可以用下图表示：

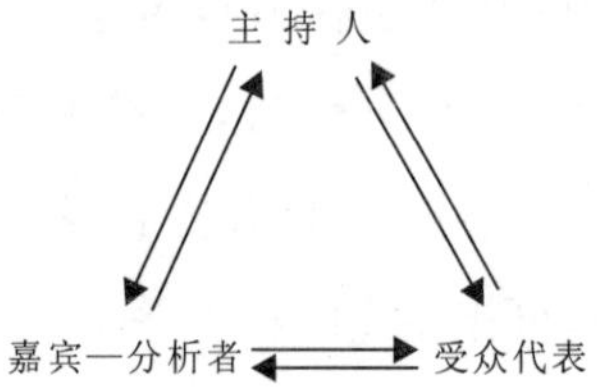

由此可见，在一次节目中，主持人、嘉宾、受众代表都处于既是“主”又是“从”的位置。至于何时为“主”，何时为“从”，则因表现内容的需要和节目制播流程中提供的具体条件（主要是话语环境）而异。也就是说，三者之间的主从关系，既非绝对、也非恒定，而是在上述条件下形成并呈现于公众面前的。在这个意义上，所谓角色间的主从关系，实质是双向或多向的互动关系。这乍看像是否认角色间的主从关系，其实恰恰相反，分清整体和各个环节诸角色孰主孰从，仍然是能否实现良性互动的基础。如果主从不分，大家都以主角自居，各说各的话，那就无所谓互动，结果恐怕不仅是丧失各自可以享有的主导权，节目也势将沦为一盘散沙，甚至给人以“风马牛”的感觉。

谁来协调？角色间的良性互动不是自然实现的，而是自觉协调的结果。因此，在明确角色主从关系及其实质之后，有必要进而探讨谁来协调、如何协调的问题。

谁来协调呢？一般的说，主持人作为媒介的代表，负有体现节目意图、实现预期目标的责任，当然是贯穿节目全过程的整体协调人。这不必多说，需要琢磨的倒是嘉宾、受众代表是否也能够发挥协调作用。且看一个实例：

观众：……我是来自中央财经大学的，我叫××。

李金华：都是我的校友。

这句“套近乎”的话，是否含有提醒提问人放松些的意思呢？如果是，恐怕就是一种让对方觉察不到的协调。紧接着，这位观众提问：

> 每年审计署都能够查出很多问题，有的人兴奋，有的人挺灰心的，想问一下您有没有这种感觉？

观众的提问，等于给嘉宾限定分析范围，其实也是一种协调；就这个问题看，由于反映了社会舆论，嘉宾也作了相当有针对性的回答，双方堪称进入了积极协调的境界。虽然这只是一个个例，但如果据此认为节目中的各种角色都负有相互协调的责任，都可以发挥各自的协调作用，也许不至于牵强或武断吧？其实，角色互为主从或互动关系，本身就包含着相互协调；没有协调，哪来互动？没有从各自角色出发的自觉协调，又哪来良性的互动？当然也有区别，这主要表现为：主持人的协调贯穿于节目的始终，属于全局性协调；嘉宾、受众代表的协调作用，体现在具体交谈的过程中，带有局部的性质。

至于如何协调，具体方式方法多不胜举。如主持人在通称为“串连”的过程中，就既可以通过提问、提示、归纳、引申等语言手段，在交谈者之间铺路搭桥，促使话题有序展开、逐步深入；也可以插入预先录制的音像片段，或与现场记者连线，为交谈双方提供背景材料或最新动态，激发他们的思路。嘉宾和受众代表除不便于利用音像材料外，也同样可以调动类似的语言手段。所以，能否实现有效协调、增强角色间的良性互动，关键看来不在于方式方法，而在于自觉坚持某些在实践中形成的规律性认识，尤其是以下几项堪称“准则”的认识：

（1）精心做好“先协调”。“先协调”，指进入节目制播现场前的协调，主要是让所有谈话参与者明确本次节目的预期目标、各自的“角色”及相应的要求，组建目标一致、分工明确的节目制播群体。这是主持人责无旁贷的任务；做好这一环节的工作，为制播现场的协调奠定基础，往往可以收到事半功倍的效果。

（2）一切从体现节目定位、表现内容的需要出发。这是临场协调的每一个环节，特别是把握协调时机、调动协调手段时需要坚持的原则。如果稍有背离，就可能出现协调不适时、不得体之类的现象，甚至蜕化为“指手画脚”。

（3）时刻为场外受众着想。协调虽然主要是协调角色间的话语，但这些话语却是面向场外受众的，其效果终究要由他们的理解程度和反应来检验。所以，无论主持人、嘉宾或受众代表，无论是提出问题、解答问题或做出反应，都需要同时考虑场外受众的关注重点、疑难所在、理解能力等等。

当然还有其他“准则”，但以上这三条可以说是检验协调能否收到预期效果的基本准则。

再说“类交流”　关于“类交流”，前面已有所阐述。[①] 这里仅结合分析性谈话节目的特点，就两个直接影响节目社会效果的问题略作补充。

其一，增强“类交流”意识。相对于谈话体评论和其他谈话节目而言，分析性谈话节目有两个明显特点：一是以主持人、嘉宾、受众代表之间的交谈表现内容；二是角色间的交谈通常着眼于表

---

① 参见本节“类交流：谈话体评论的灵魂”的阐述。

达自己的见解,不仅抽象程度较高,而且带有相当浓厚的主观色彩。前者在特定场合(如演播室等)"当面锣对当面鼓"直接交谈,有利于内容的拓展和深入,增强节目的表现优势;但也可能因此而误以为这就是同场外受众的交谈。同谈话体评论稍做比较,不难明白这种误解的后果。谈话体评论由于本身没有直接的交谈对象,一般比较注意借助某种中介营构类似同场外受众交谈的"类交流"语境,让受众易于理解、乐于接受其中的见解;这类节目则可能因误解而淡化"类交流"意识,置场外受众的需求和感受于不顾,从而增加抽象内容的理解难度,或因角色沉浸于"各抒己见"而让场外受众陷于"莫衷一是"的境地。实践中时有这种现象:角色谈得兴高采烈,场外受众却一头雾水。究其原因,症结恐怕就在这里。正因为如此,增强"类交流"意识、消除认识误区(其实是一个问题的两个方面),既是这类节目营构"类交流"语境必要前提,也是将节目的表现优势转化为实际的传播优势、传播效果的基本保证。

其二,致力于语境转换。节目中角色间的交谈,根本目的在于面向场外受众表达特定内容,理所当然地承担着既表现内容、又作为同场外受众交流的"中介"这两种功能。不过,后一种功能一般处于潜在状态,能否付诸节目实践,在很大程度上取决于交谈者"类交流"意识的强弱。所以,由于"类交流"意识相对薄弱,实践中有些节目的角色间交谈,仍然单纯着眼于表现内容;其交谈架构基本上是封闭式的,即多局限于角色间的交谈、交流,而很少顾及同场外受众的间接交谈、交流。所谓语境转换,就是针对这种现象强调的,主要指将封闭式的直接交流语境转换为同时顾及与场外受众间接交流的语境。这当然不是否定角色间的直接交谈、交流，而是说最终要落脚于同场外受众的交谈、交流，即以便于场外受众理解、能够引发他们共鸣，乃至进入思考和联想状态为最终的目标。这样，只有这样，角色间交谈才能结出预期社会效应的硕果。

怎样实现语境转换呢？从这类节目的播出情况看，通常只要角色在交谈过程中，从剪裁组织材料到遣词用语都既服从表现内容的需要，也顾及场外受众的需求和感受，就可以在一定程度上实现这种转换，而未必需要像谈话体评论那样诉诸有形的“中介”因素。上面所举的那位受众代表对李金华的提问，不是因为问题反映了社会公众的疑虑，从而不显山、不露水地赋予提问和相应的回答以某种“类交流”的色彩吗？而主持人对于提问的解释，其实也是面向场外受众的，看来也可以收到帮助他们把握问题的重点、理解回答内容，即促进“类交流”的效果。从这个意义上说，转换语境的关键，还在于自觉坚持前面说的协调角色话语活动的三个准则，特别是“为场外受众着想”的准则。

思考题：

1. 何谓谈话体评论？如何理解它同其他谈话体文章或话语的异同？
2. 何谓“类交流”？为什么说它是谈话体评论的“灵魂”？
3. 为营构“类交流”语境，谈话体评论在写作中应把握哪些要领？
4. 试比较谈话体评论与分析性谈话节目的异同。
5. 说说你对分析性谈话节目角色主从、互动关系的理解。

第三节　广播音响评论

音响评论，又称录音评论，指兼用论述语言和音响表现内容的广播评论形式。这种以运用音响为主要特征的评论，既是广播独特的评论形式，又同口播评论、谈话体评论以及音响报道有着剪不断的联系；既是晚近出现的形式，又迅速普及于各级广播电台，呈现成为广播论坛主角的发展态势。与邻近形式的联系、出现较晚而又迅速普及，这些因素互为作用，一方面为确切认识、能动驾驭和不断完善音响评论提供了丰富资料和可资借鉴的经验，另一方面也提出了不少有待探讨的问题。本节拟通过对这一评论形式发育过程的回顾，就如何恰当处理音响与评论的关系、能动驾驭这一形式，作些认识所及的分析和阐述。

音响评论的发育过程

音响与评论结缘，大约始于1980年代初期。如果按其所运用的音响类型划分，音响评论迄今的发育过程，大致经历了三个阶段。

实况音响阶段　较早的一则运用音响的评论，开篇就是一段录自足球赛观众席上的噪音，然后随着音响由强转弱混播相关的评说：

> 刚才各位听到的，是记者最近在全国足球甲级队联赛沈阳赛区比赛中，从现场录下来的片段音响，不知听后大家有什么感想。在观众席上，一部分观众喧哗、辱骂、吹口哨、鸣放鞭炮，干扰裁判，更有甚者竟往场地抛砖甩石，迫使比赛中

断。这种不正之风引起绝大多数观众的不满……①

这则评论播出时称为“录音评论”。此后不久,另一个电台播出了一则文艺述评,它运用多段再现一场文艺演出情况和现场观众反应的音响,以与论述语言混播的方式播出。下面是其中的一个片段:

最近,广东歌舞团紫罗兰电子轻音乐队在大连举办音乐会。音乐会出现了这样的情景:演出一开始,演员们演出的歌曲生动有力,振奋人心。可是,当一名女中音歌唱演员在舞台上忸怩作态(混播现场歌唱音响),用嘶哑的声调演唱时,诱发了少数观众寻求感官刺激的心理,剧场顿时乱了起来。(音响,从舞台音响转入观众席噪声,由强转弱,混播)现在大家听到的,就是现场录下的实况……②

这两则评论所运用的音响,都是录自新闻事件现场的实况音响,在一定程度上再现了现场的情景和气氛。不过,更值得重视的是这些音响不仅起着引出话题(论题)、支持论述的双重作用,而且以混播的方式同解说或论述语言相衔接,颇具类似夹叙夹议的表现效果。据此可以说,运用实况音响是音响评论初始阶段的主要标志。

访谈音响阶段 此后,随着运用音响的评论日渐增多,音响的取向也由实况音响扩大到访谈音响。这里且举两则较早运用这类音响的评论:

一是《大瓷盘为什么走俏》。这则从大瓷盘走俏的现象切入、抨击公款“吃喝风”屡禁不止的述评,先是引用一商店瓷盘柜组负

---

① 辽宁省台 1982 年播出,据收听录音带。

② 大连市台播出,据收听录音带。

责人的谈话：

> 特别是一尺二的、一尺四的、一尺六的汤盘、平盘，还有鱼盘，都比去年销售得好。光这个一尺二的、一尺四的两种盘子，去年来说，咱们只卖掉了200多个，可今年一下猛增到5000多个。就说那个60块——我们这里有个大盘子，60.78元的那一种，去年只卖掉两个，今年一下猛增到192个。

继而以同样的方式引用一饭店经理的谈话：

> 其实，我们中盘、小盘并不缺，主要是现在上边有规定，不让大吃大喝。可有些单位既想吃喝，又怕违反规定，可用大盘子装呢，装得再多也算一盘。这样呢，他们也好交代，我们呢也合算。所以呢，我们就多买了些大盘。①

这则评论获得全国广播新闻奖特等奖，固然主要由于选择了一个巧妙的切入点——大瓷盘"意外"畅销，但也得益于通过这两段音响凸显"公款吃喝"歪风之盛，为下面的呼吁提供了雄辩有力的事实依据："刹住吃喝风，需要动真格的，否则，加大瓷盘尺寸变着法儿搞吃喝，就难免了。"

另一例是《莫教孩子当"看客"》。这则就一个小学生因揭发邻里有些人赌博而遭父亲痛打的事情发表的评论，运用了一长段采访录音：

> 记者：你觉得赌博对不对？
>
> 小孩：不对，他们玩钱的。
>
> 记者：你检举不怕？

---

① 新疆人民广播电台1988年播出，全文见《新闻评论作品选》，中国广播电视出版社2007年版，第145—146页。

小孩：我不怕，我就是胆子大。

记者：你爸爸、妈妈知道以后表扬你了吗？

小孩：没有，我回家爸爸打了我。

记者：打得很疼吧？

小孩：好疼！

记者：爸爸对你怎么说？

小孩：他叫我今后再莫管这号事了？

记者：挨打以后，你觉得爸爸对不对？

小孩：我觉得爸爸对。

记者：为什么爸爸对？

小孩：他说怕坏人打我。

记者：那下次再碰到这种事，你怎么办？

小孩：那我就不告诉居委会了。

记者：那学校老师叫你管，爸爸、妈妈呢叫你别管，他们到底哪个对？

小孩：爸爸妈妈和老师都对。

记者：都对呀？一个叫你管，一个叫你别管，那你怎么办呢？

小孩：我怎么办……我下次就再不管了。

记者：那你就听爸爸妈妈的，不听老师的了？

小孩：是的。

记者：哦？！

紧接着这段录音，记者阐述自己的看法。他在对家长的做法表示理解的同时指出：

……在他们自己看来，这是一片“爱子之心”。其实，这里面包含了许多自私和怯懦。如果这种爱竟使得“人之初，性本善"的孩子丧失了起码的是非观，面对邪恶甘当一个麻木不仁的"看客"，那还能叫做正确的爱吗？[①]

这两个例子中的音响，其实都是因记者的访问发生的，只是前一例省略了记者的提问。同前两例中的实况音响相比较，访谈音响显然蕴含着更强烈的访谈双方的主观意识，如访问者根据某种需要提问，受访人在回答时也不免多少考虑自身的利害得失，等等。所以，访谈音响进入评论领域，一方面扩大了音响评论的音响获取范围，拓宽了评论音响多样化的途径；另一方面也提出了如何恰当选择、运用音响，尤其是在采录过程中如何恰当处理采访者与受访人的关系、防止"带着观点找音响"或"捡到篮里就是菜"一类的偏差。

访谈音响主导阶段　1980年代末以来，音响评论随着在全国广播新闻奖中获奖比率的增高，普及速度加快，播出数量逐渐增多。1994年秋，"中广"推出《新闻纵横》节目，其中的评论性栏目《今日观察》要求全部由编采人员口播，并大量采用"录音采访"[②]。这个节目播出后好评如潮，并于半年后被评为"中央主要新闻单位名专栏"之一，它的制播模式随之广为各级电台仿效。评奖无疑具有导向意义，"中广"的举措也有不可忽视的示范作用。在这两个因素的共同影响下，此后的音响评论形成了两个引人瞩目发育趋势：一是不仅遍及各级电台，而且日渐成为广播评论的首选形式；二是多数评论作品运用访谈音响，偶尔一用的实况音响则

---

① 湖南长沙市东区广播站1988年播出，引文据《优秀广播稿选与评析（1988年）》，中国广播电视出版社1989年版。

② 《新闻纵横》于1994年10月1日正式播出，原设置《今日观察》、《热线追踪》、《权威论坛》、《警方热线》、《国际风云》等多个栏目；每期节目一般播出两个栏目，《今日观察》每天播出，其余栏目轮换播出。

多录自预发性事件(如会议、集会、节日活动)现场。后一趋势标志着音响评论进入以运用访谈音响为主的阶段。

从以上的简单回顾中可以发现,前两个阶段分别运用实况音响和访谈音响,初步检验不同音响在评论中的表现功能,客观上为音响评论提供了两种可资选择的音响类型。后一阶段面对着两种性质和表现功能有所不同的音响,显然更加重视访谈音响;这大概是由于访谈音响更易于采录,比现场音响更易于保持必要清晰度的缘故。至于这一抉择对于音响评论的持续发展可能产生什么影响,则是一个有待探讨的问题。

"音响"及其表现功能

音响是音响评论区别于其他广播评论的主要标志;能动驾驭和完善这一评论形式,自然需要从全面、科学地理解音响入手。

"音响"的含义 音响成词由来已久。据《汉语大词典》的释义,"音响"的第一义为"声音"[①]。词典举了两个例句:"音响所来,王耳乱不能得听"(《列子·周穆王》);"若不一扣洪钟,伐雷鼓,则不识其音响也"(《世说新语·言语》)。这两个例句表明,音响这个词至少在1600年以前就已经出现了;[②]它的本义是"声音",而且既涵盖人的话语,也涵盖来自大自然和社会生活中的一切声音。

---

① 作为普通语词,《汉语大词典》对"音响"的释义,除本义外,还有两个引申义,即"❷指诗文的声韵效果",如"我听见你吟的什么'不可惙,素心如何天上月',你搁在琴里,觉得音响分外的响亮"(《红楼梦》第89回);"❸犹消息、踪迹",如"张永丢了一女……寻找十几天,不见音响"(《续儿女英雄传》)。参见《汉语大词典》第12卷,汉语大词典出版社1993年版,第657页。

② 《列子》成书时代有争论,即使从张湛的注本算起,"音响"成词也已有1600年以上的历史。

音响成为新闻广播的专业概念，在国内大致是1970年代前后的事情。新闻广播以声音面向听众传播信息；它的声音系统，除传播主体(泛指记者、编辑、主持人、播音员等)用来叙事状物、表情达意的话语以外，还包括被称为“音响”的另一类声音。所以，新闻广播中的“音响”，只是声音的一部分，即相对于主体话语的一种特殊的声音形态。

如果对日常播出的音响报道或音响评论作些具体分析，当不难发现所有播出文本(节目)中音响都具有以下特殊性：(1)借助录音装置、先于文本(包括直播和录播文本)采录的声音；(2)主要用于记录客体(事物或事件)发展变化过程中出现的声音和受访人的话语；(3)一般根据文本的整体需要，以相应的方式穿插于主体话语之间。这三项既是音响同语词中的“音响”和新闻广播中的“声音”相区别的特性，也是新闻广播(包括新闻报道、新闻评论、新闻类谈话节目等)中一切音响必具的共性。据此，大致可以将新闻广播中的“音响”概念界定为：

> 运用于新闻广播播出文本(节目)、旨在反映客体状况、经过预先采录、穿插于主体话语之间的特殊声音形态。

如果这样界定音响概念接近新闻广播的实际，那么从中也许还可以引出以下认识：

——音响记录的声音多种多样，因此存在着不同的分类。目前一般按声音来源分为两大类：实况音响，即于事物或事件发生、发展现场采录的音响；访谈音响，指记录访谈双方而以受访人的话语为主的音响。这两类音响还可以作这样那样的再分类，如或按内容性质分为叙事和议论音响，或按音响本源分为“客体音响”、“环境音响”、“背景音响”[①]等等。

——由于注重记录来自客体的声音和受访人的话语，音响拥有一定的还原或再现功能。如实况音响可以部分还原事物、事件发生发展的某些状态及周边环境，访谈音响可以显现受访人获悉的情况、认知、感受。只要采录、运用得当，就可以或多或少还原人、事、物的本来面貌，增强新闻报道的吸引力或新闻评论的说服力。这种潜在表现优势，正是音响在新闻广播中日趋增多的原动力。

——在可以记录一切实际发生的声音这个意义上，音响的涵盖范围比主体话语广阔。但新闻广播是否运用音响，主要取决于表现内容的需要，以及音响素材自身的素质。这意味着音响事实上只是播出文本的可能组成部分，而非必要成分。如果无视这两个前提条件，一味痴迷于音响，那不仅不是对音响的重视，而且还可能因滥用而削弱乃至断送音响的表现优势。

——音响一旦成为播出文本的组成部分，就同主体话语一起，共同肩负着恰当表现内容的使命。它们共处于同一播出文本中的理想状态，应当是，也只能是成为“弥缝莫见其隙”[②]的有机统一体；它们之间的关系，本质上是相互依存、互为补充的关系。在具体实践中，由于主体话语一般直接体现传播主体对于客体的认识，这种关系通常表现为主体话语占据统率音响的主导地位。当然，音响在一定条件下也可能带动主体话语；至于能否反过来统

① “客体音响”指直接反映事物或新闻事件当前状态的声音；“环境音响”存在于事物或新闻事件所处现场的其他声音；“背景音响”指过去录存的与事物或事件当前状态相关的声音。

② 刘勰：《文心雕龙·论说》。

率主体话语，恐怕只能作为一个问题，留待大家在新闻广播实践中继续尝试和探讨了。

总之，音响作为新闻广播中的一种特殊声音形态，有其特定的内涵、运作规律和相应的要求。

音响的论据功能　新闻广播中音响的表现功能，因体裁或话语形式的性质而异。音响报道中的音响，多用来配合叙述语言再现某些新闻事实，为更加翔实、具体地提供信息和增强报道的公信度、吸引力服务。而音响评论运用音响，则主要着眼于发挥其能够在一定程度上再现事物或还原话语的优势，为阐述话题（论题）和论点、论断提供富于说服力的事实性或理论性论据。也就是说，音响在评论中的表现功能，并非像报道那样注重再现新闻事实本身，而是主要用于增强对话题和论点、论断的论证力度。

不过，话题与论点、论断虽然都表达评论主体的见解，毕竟是不同层次的概念①；音响作为一种表意符号，也有提供事实、见解乃至理论前提的不同类型。这两个因素互为作用，赋予音响论据功能以多种多样的表现形态。这里仅就实践中较为常见的两种形态和相关问题，简单作些介绍和说明：

（一）用于支持论点或论断的形态。这一形态中的音响，通常与论述语言紧密结合在一起，尽可能贴近地为证明或说明特定的论点、论断服务。其中的论述语言既用来解说、补充音响及引申、揭示其深层含义，又具有粘连音响与论点、论断的作用；二者一般

---

① 在新闻评论中，话题、论点、论断都是指称评论主体见解的概念。话题也称论题，这里用来指称评论的选题意图和立论思想，处于统率包括论点、论断在内的全局地位。论点是对于相关事物某种见解的完整的概括，论断则是局部性的概括；所以，所有论点都是论断，论断却不一定都是论点。当特定的论点和论断共处于一则评论时，它们之间形成类似总论点和分论点的关系。

以“音响+论述→论断”或“论断→论述+音响”的方式，组接成相对完整的表意单元。前一种组接方式如：

11月1号，停产一年多的吉粮赛力事达玉米工业有限公司经过资产重组再次开工生产。……负责这个项目四年之久的吉粮集团副总经理宗国富却另有一番感慨：

[音响]再搞项目不要头脑过热。搞项目一定要把前期工作论证充分，要科学，并且市场的一些情况要分析透。带有很大的盲目性，确实会出现“项目之痛”。

这“项目之痛”确实点到了赛力事达的要害。赛力事达玉米工业有限公司是由法国赛力事达公司与我省吉发集团(在)1996年合资兴建的30万吨玉米深加工项目，总投资为19亿元人民币。……人们当初对这一项目寄予厚望。但……项目在六年后实现试生产时，其主要产品——玉米淀粉的市场价格早已一落千丈，生产即亏损，企业没出仨月就告停产。①

在这一片段中，评论以当事人的经验之谈引出具体论断——“确实点到了赛力事达的要害”，同时简要交代了“所以然”。这样处理，既赋予这一特定论断以颇富说服力的依据，又以个例分析为阐述评论的立论(中心思想)——警惕盲目立项的“项目之痛”奠定了基础。后一种组接方式如：

思想一旦发生蜕变，必然导致行为的放纵；权力一旦失去制约，极易滋生腐败。……(姓名略)在剖析“慕马案件”的教训时认为：握有重权的领导干部，必须注意防微杜渐。

---

① 《警惕“项目之痛”》，吉林人民广播电台2003年11月6日播出；全文见《新闻评论作品选》，第127—129页。

[音响]一是要管住自己的手。从“慕马案件”看，这些人无一不是先贪针，再贪银，后贪金。二是要管住身边的人。有相当一部分违法违纪者的配偶、子女利用(领导干部)的权力和影响经商办企业，巧取豪夺。三是慎重交友。不法大款们企图利用手中的钱曲线买权，千方百计靠近领导干部，最终把领导干部拉下水。①

这一片段先给出明确的论断，然后引用说话人的录音具体解释论断，指出防微杜渐的注意重点。

音响与论断的这两种组接方式，本身并无长短之分。运用哪种方式，以能否更好发挥音响的论据功能、有力支持论断和便于听众理解为转移，而不存在什么“一定之规”。

(二)用于引出和阐述话题的形态。与前一形态相比较，这一形态有两个显著特点：一是音响论据多置于评论的开头部分；二是据之引出的中心思想以或“显”或“隐”的方式贯穿于评论的始终。所谓“显”，指从音响中引出明确的特定论断，然后以之统率全文的所有论述。例如：

经济学家、原《经济日报》总编辑艾丰认为，对一个地区，名牌数量并不是衡量经济运行质量的绝对标准。

[音响]我相信比例会继续减少，如果你永远占那么大的比例，我想那不是你青岛的光荣，而是中国的悲哀。……

……经济学家们的观点，让我们想到老虎和羊的关系：老虎，有几只就可以称雄于山林；而羊，即使成群也不足为惧。在对待名牌的问题上，我们更应该要的，是强！是培养

---

① 《“慕马大案”警示录》，辽宁人民广播电台2001年12月20日播出；全文见《新闻评论作品选》，第136—138页。

能够在国际市场纵横驰骋的老虎。[1]

在这一例子中，评论不仅据专家的见解引出“名牌要强”的特定论断，而且拿它作为概括立论思想或总论点的评论标题。

所谓“隐”，指评论虽然没有从具体音响中引出相应的论断，但这些音响实际上却成为连贯全文的主线。且看下面这三段音响：

①平阳县委书记戴祝水向浙江省省长吕祖善汇报工作时说：

我们宁可当一届没有政绩的领导，也要把这个污水治理好！

②吕祖善当即接上话题说：“治理好污水就是最大的政绩！”评论在交代治污情况后，又引用他的讲话录音：

浙江变成什么呢？守得一湖污水，相当(多)地方是垃圾堆满的地方，酸雨全省覆盖。我们这样的增长，浙江绝对不会是山川秀美的地方。发展硬道理必须要发展，我们现在到了必须下大决心研究如何发展的问题，也就是说怎么转变增长方式。

③评论在结尾部分，再次引用戴祝水的一段话：

这是一个艰难的过程，需要相当长一段时间，五年可能还出不了成果，产值还增不上去。我们这一任就是打基础的，出不了政绩的。对污水治理我现在是非常痛苦的，但痛苦是现在治理的过程，但是我为下一任能够打好基础。[2]

---

① 《名牌，要的是强》，青岛广播电台 2001 年 2 月 25 日播出；全文见《新闻评论作品选》，138－140 页。音响中所说的比例减少，指青岛的名牌在全国名牌产品中所占的比例。

② 《治理好污水也是政绩》，浙江人民广播电台 2004 年 12 月 28 日播出；全文见《新闻评论作品选》，第 122－123 页。这则评论共有五段音响，这三段引文前的序号为引者所加。

这三段录自同一汇报会现场的音响都没直接引出特定论点或论断，然而它们却以相反相成（①②）和前后承接（①③）的方式，把三段音响组织成支持评论话题或中心思想的论据链。其中②这一段，在整个论据链中处于承上启下的关键地位，也是评论藉以引出和阐述话题或中心思想的主要依据。也许正是为了凸显这一关节点，评论在引述吕祖善旨在矫正戴祝水说法的论断之后，又引用他的讲话录音，从而形成了一段融引述（说话人的论断）和音响（说话人对自己论断的申述）于一体、颇为特殊的音响论据。

比较一下这两个例子，不难发现音响论据与话题联系的“显”、“隐”两种方式各有长短。显性的方式由音响论据引出概括评论中心思想的论断，便于听众在“听”的条件下确切理解，却也可能有碍听众作由此及彼的联想；而隐性的方式，则有利于激发听众的思考，却不一定能为所有听众完全理解。明确它们各自的长短，在“扬长”的同时着力“补短”，如前一例中的老虎与羊的比喻、后一例中除吕祖善的谈话外还引述其他谈话，[①]看来都可以收到一定的“补短”效果。

（三）正视音响的“不能”。音响如同其他符号一样，在表现内容方面既有“所能”又有“所不能”。而且由于它先记录、后表达，从表达的角度说实际上属于“二次符号”，因而它的“所不能”比其他符号更直接地制约其“所能”的发挥，也更需要正视“所不能”，谨防“强不能为能”的现象。从音响评论的现状看，以下两种“所不能”尤须正视：

---

① 其中包括当时的浙江省委书记习近平在一次会议上的讲话：“发展是硬道理，乱发展没道理，进一步的发展不能再以 GDP 论英雄，而应以科学发展观为指导，不断转变增长方式，促进经济社会协调和谐发展。”

——音响不能表现论点。记录事实发生、发展动态的音响，固然如此；就是记录说话人对于相关事物见解的音响，也只能为论点提供理论性论据，而不能直接表现论点。后一类音响多包含明确的论断，有的甚至还有相当完整的论证过程，其外部形态与评论中的论点、论断的表达方式几乎没有什么区别。它们之所以不能表现论点，主要基于主体的差别，即音响的主体是说话人，而评论的论述主体是媒体或评论作者。音响中的说话人，无论他们以什么社会身份说话，是一般公民还是专家、学者、决策人，都与评论主体判然有别；因此他们所表达的见解无论多么中肯，即使是颠扑不破的系统理论观点，也不过是为评论阐述自己的话题或论点、论断提供有雄辩说服力的论据。这样说决非贬低这类音响自身的认识价值，而恰恰是充分发挥其论据功能。如果混淆两个不同的主体，其结果必将是既削弱乃至断送音响提供理论性论据的功能，也将使评论陷于只有专家、学者怎么说而没有评论主体自己看法的所谓"以引代论"的覆辙。何况音响论据与评论的话题及论点、论断的关系还有同向与异向之分，如果混淆二者的关系，忽视对于异向的论据的必要分析或批驳，则可能导致是非不分之类的严重后果。不妨琢磨琢磨《大瓷盘为什么走俏》中的那段饭店经理的谈话：如果在引用音响之后，适当点出他的唯利是图的"生意经"实际上助长了"公款吃喝风"的实质，是否可以更好地发挥音响的反证作用、揭示此风屡禁不止的一个重要社会因素呢？

——音响不能独立表现论据。音响能够再现伴随事物发生的声音和访谈的话语，却不可能充分表现这些声音或话语发生的特定环境、背景，也未必能够详尽、确切表达相关内容。也就是说，音响再现的其实只是事物或访谈内容的一部分，而不是事物或访谈的“全景”。这就可能影响音响内涵的确定性，从而也限制了音响论据功能。所以，能否充分发挥音响的论据功能，除了提高音响素质之外，还需要善于调动论述语言，恰如其分地交代音响的来源、发生的背景和环境，以及适当解释、揭示它的确切含意。否则听众就未必能够理解音响及其所支持的论断，例如：如果不交代“吉粮赛力事达”的背景，怎么可能让听众充分以理解“项目之痛”“痛”在哪里。如果离开老虎和羊的比喻，又怎能让听众领略艾丰谈话音响的认识意义和论据价值呢。

评论音响的取向及“少而精”原则

在新闻广播中运用音响，经常需要面对如何选择、配置和处理量与质的矛盾等问题，音响评论当然也不例外。而且由于下面将说明的原因，更需要精心处理，否则音响就不仅不能为音响评论增色，还可能坠入“音响陷阱”，使音响评论沦于名不副实的境地。

音响的取向 从音响的表现功能出发做些比较考察，不难发现音响报道中的音响，基于发挥配合主体叙述话语反映或再现事物、事件发展变化的需要，特别注重“进行时”音响，采录范围则侧重于现场和当事人、目击者、知情人。评论中的音响作为论据，主要讲究能不能合乎逻辑地引出话题、雄辩地支持论点或论断，较少受时态和空间的限制。比如，以往录存的音响，跨地域的音响，只要能够发挥上述作用，同样可以成为有价值的音响论据。这本来是一种优势，意味着音响评论可以享有较广阔的取材范围，获取更多的音响素材；但如果忽视评论对音响的特定要求，没有形成明确取向，那就可能导致选择、配置不当，从而影响音响论据功能的发挥，乃至使音响评论不成其为“评论”。下面且比较两个例子。

例一：

在日前的一次会议上，平阳县委书记戴祝水向浙江省省长吕祖善汇报工作时，介绍了该县一年来治理水头镇制革污染的情况。当说到全县经济发展时，列出的一系列数据让人听了大跌眼镜：今年1至9月，平阳县实现GDP70.4亿元，比去年同期仅增长2.8%；财政总收入5.36亿元，比去年下降2.2%，经济增长居全省末位。面对这样的政绩，戴祝水显示了他的勇气：

[音响]我们宁可当一届没有政绩的领导，也要把这个污水治理好！

省长吕祖善当即接上话题说：治理好污水就是最大的政绩！……

在这一例子中，从引言看，音响可以有两种取向：一是取叙述污染情况或让人“大跌眼镜”的音响，那么听众听到的将是一则颇能引人关注的报道；一是现在取向，音响同引述吕祖善的论断相配合，以相反相成的方式构成了引出话题、支持论点的有力论据。

例二：

今年9月18日……媒体上刊登了一则广告，广告用套红美术字标明“9.18是一个开心的日子”。

广告登出以后，一时舆论哗然，百姓震怒，一位姓贾的市民甚至一纸诉状将该公司告上了法庭，谈起为什么要打这一宗表面上看起来与自己没有关系的官司时，原告的代理律师说：

[音响]这则广告我认为，首先是不符合人们公认的道德规范，9.18是日本侵略中国人的日子，人们都知道这是一个国耻日，这个广告伤害了中国人民的民族感情，爱国是每一个人应有的公德。

……几乎所有的市民都认为这个广告是不妥的。

[音响]如果说他记得9.18这样的事件，而打这样的广告词，那么他就太没良心了，因为这个爱国是每个公民都应该有的起码的道德。

[音响]我认为这个广告伤害了我们每个中国人民的民族感情，既然有人主动出来告他，当然我们会支持他。

在强大的社会舆论的压力下，(有关)公司在报纸上刊登声明，公开向市民赔礼道歉，公司的负责人也从中受到了教训。

[音响]我觉得这个事情也应该让我们可以从中得到一个教训，作为商家也不能只顾得自己做生意，也要有一定的社会的责任感，特别是对公众的道德规范应该要自觉地遵守。

这是一则音响评论的片段，包含四段音响。作者显然想藉音响反映社会舆论、把话题建立在坚实的舆论基础上，这一意图当然无可厚非。可是，过犹不及，这样叠床架屋堆砌内容类似的谈话音响，恐怕不免给人仿佛在收听一则音响报道的感觉。虽然紧接着还有多段专家分析话语的音响，但似乎未能改变近似报道的整体状态。

就这两例略加比较，可见评论音响如何选择、配置音响，以能否充分发挥论据功能，有效支持话题和论点、论断为转移。违背这一取向,任何努力都可能落空,甚至导致体裁性质的改变。

坚持“少而精”的原则 近些年来由于“音响热”,类似后一例子那样叠床架屋引用音响的情况并不罕见。因此,对于音响评论来说,除了明确体裁性质决定音响取向外,还需要自觉地抵制音响的诱惑,坚持按“少而精”的原则处理音响的量与质这一对矛盾。

那么,怎样理解和实践“少而精”的原则呢?

——辩证看待两个“量”。音响的“量”,有两个含义:一指音响素材,这个“量”要求“多”,而且“多多益善”;另一个指实际运用于播出文本中的“量”,这个“量”讲求在“精”的前提下尽量“少”,因为多了就可能喧宾夺主、冲淡论点或论断的鲜明性。二者之间的关系,套用成语说,其实就是“十以当一”和“一以当十”的关系,而以前者为基础。素材多了才能对比、才能鉴别,才有选择的余地,才有实现“少而精”的可能;如果没拥有大量的音响素材,运用时捉襟见肘、没有选择的余地,就可能因“少”而不精、失却表现功能,岂不是变成“少而滥”了吗?所以,音响评论的音响取材较少受时态和空间的限制是一大优势,它为“少而精”运用音响提供了坚实的基础。正因为这样,有经验的广播工作者不仅时刻准备采录音响,而且高度重视精心选择、保存音响素材。

——“精”的相对性。“少而精”原则落脚于“精”。这个“精”有“表”与“里”两方面要求:“表”即音响的“外包装”,如清晰度、语言规范程度、音高、节奏等;“里”即音响的内容,主要要求具有强有力的论据表现功能。这两方面虽然都有某些基于经验的不成文“规范”,实际上却经常为实践所突破。这是因为任何音响都是具体存在的,它们本身固然有精粗的分别;但用在播出文本之中,究竟精不精，却以能否充分支持评论的话题或论点、论断为标准。也就是说，具体音响精不精因作品表现内容的需要而异，它的检验标准是相对的，而不是绝对。如上引足球赛观众席上的那段噪音，就音响本身看显然毫无“清晰度”可言，但用在这则批评观众不文明行为的评论中，却收到了既自然引出话题又有力支持论点的双重效果，也许还堪称“精当”。又如《莫教孩子当“看客”》的那一长段访谈音响，就音响本身看，双方问答有条不紊，与论点接合也称得上“榫卯相应”，乍看相当精当；但仔细一推敲，这一记者与儿童之间问答如此条分缕析，是否会让听众产生不无“诱导”、“摆布”的感觉呢？可见音响精不精，虽然从内容到包装都有些不成文的要求，但归根到底要由是否适合文本内容的需求和社会效果来检验。

——求精的关键。音响求“精”虽说是一个由少到多、由多到少的往复过程，但新闻评论讲求“言当其时”，即在听众最需要的时候提供中肯的见解，这个过程其实是相当短暂的。所以，能否实现求精的目标，关键在于评论主体：(1)树立全过程观念，在随时采录、积累音响素材的基础上，作“沙里淘金”式的筛选；(2)树立全局观念，从播出文本的整体需要出发取舍音响，甚至舍得“割爱”那些看似精彩而于话题无补的素材。两相比较，后者更能体现求“精”的自觉性，尤其值得重视。上面所举的《治理污水也是政绩》和批评拿“9.18”做广告这两则评论运用音响的得失，即使不能全部，至少可以部分归因于舍不舍得“割爱”。它们所用的音响可能都是“真金”，可是前者舍得割爱，凸显其中的“高品位”部分，让“真金”焕发了光彩；后者不加取舍地堆砌在一起，其客观效果恐怕就难说了。

不过,“少而精”原则的两个侧面是不可分割的。以上分列三个问题,只是出于说明的方便,希望大家联系起来理解。

论述语言的特殊功能

音响评论同时运用音响和论述语言两种表意符号。论述语言作为评论主体的话语,其实是所有广播评论的共用符号,主要要求以合乎口语传播的方式(如按线性的方式组织内容,以便于口说耳听的话语表达内容,运用直接、简易的逻辑推理方法,等等),有理有据、深入浅出地揭示相关事物的实质,阐述自己(媒体或作者)的见解。但由于同音响共处于一则评论之中,论述语言也肩负着利用适当的语言手段协调两种符号的关系,把它们整合为可以发挥互补效应的有机整体的使命,从而逐渐形成自身的特殊功能。这种特殊功能在实践中主要表现为:

(一)交代音响背景:了解背景是确切理解音响内涵的必要条件,而音响本身却难以有效地提供这个条件,于是交代音响的相关背景成为论述语言一项经常性的任务。从上面引用的具体例子看,论述语言可运用多种多样的方式为确切理解音响提供必要的背景材料,如前置、后置①、插叙、混播,必要时还可以用播前提示或加导语的方式。总之,只要有利于理解音响,只要同整体论述的语言风格保持一致,尽可以“八仙过海”地调动一切可调动的组接方式和语言手段为交代音响背景服务。

(二)诠释音响:随着访谈音响,尤其是对专家、学者的访谈增多,音响中时常包含着一些非“行里人”不易理解的专业用语、中外缩略语和新理论、新观点。前者需要适当解释;后者则需对理

---

① “前置”指在引用音响前交代背景,“后置”则放在音响之后。

论或观点的核心内容作必要揭示乃至引申性阐释，以便为评论基本见解提供更坚实的理论支持。可惜，这种必要的诠释往往被忽视了。像GDP、CPI这样的缩略语，说话人用时或许没有考虑到要面对众多听众，引用时如不加解释，甚至在论述中照用不误，恐怕不免有听众观念薄弱之嫌吧。至于一些含有像“粉丝”、“网痴”、“靓女”之类的时髦用语、方言的音响，如果非用不可，也需作相应的解释。诠释音响，是充分利用音响论据功能的前提性条件，切莫掉以轻心。

（三）补充、完善音响：音响的论据素质，主要取决于它的本源——事物发展变化过程中发生的声音和受访人的话语。前者由于只能反映事物的局部或瞬间状态，通常不能成为完整的事实性论据；后者则往往有说话人自己的关注重点或倾向性，并非都能全方位地支持论点或论断。况且音响一经采录，就像“生就的骨头长就的肉”一样，评论主体一般只能根据需要适当选择、配置，而不能任意增添、切割。在这种情况下，如果遇到某一非用不可却又有所欠缺的音响，就需要在引用的同时运用论述语言或其他方式予以适当补充、完善。如或以引述其他材料补充既有音响的不足（如引述习近平的话，强化吕祖善的论断），或针对某一倾向借论述点出问题的另一面（如吕祖善矫正戴祝水的说法），当然也可以引用其他音响包括原说话人自己的另外话语来完善音响的论据功能。后者如《名牌，要的是强》前后引用艾丰的两段音响，前一段立足于全国讲名牌质与量（比例是相对的量）的关系，评论主要用来引出话题；后一段用于评论的结尾部分：

[音响]自然生态光是老虎也活不成，实际上企业也类似，光是孤立的强势企业，发展到一定程度也受到局限。最

终名牌是少数，甚至是极少数，但是那么多企业，并不是和名牌无关，而是以利用生态关系，把名牌的优势延伸。

实施名牌战略，从某种意义上说就是要建立起这样一个良好的“企业生态”，发挥好老虎在这个生态中的作用，让优势企业与中小企业形成以名牌为中心的产业链，这对于拉动全市经济的整体发展具有不可估量的意义。

这样以同论述相结合、前后呼应的方式引用同一说话人的音响，既避免了割裂说话人的本意，又增强了音响的论据功能，可谓一举两得。不过，以其他音响补充、完善某一音响，也可能出现音响叠床架屋或说话人之间“打嘴仗”之类的现象，需要特别慎重。

论述语言的特殊功能可能还有其他表现，但主要是上述三项。紧紧围绕这三项，能动地运用论述语言的多种多样语言手段，增强音响论据的表现力，实际上也就是论述语言特殊功能的实现，即为协调音响与论述语言的关系、强化二者之间的互补效应奠定更坚实的基础。

思考题：

1. 何谓音响评论？迄今经历了哪些发育阶段？
2. 如何界定新闻广播中的音响概念？为什么说音响的表现功能因体裁的性质而异？
3. 略述音响论据功能的基本表现形态。
4. 为什么运用音响论据要坚持“少而精”原则？如何理解这个原则？

第四节　电视图像评论

从1980年代开始，我国电视评论步入“自己走路”、“走自己的路”的发展阶段。“自己走路”，意味着舍弃“拐杖”、摆脱报刊评论固有模式的束缚；“走自己的路”，则强调遵循电视媒介的传播规律，开发集视听于一体的独特评论形式。这里所说的“图像评论”，就是在这一进程中发育成长，进而发展为电视论坛的主导形式。

“图像评论”的界说

不过，何谓“图像评论”，看来仍有待界定。电视是一种视听媒介，它的一切体裁或话语形式都离不开图像和声音，新闻评论当然也不例外。如果“图像评论”是因运用画面而得名，那么在电视评论形式日益多样化的今天，就不免产生这样的疑问：究竟是泛指一切运用图像的评论形式，还是特指某一类型的评论？所以，要确切界定或理解“图像评论”这一形式，就需要首先明确这是一个特称，是用来指称如“央视”先后在《观察与思考》、《焦点访谈》栏目中播出的那一类评论，是同电视口播评论、分析性谈话节目相对应的评论形式。下面且从这一设定的前提出发，就“图像评论”区别于对应形式的主要标志，作些说明。

灵活调配符号系统　作为体裁或话语形式的构成要素，电视媒介的两个基本符号——声音和图像相互配合、交相为用，形成了话语、画面、同期声、屏幕文字(字幕)及其“次分类”[①]的复杂符号系统。这一符号系统,为电视评论形式多样化提供了充分的条件,奠定了坚实的基础。但某一特定形式一旦形成之后,又必然依据自身的结构、制播方式,反过来选择和驾驭符号。正因为符号与形式之间的这种相互制约关系,所以某一特定形式能够拥有并有效驾驭哪些符号,也就成为它区别于其他对应形式、形成自身特征的整体性依据。

实践表明,在既有的电视评论形式中,唯有图像评论的生成过程和结构原则,[②]赋予它依据表现内容的需要调动电视所有符号的可能性,以及组合符号的机动性。且看《惜哉文化》这则评论,它不仅运用了除字幕外的基本符号,而且调动了资料性画面、异地画面组合乃至“补缺画面”,以及以上述不同画面烘托的多种多样同期声。其实,就这则评论的内容和符号构成看,也有运用屏幕文字的必要和条件。不妨设想,当它不得不用那个展现松花江风平浪静、水波不兴图景的“补缺画面”时,如果适当利用屏幕文字交代受访人拒绝摄像采访的事实,是否可以避免给观众仿佛声画脱节的感觉,进而激发观众这样那样的联想呢?[③]

至于同图像评论相对应的两种评论形式,虽然也声画兼备,

---

① 所谓“次分类”,指这些符号自身的再分类,如“话语”还可分为主体(包括主持人、记者的现场或非现场“解说”和访谈提问)话语、客体(包括当事人、知情人、分析者的即时或受访时的言谈)话语,画面则可分为现场画面、访谈画面、背景画面,同期声也可以按声音来源和与画面的关系作这样那样的划分。

② 图像评论生成过程,一般包括前期采录、后期制作两个阶段,持续周期则因题材而异,如山西电视台的《保护耕地,刻不容缓》前期采录长达一个多月,而《惜哉文化》从采录到播出前后不过四天。结构原则包括服从于充分表现题材和立论思想的需要,也就是客观与主观统一的原则。

③ 参见第三章第二节“画面、同期声、字幕的运用”部分和本书附录《惜哉文化》文本。

却就没有这种广泛调动符号的“自由度”了。电视口播评论主要用主体话语表达内容，画面多用来表现播报者的即时形象、神态；即使偶尔以“抠像”方式提供表现个别事物或场景的静态画面，也同反映客观事物状态的连续画面判然有别，更没有运用客体话语同期声的余地。分析性谈话节目以话语多样见长，如除主持人、嘉宾的话语以外，也常有演播室观众代表的话语；画面则多为演播室画面，有时也插播现场画面或资料性短片；其中的声音部分，虽然也都可以称为同期声，但多受演播室这一特定空间的局限。

以上粗略比较表明，可以灵活机动地调动电视媒介拥有的各种符号，既是图像评论区别于其他评论形式结构性界限，也为这一评论形式成为当代电视论坛主导形式、长葆生命力奠定坚实的基础。

注重画面论据功能　画面虽然是所有电视评论形式的共用符号，其具体表现功能却往往因不同评论形式而异。口播评论主要诉诸话语，其中的画面一般用来表现播报者的即时形象，并不直接表现评论内容，而是以外化的情感增强内容的感染力；即使配有“抠像”图片，也不过是辅助内容的表达而已。分析性谈话节目除插播的资料片外，其他画面也多用来再现主持人、嘉宾的个人形象或观众代表的群体形象，藉以增强各自话语的表现力或交流感。图像评论的画面当然也具有这些表现功能，但重点却集中于表现事物的即时状态和发展变化的现场情景，为评论中的论断、论点乃至立论思想，提供观众可以直接感知的形象化论据。这是图像评论在画面表现功能方面，同上述两种对应评论形式的主要区别。

从目前的实践看，图像评论用来表现论据的画面，大致有两种:一是现场画面,它通过反映事物发展变化关键阶段或典型状态,支持评论的见解。如《是"振兴会",还是"催眠会"》中的"躺卧"、"侧眠"、"看报"、"聊天"的画面,[①]《"罚"要依法》中的见车就拦、拦即必罚的"乱收费"画面;[②]这类现场画面只要翔实反映客观实际,都可以成为支持相关见解的无可辩驳的形象化论据,它的说服力有时是单纯语言描述不可替代的。二是现场访谈画面。这类画面把受访人(多为当事人、目击者、知情人)谈话时的神态同现场情景联结在一起,二者相互衬托,一般都可以收到比非现场访谈画面更好的论证效果。如《惜哉文化》中那组以火灾现场为背景的访谈画面,就相当有力地支持了贯穿于评论始终的基本判断:火灾导致文物不可弥补的损失,而有关责任人却千方百计缩小损失、回避责任。其中在同一背景下拍摄的那位博物馆党委书记以手挡开镜头的画面,也许还不无激发观众这样那样联想的魅力。这两种画面各有长短,前一种直接再现事物或现象的当前状态,具体、形象,可以给观众如临其境、亲历其事的感觉,而事物或现象的发展变化则需要评论主体通过适当的解说,加以交代、补充;后一种包含访谈双方的同期声,可以不受背景画面的限制交代有关情况,但也可能因双方认知的差别而出现答非所问或相互扞格之类的问题,从而影响其论据功能的发挥。正因为如此,这两种画面也常出现在同一评论中,相互配合,共同为支持评论相关论述服务。《学雷锋的队伍走了以后》,就是较早运用两种画面支持评论基本见解较为成功的一例。[③]

---

① 全文见本书附录。

② 中央电视台 1997 年 11 月 25 日播出,全文见《新闻评论作品选》,第 184—187 页。

③ 南京电视台 1990 年 3 月 6 日播出,全文见《新闻评论作品选》,第 209 页。

不过，获取这类可以直接表现论据的画面并不容易。这是因为客观事物都有一个或长或短的发展变化过程，人们也只有在这一过程中才能认知和把握它的评论价值。在这种情况下，能否获取翔实、精彩、富于论证力和吸引力的画面，主要取决于制播群体群策群力的集体智慧，尤其是敏锐把握社会脉搏和事物的发展趋向、敏捷捕捉稍纵即逝的现场画面、精心筛选画面素材、过细组织图像链的能力，此外别无其他捷径。

“二元一体”的主体话语　国内电视评论，迄今罕见署名评论。所谓“主体话语”，其实就是媒体的“声音”。至于由谁、以什么名义“出声”，不同评论形式之间则有不容忽视的区别。口播评论无论叙事还是说理，多由主持人或播音员一人“出声”，贯穿于整则评论的始终。分析性谈话节目，虽然包含主持人、嘉宾及观众代表等多种话语，而且在表达过程中往往互为主从，但体现主体话语的却是主持人；即使他的话语并不多，也是支配整个节目的主轴。[①] 也就是说，这两种评论形式的主体话语，都是“一以贯之”地面向观众的叙事、说理。图像评论却就不同了。这种评论由于广泛运用现场图像和现场访谈，需要随时“解说”和“提问”，因此通常出现两位或多位主体话语体现者，也经常面临着怎样协调二元或多元声音、实现一体化的问题。

就《焦点访谈》播出的评论看，它的主体话语，多由主持人的演播室话语和记者的现场话语来体现。其中主持人话语，一般作为引言和结束语，二者前后呼应，构成贯穿评论始终的思想脉络；记者的现场话语，主要以各种“解说”和访谈“提问”，回应、支持主

---

① 参见本书第四章第二节《分析性谈话节目・角色间的关系：主从？互动?》部分。

持人话语,为评论提供有血有肉的实证材料。至于两种话语能否凝为一体,收到预期的效果,则取决于酝酿、采录、制播各环节和一班人相互协调的程度。下面且以《失踪的基本农田》[①]为例,作点说明。

先看主持人话语,其中的"引言"如下:

> 从2003年开始,国家对一些地方乱建开发区、工业园的问题进行了大力的整治,这使得大批的土地,尤其是基本农田被随意占用的情况得到了遏制。可是,日前,江西省进贤县的农民来信反映,他们那里的一处工业园仍然在推田倒土,侵占基本农田。

这段由两句话组成的引言,以国家遏制占用基本农田的宏观背景衬托乱占基本农田的典型事例的方式提出问题,为评论确定了明确的论述方向。结束语则言简意赅地指出:

> 2003年,国家早已经明令取消了温福工业园的项目,可是在其后的四年间,当地在园区的范围内仍然在继续建设,而且还无视国家严格的基本农田保护规定,在规划图上做手脚,这显然是违法的行为。有数据显示,2006年我们国家的耕地面积又比上一年净减少了460万亩,耕地总量的减少,已经逼近了国家规定必须坚守的18亿亩保障粮食安全的红线。但是如果任由进贤县这种情况蔓延,那么,我们国家的粮食生产又怎么能够得到安全保障呢?

这一结束语,由点及面概括了评论对耕地的现状和潜在危险的基本见解,比较准确地指出问题的实质、危害和症结所在。就引言

---

① 中央电视台《焦点访谈》2007年6月14日播出;全文见本书附录。

和结束语本身看，可谓榫卯相扣、遥相呼应，的确可以成为贯穿评论始终的无形而强韧的主线。不过，这一主线毕竟是无形的，能否收到预期的效果，还有待记者现场话语的配合。

在这则评论中，记者的解说和访谈提问粘连得相当紧密，其中有些访谈提问播出时省略。且看紧接着"引言"几段记者的解说和提问话语[①]：

①[解说]（画面：稻田中狼藉堆积的黄土）今年5月18号，江西省进贤县的温福工业园区内，推田倒土的车辆开向了绿油油的稻田。

[访谈]何友明（江西省进贤县温圳镇路边村村民）：两部车子在这里推行，把我们这个排水沟、抽水沟都搞掉了，拥堵掉了。当时我来的时候，就是把他们阻止下来，把车子堵下来。

[解说]村民们保护下来的这套排灌系统，是2000年国家花了300多万元建设起来的农田水利项目。

[访谈]村民：如果他们把这个水沟搞掉了，这300多亩全部像一个荒山，我们就没有种植能力了。

②[解说]那么，究竟为什么温圳镇镇政府要毁掉这些国家花巨资建设起来的水利排灌系统呢？村民们说，这都是进贤县和温福工业园要搞开发，才不惜毁掉他们稻田中必不可少的排灌系统的。

[访谈]记者：哪年开发公司到这个地方的？

---

① 下面引文中的序号、画面说明为引者所加。

林纯枢(江西省进贤县温福工业园开发公司董事长):是2003年元月份来的。

记者:现在已经征了多少土地了?

林纯枢:土地大概是四千亩不到,在2003年,政府打算是征下一万亩,搞一个大型的开发区。

③[解说]建设这样的一个大型工业园区,首先要解决的就是土地问题,为了了解这些土地的情况,我们找到了当地主管土地的部门,进贤县国土资源局。

[访谈]记者:温福工业园这个用地是经过哪级批准的呢?

翁同国(江西省进贤县国土资源局用地股负责人):这个2003年之前才叫温福工业园,在2003年的土地市场治理整顿,根据国家的有关规定已经撤销了,现在我们都是按单个的项目用地来供应。

记者:已经报批了,批回来了吗?

翁同国:由于国家对土地市场治理整顿,在当时特定的情况下,一直到目前批复还没有拿下来。

记者:就是截止到目前,温福工业园整个的用地,一亩地也没有经过正式批准下来?

翁同国:批复还没有拿下来。

记者:这个土地现在已经盖起了一些厂房,或者一些商家已经进驻的这个土地,时至今日还没有拿到正式的土地批复,是这样吗?

翁同国:还没有。

在上引三段中,①的两处解说,前处说明访谈现场排灌渠是怎样被破坏的,后处是对受访村民话语(提问省略)的补充性说明;

②接过同一村民的谈话提出问题，然后顺理成章地过渡到旨在弄清问题的另一次访谈；③解说交代访谈意图，然后进入追究问题真相的访谈。这里，“解说”或伴随现场画面，或伴随访谈提问，形成相互依存的格局。这样，不仅可以构成多功能的话语形式，在评论中发挥类似新闻报道中的“5W＋H”[①]的作用，而且还可以促成“解说”、“提问”的一体化，从而也为主持人、现场记者话语的一体化准备某些必要条件。

据此可以认为，所谓“二元一体”，实际上包含两层含义，即一、主持人话语中的“引言”和“结束语”之间、记者话语中的“解说”和“提问”之间的有机联系；二、主持人话语和记者话语之间的互为条件、相互依存关系。不过，这则评论在体现“一体”要求方面，看来也还有可挑剔的地方。如这一片段：

［解说］对比一下这两张图，差别是十分明显的，同样都是1997至2010年的基本农田保护图，同样指的是一个地方，墙上的图在工业园占地范围内还有许多深黄色的基本农田，而到了纸面上的图却都变成了红色的建设预留地了。

这个牌子，刚才问了是2003年立起来的，这个图也是2003年绘制的，哪个是真的，哪个是假的？

尽管基本农田在图上失踪了，但实际上在温圳镇的一些村子调查中记者发现，基本农田被侵占已经是一个不争的事实。以路边村为例，据村干部们讲，他们被征的土地一共有1500多亩。

---

① “5W”即“新闻五要素”的英语词头，指When（何时）、Where（何地）、Who（何人）、What（何事）、Why（何故）；后又加上一个要素How（如何），成为“新闻五要素”，缩略为“5W＋H”。

[访谈]记者:1500亩里面有多少基本农田呢?

何小亮(江西省进贤县温圳镇路边村村委会主任):有几百亩吧。

记者:大概有几百亩?有一个大概的数字吗?就是到底有几百亩?

何小亮:这个田我又不是很熟悉,我也说不清楚有多少。

记者:有一半吗?

何小亮:一半应该有的。

记者:基本农田?

何小亮:是。

演播室主持人:(即上引结束语,略)

不妨推敲推敲:(1)解说与访谈之间,是否有点失序、重复?(2)从访谈直接过渡到结束语,是否有点突兀?也不妨设想,如果将访谈移到"哪个是真的,哪个是假的?"之后,作如下调整:

[解说]……哪个是真的,哪个是假的?以路边村为例,据村干部们讲,他们被征的土地一共有1500多亩。

[访谈]……

[解说]尽管基本农田在图上失踪了,但实际上在温圳镇的一些村子调查中记者发现,基本农田被侵占已经是一个不争的事实。

这样调整一下,记者的两种话语之间的联系是否会更紧密些?以记者的解说引出主持人的结束语,两种主体话语一体化联系是否会更自然些?如果这么设想不无道理,那么从这一个例中,也许可以引出这样的基本认识:作为图像评论主体话语的基本特征,"二元一体"——从"二元"表达方式到实现"一体化"表现效果,是两个层次的话语相互适应、相互配合的过程，也是制播群体自觉磨合、协调的过程。

当然，这只是对《焦点访谈》一则评论的大致解读，而不是体现这类评论主体话语“二元一体”特征的定式。事实上，《焦点访谈》播出的评论中，偶尔也有些集主持人和现场记者话语于一身的，如《惜哉文化》。地方台的图像评论更为常见，如《“三国四方”何时拆除篱笆墙》、《火警声声向文化》，[①]前者以主持人身份兼现场解说和访谈提问，后者则以记者身份兼主持人的职能。而《造林还是“造字”》，甚至以现场报道加“编后语”的方式来体现。“二元一体”这一特征的不同体现，就具体作品说可能有得体、得当与否的问题，但从整体上看，也许可以认为是图像评论仍处于发育、完善过程的必然反映。没有多方尝试，哪来形式的创新完善。

上面从三个方面略窥图像评论区别于既有对应形式的特征，如果同实践距离不太远，也许可以据之将这一评论形式，大致界定为：

> 凭借电视媒体的符号系统，遵循声画并重原则，注重现场画面论据功能，讲求主体话语“二元一体”表达效果的评论类型。

这样界定，当然未必周密，供参考吧。

图像评论：“评论”与“述评”

在新闻评论体裁的分类中，“新闻评论”与新闻述评是并列的两种基本形式。[②] 这在报刊评论中，早已成为人们的共识，而且还

① 参见《新闻评论作品选》，第194—199页。

② 这里的“新闻评论”、新闻述评指新闻评论体裁的两种基本形式，为避免同指称体裁的概念相混淆，故加引号以示区别；下面的“电视评论”同此。

有便于读者识别的外部标志。[①] 可是，在电视图像评论中，由于电视述评出现较早，而且发育比较成熟、运用频率较高，因此人们往往把图像评论与电视述评相等同，无形中抹煞了与之共存的另一种形式——"电视评论"。所以，弄清"电视评论"与电视述评基本分野，也就成为促进图像评论形式多样化，尤其是完善、繁荣"电视评论"这一相对薄弱的具体形式的重要课题了。

那么，二者的基本分野在哪里呢？

因事说理与以理驭事 从报刊新闻评论体裁的发育过程看，新闻述评出现较晚。为同先前的"新闻评论"相区别，人们通常将新闻述评的特点概括为既述又评、述评结合，即既摆事实、又讲道理。不过，先于它存在的"新闻评论"，其实也常常运用事实作为论据，也既讲道理、又摆事实。所以，既述又评、评述结合并非新闻述评的独有特点，而是它的相对特点或外部特征；光有这个特点，并不足以把它与"新闻评论"区别开来。那么，二者的根本区别究竟在哪里呢？只要对具体作品稍加比较，就不难发现新闻述评还具有另一个特点，这就是缘事立论、因事说理。缘事立论，指它的中心思想是从作为论述对象的新闻事实中提炼出来的；因事说理，则指它的"评"或议论，主要针对有关的事实，即使有所引申也多以对有关事实的论断为基础。而运用事实性论据的评论，则可以根据说理的需要选择、剪裁、组织事实，叙事直接服务于说理，这可以相应地概括为"以理驭事，事随理走"。也就是说，在新闻评论体裁中，"评论"和述评的分别，主要在于"理"与"事"孰主孰从，或者说是"理从事出"还是"事随理走"。这也是区隔图像评

---

① 如不署名评论大多或者附有"社论"、"短评"之类的题花，或直接标明"本报评论员"，署名评论多纳入相应专栏；述评多署"本报记者×××"，等等。

论中电视述评和"电视评论"的基本界限；只不过由于这两种具体形式无论叙事还是说理都可以同时诉诸声音和画面，不容易区分得那么泾渭分明，而且还派生出另外一些特殊要求。

两个个例比较　下面且以《焦点访谈》的两则播出稿为例，作点说明。

电视述评[①]：《"王啸飞燕"》[②]　这是"央视"于 2006 年"五一"之际播出的《快乐·劳动》系列述评之一，主要通过对桥吊司机王啸如何练就精湛操作技能的剖析，颂扬"劳动之美"，倡导创造性劳动精神。述评将演播室设在桥吊驾驶舱，一开头就是主持人一段别具一格的引言：

> 观众朋友，在五一国际劳动节来临的时候，我们把《焦点访谈》的演播室搬到了这样一个特殊现场。说它小，它只有四平方米，说它大，它有 16 平方公里。现在我们是在青岛港新区的桥吊驾驶舱。驾驶舱在港口是做什么的呢？有人说它就像是心脏，可是我的初次体验，我觉得它更像是一只手。你看，这只手就在下面，这里离地面有将近 50 米，我们看看这个手是怎么动的。来，小伙子帮帮忙。你看，多像招手啊。（画面：桥吊驾驶舱及其周围环境）

述评的主体部分包括桥吊操作现场表演和王啸苦练技能回顾两部分。前一部分如下：

---

① 这是本书作者的划分；《焦点访谈》本身并没有"评论"、"述评"之分。

② 主持人敬一丹；"央视"《焦点访谈》2006 年 5 月 1 日播出。播出文稿见《新闻评论作品选》第 146—149 页。这组述评的共同构想是反映劳动者精神风貌，各则述评的主题因人物而异，主持人也不同。从主题独立的意义上说，可以视为独立成篇的述评。

画　面	访谈同期声	解　说　词
桥吊司机小湛操作表演		主持人解说：这个叫做小湛的桥吊司机说，他只是在进行最基本的操作，而他的师傅王啸才是桥吊司机里面响当当的高手。我们想象着这个响当当的高手该是个像黄飞鸿一样的大侠，但出现在我们面前的却是一个沉默的年轻人。
在桥吊驾驶舱访问王啸	主持人：刚才你徒弟小湛给我们展示了像招手一样的动作，他说你还有绝活呢？是什么绝活啊？ 王啸（青岛港集装箱桥吊队桥吊司机）：这个绝活就是用我名字命名的"王啸飞燕"。 记者："王啸飞燕"？ 王啸：对。 记者：就是这种工作方式是按你的名字来命名的？ 王啸：对。 记者：这个绝活是怎么个讲法呢？ 王啸：就是我不但能用吊具又轻又快又稳地把集装箱吊起来，而且我在吊具四个角上放四个酒瓶子，在操作过程中酒瓶子不倒。 记者：练这个是为什么呢？ 王啸：一个是为了稳，求稳，一个是快，稳、准、快，这就是我们桥吊操作的要领。 记者：好，我们看看。	
王啸表演"王啸飞燕"和"显新穿针"技能		记者解说：王啸除了能够在抓取货物的时候让站立在吊具上的四个酒瓶子纹丝不动，他还从一位叫赵显新的师傅那里学会了另一项叫"显新穿针"的绝活，就是在吊具上放一根钢针，从50米高空落下来，准确地插在放在地上的靶子的十环上。这项绝活是为了能够在做运作的时候准确地抓取货物，说着王啸又为我们表演了起来。在50多米高的桥吊驾驶舱里，用沉重的吊具去完成这样精确的事情，真是让人难以置信。而要练成这样的绝活绝非一日之功，所谓"十年磨一剑"，对于王啸来说，为了有这样的好身手已经付出了16年的努力。王啸的师傅许振超依然还清楚地记得16年前王啸刚刚来到青岛港时的情形。

后一部分主要诉诸访谈（包括对王啸师傅许振超、青岛港有限公司总裁和工友的访谈）和相应“解说”。最后引出主持人的结束语：

> 青岛港太大了，我们在这儿待的时间太短了，好东西还来不及细细体验。然而幸运的是我们见识了这些绝活，“王啸飞燕”、“显新穿针”这样富有诗意的说法，既表达了对工人的尊重，也让我们感受到劳动之美。如果说青岛港像一幅画，这些绝活就像画中的亮点，如果说青岛港像一篇文章，那么这些绝活就像文中的点睛之笔。……

当然，这只是一个个例，而且隶属于一组系列述评，得遵循系列的整体构想，自然有其特殊处理的一面，如主持人的结束语较为含蓄、为观众留有联想余地，记者现场解说多从现场情景出发。但从整体上说，却又以自己的特殊方式，相当到位地体现了缘事立论、因事说理的基本特征，即它的主题是从人物的事迹中提炼出来的，解说中的判断性表述或论断也大多源于画面再现或访谈同期声提供的事实，或者说是事实的直接引申。

如果撇开遵循系列整体构想这一特殊性，单纯从体现缘事立论、因事说理这一基本特征出发看待这则述评，则可以说它的成功在很大程度上得益于题材的高度典型性，而且自始至终围绕这一典型人物组织材料，比较恰当地调动各种电视表现符号和相应的组合手段。其他比较成功、获得较好社会效果的电视述评，如《“罚”以依法》、《失踪的基本农田》、《学雷锋的队伍走了以后》等等，其实也莫不得益于题材典型。由此可见，题材典型和围绕题材调动电视符号和组合手段，既是电视述评缘事立论、因事说理基本特征的派生要求，也是关系作品的成败得失决定因素。

比较而言，“电视评论”发育相对滞后，人们对它的认识仍处于见仁见智的状态。就是这里据以说明这一形式基本特征的个例——《顽疾之害》，究竟是评论还是述评，恐怕也未必那么容易获致共识。

“电视评论”：《顽疾之害》 这是《根除医药商业贿赂毒瘤》[①]系列评论的首篇。这里将它视为“电视评论”，主要是因为它在一定程度上体现了“以理驭事，事随理走”的特征。所谓“以理驭事”，“理”指评论主体对于所论述的人、事、物的见解，包括中心思想（或主题）及隶属于它的论点、论断等，“事”指用来支持“理”的各种来自客观实际的事实性论据；“事随理走”，意为根据“理”的需要选择、组织实证材料的原则（不是表达顺序）。这则“电视评论”由于是一个系列的首篇，需要兼顾系列和本则评论的需要，所以主持人的引言和结束语各有侧重。其中的引言侧重于提示系列的共同主题，因而从解释“商业贿赂”这个关键词入手，接着突出强调医药购销领域商业贿赂严重性，然后概括说明系列的整体构想。而结束语则强调：

> 我们看各地查处的典型案件，像病理标本一样，让我们看到了医药购销领域商业贿赂的三大危害。一是一些药品审批人员和医务人员收受企业回扣，最终由患者承担了这所谓的贿赂成本，使得患者和家属付出了不该付出的高额费用，使得看病难、看病贵的状况更加严重。二是一些质次价高，甚至假冒伪劣的药品和医疗器械进入了生产领域和医疗

---

① 这组系列评论共四则，其余三则分别题为《病根何在》、《腐败之链》、《防治之道》，《焦点访谈》2006 年 12 月 11－14 日播出；由敬一丹统一主持。本则播出稿全文，见本书附录。

领域，直接威胁着患者的健康。三是毒化了社会空气，破坏了医药审批部门和医疗部门的形象，伤害医患之间的信任关系。……

这一结束语回应题目所揭示的主题（也是系列共同主题的分主题），包含着三层隶属于主题、相互联系的论断。对于一则评论来说，主题是支配论点、论断的最高层次的“理”；主题明确了，就能为体现“以理驭事，事随理走”特征奠定较坚实的基础，同时为恰当调动包括事实在内的各种论据支持论点、论断提供必要的前提。

单纯就这则评论而言，它“以理驭事”的具体表现，其实就是围绕对“三大危害”的阐述，选择和组织富于论证力的论据。这些论据来源不同，获取和表达的方式各异，按其支持主题及相关论断的方式，大致可以概括为以下四种：(1)以访谈同期声再现有关部门负责人和专家的见解。它们多为个人对相关问题的理性认识，本来属于理论性论据范畴；但从它们一经发表就成为客观存在的认识这一角度看，却又可以视为“有人这样认为”的事实性论据。(2)调动各种电视符号绘声绘色地表现的典型事实，如患者朱美丽的遭遇。(3)表现方式因获取方式而异的反面论据，如表现行贿、受贿双方的辩解、掩饰乃至挑衅之词的同期声，似乎含有以“隐性采访”获取的音像材料。(4)通过解说词介绍的典型案件。就播出稿的全文看，这些“事”纵横交错汇集在一起，的确可以为评论关于医药领域商业贿赂“三大危害”的整体论断提供强有力的支持。

如果把形形色色的“事”同解说词中的即事论断联系起来，则可以更具体地理解“电视评论”中“理”、“事”的交互为用的关系。

如在引用多位有关人士见解（同期声）之后，紧接着在解说中指出：

> 类似于医药回扣这样的商业贿赂伤害了医患之间的信任关系，破坏了医药审批部门和医疗部门的形象，毒化了社会空气。

解说词中的这一论断，既归纳有关人士的见解，又直接支持了主题，成为维系二者之间联系相当强韧的纽带。又如下面这一片段：

> 医药代表：因为很多医生也跟我这样讲，现在这个药品回扣太正常了。他说他要打击，要监管我，他管得着我吗？医院里有这么多人都拿回扣，要抓不可能就抓我一个人！
>
> [解说]医药购销领域的商业贿赂不仅让患者承受了本不该承受的医疗费用，甚至还直接影响了患者的健康。朱美丽从来没有想过自己也会成为商业贿赂的受害者。……

这句解说词，以一个递进式论断，将行贿者有恃无恐的“歪语”与受害人的典型事例连接起来。这样承上启下、统率前后两个具有因果关系的事例，蕴含着相当强烈的对比、鞭挞效应。这类例子表明，发挥解说词的解释、过渡、衔接尤其是简洁的即事论断功能，对于“电视评论”密切“理”、“事”，以及“理”的诸层次——主题、论点、论断之间的联系，具有举足轻重的影响。

在这一个例中，有两个值得推敲的亮点：能动选择和组织论据；发挥解说词即事论断的协调功能。前者作为体现“电视评论”以理驭事基本特征的实质性内涵，意味着只要符合“理”、尤其是主题的需要，就可以不受或少受时间、空间限制调动相应的事实性论据；这是“电视评论”的一个潜在优势，也是它能够胜任阐述重大社会课题或综合性题材的基础。后者虽然只是对个别“事”的特定论断(即事论断),也非不可或缺的成分,但只要运用得当,则可以收到强化论述逻辑性和整体说服力效果。从既有的实践看,有的“电视评论”或者光有主持人的论断,或者前后论断若即若离、“各自为政”甚至前后矛盾,或者整体结构松散,大多同解说词的即事论断比较薄弱不无关系。就这一点而言,即事论断虽非必要成分,但只要“用于所当用”,却可以发挥多方面的作用。

以上通过两个个例,就电视图像评论的两种具体形式——电视述评、“电视评论”之间的区别作了大致说明。不过,二者之间只是“大体有别”,即究竟是“因事说理”还是“以理驭事”的区别;至于局部处理,则可以各随其便,如本来因事而发的即事论断就既可以用于“评论”也可以用于述评。有的具体作品,甚至还可以两属。套句前人的话说,就是“定体则无,大体须有。”①

图像评论的题材取向

从内容决定形式的意义上说,明确特定体裁或话语形式的题材取向,历来是能动驾驭表现形式的关键。这对于方兴未艾的图像评论,更是一个关系具体作品社会效果,关系整个形式发展前景的经常性课题。

题材取向的制约因素　图像评论可以调动电视的所有表意符号,这既是它能够拥有超越其他电视评论形式的表现优势的凭借,又是它选择题材的不可忽视的制约因素。这种两重性,在两种符号——画面和同期声中尤为突出。画面可以直接再现事物

---

① 王若虚:《滹南集·文辨》:“或问:‘文章有体乎?’曰:‘无。’又问:‘无体乎?’曰:‘有。’‘然则果何如?’曰:‘定体则无,大体须有。’”

的即时状态，同期声可以再现现场音响、访问情境及过程，它们的这种表现优势是任何叙述话语望尘莫及的。但获取这类画面和同期声，又离不开“所指”——所要表现的事物或访问对象、过程，而且非即时、即境摄录不可。在不能脱离“所指”、过时不候的条件下，如果题材本身不包含适合于画面和同期声表现的人、事、物素材，或者已经时过境迁，哪来这种再现性的表现优势。所以，即使仅从这两种经常运用的符号看，图像评论的表现优势也是潜在的，能否转化为实际优势，在很大程度上依赖于题材能够提供的条件，尤其是以下三个起码条件：

(1)作为评论对象的客观事物，必须包含典型的、能够反映事物本质或代表事物发展趋势，而且可以通过画面、声音再现的事实；

(2)事物仍处于发展变化之中，可以摄录到足以反映事物发生、发展现场情境的画面和同期声；

(3)当事人、目击者或有关人士愿意接受出镜采访，语言表达便于多数观众听知。

如果不具备这些起码条件，勉强从事，那么画面、同期声就可能或者蜕化为可有可无的点缀品，或者沦为耸人听闻的装饰品，或者因人为“摆布”而转化为赝品。如果出现这类情况，图像评论岂止无所谓表现优势可言，还可能因此而糟蹋本身含有重要社会价值的题材。

况且各种表现符号之间，向来是相互联系、相互为用。如果画面、同期声不能翔实反映“所指”，除自身沦为“无用功”外，还可能多少削弱其他符号，尤其是主体话语的表现功能。总的说来，在题材取向方面，图像评论较之口播评论得面对着更多的制约因素，这也是它为什么它不能取代口播评论的原因。

选择题材的两个原则　强调正视图像评论题材取向的制约因素，旨在通过能动控制题材取向，更好地发挥这一评论类型的表现优势，赢得预期的社会效果，而不是盲目扩大或消极限制其取材范围。至于怎么能动、恰当取舍题材，从这类评论的既有实践和发展趋势看，需要着重把握两个原则：

（一）取长舍短原则。面对公众关心的各种题材，不同评论形式从发挥自身的特长出发，各自选择其善于表现而舍弃其拙于表现的题材，这是当代媒体各种评论形式选择题材的共同准则；电视图像评论在一般情况下也不例外，这用不着多说。但作为跃居电视主导地位的评论类型，图像评论面对社会普遍关心的重大题材，是否宜于按这一原则予取予舍，却是一个关系媒体社会责任的有待探讨的问题。

（二）内部分流原则。前面说过，图像评论包含两种具体形式，它们的题材取向各有侧重：电视述评多取材于典型事实（具体的人、事、物或现象），"电视评论"则偏重综合性题材。这种在图像评论实践中形成的大同（同为客观存在）小异（存在时间、空间或形态不同）的取材倾向，姑且称之为"内部分流"。在保持具体形式各自基本特点的前提下，按照这个原则选择题材，显然有利于拓宽这类评论取材范围，也将有利于两种具体形式共享题材资源、增强各自的表现功能。不妨琢磨一下：如果把《顽疾之害》中作为论据的那段材料——患者朱美丽的遭遇，转化为一则述评的题材；或者把《"罚"要依法》的题材，浓缩为一则"电视评论"的部分论据，将会产生什么样的表现效果？如果琢磨的结果是肯定的，那么"内部分流"带来的就不是"分道扬镳"的各别效应，而是题材资源共享的互补效应了。

就两种具体形式而言，按内部分流的原则选择题材，则将反过来影响甚至左右它们各自的表现手段。电视述评重典型事实，因题材多有空间、时间的限制，不易获取富于表现力的现场动态画面。像《惜哉文化》作者那样迅速赶赴火灾现场，尚且需要借助资料画面来再现火灾现场的即时状态；至于像《“王啸飞燕”》那种现场表演画面，即使主持人专门作了交代，也是可一不可再的特殊个例。正因为获取现场动态画面不易，所以述评较多运用或以现场为背景或非现场的访谈同期声，从而不同程度弱化画面的再现功能。比较而言，“电视评论”侧重综合性题材，题材的覆盖空间较宽、持续时间较长，获取现场画面、现场同期声相对容易，从而拥有同时调动这两种符号的再现功能的较好条件。从驾驭题材的角度看，“电视评论”显然还有相当大的发展余地。

不过，这两个取材原则不是并列的。“取长舍短”，作为所有评论的共同原则，任何时候都居于主导地位；“内部分流”，其实是“取长舍短”在图像评论中的特殊体现。如果离开共同原则，一味依靠“分流”扩大取材范围，那就可能导致“两头不讨好”——既糟蹋题材又损害形式——的后果。

重大题材：瓶颈在哪里？ 那么，面对公众瞩目的重大题材，可否按“取长舍短”原则处理呢？一般评论形式自无不可；这一形式不能承担，还可以诉诸其他形式。作为电视评论主导类型的图像评论，轻易予取予舍或无视上述制约因素（即三个“起码条件”）勉强对付，恐怕都难免背离媒体的社会责任。这是一个不折不扣的两难课题。至于怎么突破这个两难课题，寻求“化不能为能”的有效途径，看来主要取决传播主体——图像评论的采编、制作、传播群体的能动性。

重大题材一般都有一个或长或短的发生发展过程，这是特定事物的特定环境、特定条件所使然；人们意识到它的“重大”也有一个过程，而其早晚、迟速之别却是由主观的认识、反应能力决定的。对于图像评论的采制群体来说，能否及早发现重大题材，是能否把握采录富于表现力的现场画面、现场同期声时机，实现精当表现题材预期目标的前提条件，也就是“瓶颈”之所在。

怎样突破这一“瓶颈”？可能各有各的“路数”，但能否奏效，关键却在于是否自觉遵循辩证唯物论的认识论、方法论，尤其是重点把握以下若干环节：

(1)深入实际，开阔视野。视野宽了，才能比较、鉴别，经由社会生活中的种种表象，及早发现和权衡题材的社会价值。

(2)跟踪观察，坚持“每事问”。观察可以摸清现象的变化及其大致脉络，但可能停留于表象。“每事问”，包括访问当事人、知情人，征询有关人士的见解，以及自我思考，则可以进而弄清所以然，获得对于事情的理性认识。这是把握认识、鉴别题材价值先机的两个紧密联系的必要步骤。

(3)掌握“见微知著”思维规律，这是前两个环节的升华，而不是“瞎子摸象”、“巫师占卜”式的揣测，更不是捕风捉影、耸人听闻的炒作。

一般的说，把握这三个认识思维环节，就可以不同程度地增强识别、判断题材价值的能力，较为适当地选择音像素材的采录时机，也就有可能突破“瓶颈”，实现“化不能为能”的转化。此外，还有两项措施，也许对解决音像采录滞后的问题不无裨益，这就是：(1)适当积累音像素材，这事实上已经成为不少的电视工作者的经常性工作。(2)在适当的范围内建立音像素材共享机制;这涉及资料拥有权问题,仍有待于尝试、探索。

总之,图像评论作为电视评论领域的主导类型,如何肩负起阐述社会普遍关心的重大题材的责任,是一个不能一劳永逸解决的经常性课题,仍然有待于从理论与实践结合上持续不懈地探索。

关于电视图像评论就大致作这么些阐述。至于采录、写作、制作有关问题,为避免重复,请参见第三章第三节“画面、同期声、字幕的运用”和第六章相关部分的阐述。

思考题:

1. 何谓电视图像评论? 它包含哪些具体形式?
2. 说说你对电视述评与“电视评论”基本界限的理解。
3. 电视图像评论与电视口播评论中的画面有哪些区别?
4. 图像评论的题材取向受哪些因素的制约?

第五章　广播、电视评论的选题和立论

新闻评论写作和制作的全过程，包括构思和表达两个阶段。

构思也就是表达前的酝酿。酝酿是否充分，是否成熟，在很大程度上决定着评论的质量以至于成败。所以，人们一向强调“未动笔之先，必惨淡经营”①，把酝酿看成新闻评论写作和制作的起点。

酝酿阶段主要解决写什么的问题，涉及选题、立论和论点、论据等等。其中选题和立论关系着一篇评论的整体，是酝酿阶段的两个主要环节。邹韬奋先生在回顾主编《生活》周刊的经历时说：“每期的‘小言论’虽仅仅数百字，却是我每周最费心血的一篇，每次必尽我心力就一般读者所认为最该说几句话的事情，发表我的意见。”②他以高度的社会责任心写作“小言论”，把心血倾注于捕捉“一般读者”最关心的问题，为读者提供正确而有益的意见，也就是倾注于选题和立论。由此可见，选题和立论在评论写作和制

① 清·吴德旋：《初月楼古文绪论》。

② 《韬奋文集》第3卷，生活·读书·新知三联书店1962年版，第73页。

作中,处于何等重要的地位。

广播、电视评论要从自身的传播方式出发,写作和制作适应多数受众需求和接受能力、接受习惯的评论,尤其需要在选题和立论上惨淡经营,倾注心血和精力。

第一节 选题、立论及其思维过程

为了讲清广播、电视评论选题和立论的有关问题,有必要首先弄清楚选题、立论这两个概念的确切含义,以及它们的思维过程和思维特征。

选题究竟是什么?

在新闻评论领域里,选题有两种含义。广义的选题,指一个新闻单位在一个时期内重点评论什么,一般以计划的形式出现,称选题计划。选题计划是特定时期宣传思想的集中体现,对于具体选题的取舍具有支配的作用。狭义的选题又称论题,它规定一篇评论的评论对象和论述范围。狭义的选题固然受选题计划的支配,但也常有随时因应实际需要确定的。这种随机性的论题,不管是怎样确定的,也不管作者是谁,只要评论一经发表,就自动成为新闻单位选题计划的一部分,成为它的宣传指导思想的某种体现。所以,这里虽然主要阐述狭义的选题,但不能忽视它与广义选题的联系。

为什么新闻评论的具体选题,必须同时兼顾评论对象和论述范围这两个侧面呢?任何一篇新闻评论都有特定的评论对象,也都具有某种直接的针对性。但评论对象和论述所针对的社会现实之间的联系却是各种各样的。有的评论对象和论述所针对的社会现实范围相当，有的则存在着这样那样的距离，归纳起来，大体有三种情况：

一、评论对象大于论述范围

有些阐述方针政策、分析社会现象或社会问题的评论，由于评论对象本身涵盖面很宽，为了更好地驾驭论题，往往需要适当缩小论述范围。例如《当前落实知识分子政策的关键》①，这篇社论根据党的十二大精神，阐述如何切实落实十一届三中全会以来的知识分子政策，它的评论对象涉及政策和落实过程的方方面面；如果在一篇评论中全面论述这一切，不是冗长不堪，就是浮光掠影、流于肤浅，结果都难免削弱评论的社会效果。所以，它的论述范围一缩再缩，严格控制在“当前”和“关键”的范围内，集中笔墨、突出地阐述这样的中心思想：当前落实知识分子政策的关键，在于进一步端正干部，尤其是人事干部对知识和知识分子的认识，克服在“左”的思想和路线长期影响下形成的轻视知识、歧视知识分子的错误观念。这个缩小论述范围的过程，实际上就是王夫之所说的“浚而求之”②的过程。“浚求”既是思想方法也是表达方法。思维过程中的“浚求”，指通过由表及里的分析，深入发掘、准确把握事物或问题的本质；表达中的“浚求”，则是集中力量、透彻中肯地揭示矛盾的症结。经由“浚求”缩小论述范围，这是能动驾驭论题的一种自觉的努力。如果没有这种努力，面对涵盖面那

---

① 1982 年 10 月 21 日《人民日报》社论。

② 清·王夫之：《读通鉴论·叙论四》“引而伸之，是以有论；浚而求之，是以有论；博而证之，是以有论；协而一之，是以有论；心得而可以资人之通，是以有论。”（《读通鉴论》，中华书局 1975 年版，第 1114 页）这段话从思维过程和思维方法的角度，概括地说明了他在《读通鉴论》中所论述的各种论题是怎样形成的，对于研究新闻评论的选题不无借鉴的价值。

么宽的评论对象，就可能陷于“老虎吃天——无从下嘴”的被动境地，充其量只能讲些四平八稳、不着边际的空泛道理。

二、评论对象小于论述范围

这是以典型事例为评论对象的评论选题常见的格局。如《评朱毓芬之死》①，它的评论对象是一个具体事件，可是它的论述范围却远远超出朱毓芬个人的遭遇。评论一开头就与蒋筑英、罗健夫英年早逝联系起来，把朱毓芬个人的遭遇放在广阔的社会背景下分析，然后在这个基础上广泛抨击压制、刁难、排挤知识分子的嫉贤妒能的社会恶习，中肯地提出和论述了进一步落实知识分子政策的方向性问题——不仅要把优秀知识分子提拔到领导岗位上来，而且要全力支持他们工作，特别是支持他们同种种歪风邪气作斗争。这样扩大论述范围，赋予典型事例以普遍的社会意义，显然是“引而伸之”，也就是从事物的联系中把握事物的结果。假如没有必要的引申，不是把朱毓芬个人的遭遇与一代知识分子的命运联系起来，而是就事论事地剖析、抨击一番，怎么可能像现在的论题这样，收到令人为之震撼的舆论效果？弄得不好，甚至还可能落入单纯追究个人责任的窠臼。这个例子说明，对于以典型事例为评论对象的评论来说，适当扩大论述范围，无疑是增强论题社会意义的有效途径，甚至是必由之路。

三、评论对象与论述范围相当

论述实际工作中的具体问题的评论选题，多数属于这一类。因为这类评论的着眼点就是解决实际问题，只要对问题和解决问题的方向、途径、措施等等的论述是切合实际的，评论也就达到了

---

① 1983年4月13日《人民日报》评论员文章，《新闻评论作品选》，第58—59页。

预期的目的。

明确选题的两个侧面,从评论对象本身的实际和社会需要出发适当调整论述范围,是能动驾驭论题的基本前提。评论对象无不是客观存在的事物,它只为人们提供要么评论、要么不评论这样两种选择的可能性。而评论对象与社会现实的联系,却是多种多样的,这就为人们提供了调整论述范围的广阔余地。因此,越是善于根据客观实际调整论述范围,就越能掌握处理论题的主动权。

这里有必要说明,新闻评论的选题,不等于评论的题目。选题规定一篇评论的评论对象和论述范围;题目对于评论,就像人的名字有不同的寄托一样,可以承担各种各样的任务。它可以反映选题,如《当前落实知识分子政策的关键》这个题目,明确地表述了评论对象和论述范围;《评朱毓芬之死》、《有感于李准改名》这类题目,也部分地反映了选题,告诉人们这篇评论将论述什么。不过,更多的评论题目却主要用于揭示立论思想,或概括对于事物的看法和态度,如《绝对不允许有"特殊公民"》、《为了美好的明天,加油干!》、《保护和发展民族工业》等。《别了,司徒雷登》、《一语便俗》这类题目,概括的也是立论思想,只是比较含蓄,后者还具有杂文特有的色彩。题目也可以同时反映选题和立论,如《回答一个问题——翻两番为什么是能够实现的》,它的主题反映选题,而副题则反映立论。总之,选题是选题,题目是题目;把二者简单地等同起来,势必影响对选题的确切理解,也影响题目更好地发挥自身的作用。

立论的含义

新闻评论的立论,指一篇评论作品的中心思想和基调。其中的中心思想，相当于一般文章主题，它贯穿于评论的始终，起着统帅全文所有观点和材料，包括论点和论据，以及其他诠释和衔接文字(或音响、画面)的作用；基调则着眼于适应受众的接受能力，是新闻评论这种面向广大受众的政论文章不能不特别注意的方面，也是立论区别于一般文章主题的主要因素。

任何一篇评论，不论论题大小，篇幅长短，都需要有自己的明确的立论，即一定的中心思想和基调。《回答一个问题》阐述党的十二大的重大决策，论题之重大自不待言，篇幅之长也是少见的。这篇社论在我国经受过 1958 年的“大跃进”和 1978 年的“新跃进”两次挫折的历史背景下，面向广大干部、群众阐述本世纪发展国民经济的总目标——工农业总产值翻两番，旨在消除人们对这个目标究竟是不是切合实际、能不能实现的疑虑。它从提出翻两番的目标是否重蹈历史的覆辙这个尖锐的问题入手，根据马克思主义关于分析任何问题都必须放在一定的历史范围的原则，除了通过纵向和横向比较论证其可能性外，着重强调这个目标是在新的历史条件下，在科学的经济工作方法指导下经过反复论证提出的。这个立论思想是经过深思熟虑、认真提炼的，正如社论在作了种种比较之后所说的：

> 这些比较，是可以说明问题的。在这篇社论里，我们不准备更多从这方面去论述，而想着重从历史条件的不同这个根本问题，来论证翻两番的现实可能性……①

这个立论思想很充分地体现在社论中，成为贯穿全文四五千字的主线，统帅着其中的每一个段落、每一句话。假如不是动笔之前

---

① 《回答一个问题》，1982 年 10 月 18 日《人民日报》社论。

就形成了明确的立论思想，怎么可能下定决心以这么长的篇幅做多侧面的论述呢？假如不是有这么一条鲜明的主线贯穿于全文的始终，怎么可能吸引读者读下去，心悦诚服地接受它的看法呢？长篇评论需要有明确的立论，短篇评论也不例外。《微笑的美》议论一件小事，只有300多字，它所以给人留下较深刻的印象，也在于作者不因文章短，而忽视提炼立论思想。它针对营业员、服务员多为女性的实际情况，从微笑是心灵美的表现这一观念出发，引导营业员、服务员改善服务态度，微笑对待顾客；这是一个相当巧妙且不无新意的立论角度。[①] 一篇评论，包括短评论，如果没有明确的立论，那就像没有穿线的珍珠，即使颗颗晶莹璀璨，也不过是盘散珠；就像军队没有统帅，就算个个勇猛，也不过是使气斗狠的散兵游勇。有些评论所以给人以东一榔头、西一棒子的感觉，重要的原因之一就在于没有形成明确的立论，失却了处理内容的确定的指导思想。

立论的两个侧面，承担着不同的任务：中心思想揭示作为评论对象的事物本质，基调规定论述的思想高度和理论深度；它们从不同角度体现评论的预期目标，并为实现这个目标服务。新闻评论面向实际、面向群众，它论述某件事情、某种现象、某个问题，都既要从评论对象的实际出发，也要考虑它对周围事物的影响，照顾多数受众，尤其是与所论述的事物有着密切关系的那部分受众的接受能力。它要揭示事物的本质，并提到一定的思想、理论高度上来分析和认识，但不是越深越好、越高越好，因此就有个适当控制基调的问题。所谓“适当”，就是力求符合两个实际——事

① 上海人民广播电台1984年播出，全文见本书附录。

物的实际和受众的实际。比如,利用职务或工作之便谋取个人私利,实质虽然都是以权谋私,但有程度的差别(量),有政策界限(质),有的违反党纪,有的违背职业道德,有的则触犯刑律,究竟把基调定在哪里,就需要具体分析;如果不加分析,唱同一个"调头"、"一刀切",那就势必违背事物的实际。《评朱毓芬之死》和《不仁》[1]都是就自杀事件发表的评论。前者在抨击嫉贤妒能的社会恶习和轻视知识、歧视知识分子的"左"的思想同时,大声疾呼:

> ……朱毓芬生前的呼喊和最后的一死,正是一个信号,它提醒我们:重要的不仅是把优秀知识分子提拔到领导岗位上来,而且还要全力支持他们的工作,特别要支持他们同歪风邪气作斗争。

后者就一位粮站职工因生活上的困难得不到领导的体谅和可能的照顾而自杀的事件,一方面鞭笞由麻木而终至于残忍的官僚主义作风,一方面告诫人们:

> 所以"不仁"之义虽然有两[2],而运用于人事上却是合二为一的。这些"圣人"的不仁,首先是麻木,对于人民的痛苦毫无感受,由麻木而终至于残忍,无慈悯。麻木、痴顽、刻薄、凶残,兼而有之。对于这种"圣人"我想重申去年论廖秀英案时说过的话:"尸谏无益","吞下砒霜药不死老虎"。自杀是教训不了以百姓为刍狗的"圣人"的。

对这两篇评论稍加比较,不难发现它们的基调明显不同,却又都恰

---

① 1985年1月22日《新民晚报》"未晚谈"专栏,《赵超构文集》第5卷,文汇出版社1999年版,第619—620页。

② 作者在本文开头,引用钱钟书解释《老子》"天地不仁,以万物为刍狗;圣人不仁,以百姓为刍狗"的话说,"'不仁'之义有二,一是凉薄或凶残,二是麻木或痴顽"。钱说见《管锥篇(二·上卷)》,三联书店2001年版,第31页。

到好处。这种不同,是综合考虑自杀的原因、事件的社会意义、读者对象不同等多种因素的结果。其中,读者对象是很重要的一个因素。《人民日报》读者以干部为主,主要着眼于政策;而《新民晚报》面向城市居民,则更多地考虑事件的社会意义。所以,在立论中把中心思想和基调区别开来,给予基调以必要的注意,有利于防止评论"调头"倚高倚低、强加于人或流于浅陋鄙俗的偏向。

有一种说法,认为立论就是总论点。其实,它们是两个不同层次的概念。立论与选题同属于评论的整体层次,它以观念形态存在于作者的脑海之中,并不直接在评论中表现出来,而是通过包括总论点在内的诸论点体现、并为受众所理解的;总论点则是居于主导地位的论点,与分论点同属于评论的要素层次。有些只有一个论点的短评论,立论直接表现为总论点;在这种情况下,未尝不可以说二者是相通的,但毕竟不是一回事。

选题趋同、立论互异的现象

选题与立论,是一个统一过程(构思或酝酿过程)的两个环节。一般选题在前,立论在后;选题为立论提供基础,立论赋予选题以灵魂。正如毛泽东所说:"一篇文章或一篇演说,如果是重要的带指导性质的,总得要提出一个什么问题,接着加以分析,然后综合起来,指明问题的性质,给以解决的办法"。① 不过它们又是相互渗透,不能截然分开的。人们在确定选题时往往同时考虑立论,在提炼立论思想的过程中也时常回过头来修订选题。尤其是论述重大问题的评论,选题和立论大多几经讨论,凝聚着集体的智慧;在这种情况下,它们更是紧密联系在一起,那就更难区别孰

① 《毛泽东选集》第 3 卷,人民出版社 1991 年版,第 839 页。

先孰后了。

在选题和立论的关系中，有一种现象特别值得注意，这就是选题趋同、立论互异的现象。面对着一项中心工作，或人们普遍关心的新闻事件、社会现象、社会问题，各个新闻单位都感觉到它的重要性，认为有必要引导受众正确认识和对待它，因此一时间出现许多选题类似的评论，这就是趋同现象。但是，新闻单位的性质、所处地位和服务对象毕竟有所不同，各自对于事物的判断和认识也可能有这样那样的差异，而且又都力求表现独到的见解，因此即使论述同一论题，立论也往往不尽相同或完全不同，从而出现互异的现象。在选题趋同的情况下，立论互异通常有两种表现：

(一)目标一致、各有千秋的互异

这种互异，多数出现在论述中心工作、先进典型和人们普遍关心的社会现象和社会问题的评论之中。这种互异，其实是新闻单位从各自的性质、肩负的任务和受众的实际出发观察、分析事物的必然结果，也是检验新闻单位的政治敏感和社会责任感的重要标志。因为在选题趋同的条件下，只有在立论上"各有千秋"，才能为自己的服务对象提供更加切合实际的见解，也才能防止雷同、避免千篇一律的现象。这种互异亟须提倡，否则凡事"统一处方"，怎么可能"对症下药"？哪里谈得上因地制宜、因人制宜，贯彻"宣传要看对象"[①]的原则？又怎能真正活跃和繁荣社会主义论坛？当然，这种"各有千秋"是以目标一致为前提，为共同目标服务的。

① 毛泽东在《反对党八股》一文中指出："共产党员如果真想做宣传，就要看对象，就要想一想自己的文章、演说、谈话、写字是给什么人看、给什么人听的，否则就等于下决心不要人看，不要人听。"《毛泽东新闻工作文选》，新华出版社 1983 年版，第 77 页。

(二)反映不同见解或意见分歧的互异

这种互异在署名评论中较为常见。例如,1982 年有家出版社在报纸上刊登广告,征求读者对它所出版的图书的意见,许诺给提意见的读者以一定的“酬金或赠新书”。上海和北京多家报纸就这件事发表了署名评论,有的给予肯定,认为这是花钱买批评,表现了渴望批评和改进工作的诚意;有的则不以为然,认为这是把批评商品化。[①] 这种不同见解或分歧,有的固然有是非、正误之争,有的则是从不同角度看问题的结果。不管哪一种,在一般情况下都属于正常的现象,既有利于活跃论坛,也有助于明辨是非、澄清认识、完善看法。正如《人民日报》在 1956 年的《致读者》中所说的:“这种情形不但不妨碍而且有助于问题的解决,无论问题是由于一种观点战胜了其他观点而解决,或者由于不同观点在争论中相互接近而解决。”[②]当然也可能出现基于立场、世界观对立的不同立论,不过在关于国内问题的评论中,这种现象相当罕见。

选题趋同、立论互异这一现象说明,选题和立论虽然都是对客观外界这样那样的反映,但相对地说,选题的客观性强些、稳定些,而立论则更为活跃,更具主观倾向性。换句话说,新闻单位和评论作者,在立论方面可以比选题拥有更充分的主动权和能动性。不妨设想一下,一个新闻单位如果对人们普遍关心的问题置若罔闻或避而不论,那将会怎样?恐怕不仅是失职,对社会、对自己的服务对象失职,而且也将引起这样那样的误解,模糊自己的

---

① 见 1982 年 7 月 2 日上海解放日报《花钱买批评》和同天文汇报《批评岂能商品化》,7 月 30 日光明日报《赞成出版社奖励批评者》。

② 1956 年 7 月 1 日《人民日报》社论《致读者》,《中国共产党新闻工作文件汇编》下卷,新华出版社 1980 年版,第 110 页。

政治面目。因为在其他新闻单位都有所评论的情况下，不予置评本身就是一种“评论”，而且是一种可能被受众理解为同主流舆论相反的“评论”。但如果只是“等因奉此”式或人云亦云地议论一番，毫无真知灼见，那也无异于搪塞受众、搪塞社会。因此，任何一个负责的新闻单位在选题不能不趋同的时候，都力求在立论方面充分发挥能动性，尽可能就有关问题发表新鲜、中肯而且有益于社会和受众的见解。这对于繁荣新闻评论，活跃社会主义论坛，无疑是十分可宝贵的努力，亟须继续发扬光大。

选题、立论的思维过程和思维特征

选题和立论虽然都是客观实际的反映，都是思维活动，但由于选题在前、立论在后，而且各有不同的要求，因此也必然具有各自的思维过程和思维特征。

选题的思维过程和思维特征　选题作为酝酿阶段的先头环节，它首先面对的是客观存在的各种各样的事物。它的任务是从这些事物中选择、确定恰当的评论对象和论述范围，形成既具有普遍社会意义，又适合自己(指媒介，包括媒介的传播方式、性质、地位等)论述的论题。所以，在选题过程中，认识主体——评论作者(包括个人和群体)，除了必须坚持从认识对象——客观事物出发以外，还需要考虑媒介、受众等因素。这样，选题的思维过程，实际上是一个把进入自己认识范围的事物，放在广阔的社会背景下进行比较、筛选的过程。体现在这个过程中的思维走向和思维方法，带有横向的宏观比较的鲜明特点。

图1是选题思维过程的示意图。图中的Ⅰ、Ⅱ、Ⅲ，表示选题思维过程的三个阶段，也就是经过三重筛选，即：

(一)重要性筛选——在这个阶段，作者的主要任务是从面对的各种事物(即图 1 中的“事物群”)中,经过比较,从中筛选出他认为重要的、值得加以评论的若干事物。这重筛选是其他两重筛选的基础,集中地体现了选题的思维特征。

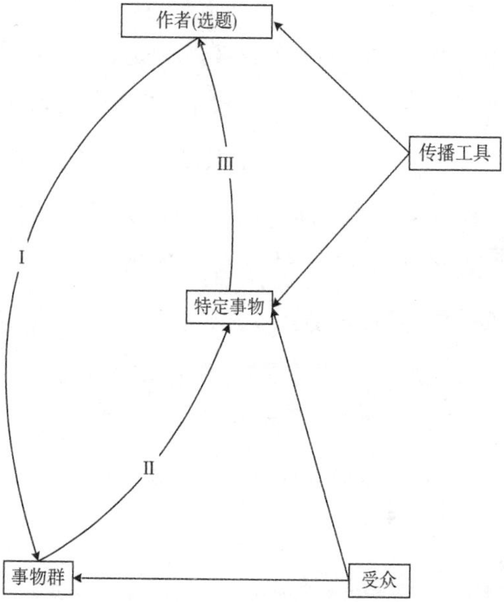

图 1　选题思维过程

(二)必要性筛选——受众作为社会实践的参加者,也同评论作者一样,面对着各种事物(具体种类可能不完全相同);他们同这些事物有着或直接或间接的关系,并且也在观察和认识这些事物,甚至已经形成了自己的某种看法。由于所处地位、环境不同等因素,评论作者认为重要的事物未必都是受众关心的,因此也就未必能够成为评论的对象——特定事物。这就需要在重要性筛选的基础上,与受众究竟关心什么、为什么关心这些因素联系起来作第二重筛选,即必要性筛选。

(三)可行性和可能性筛选——重要的、必要的,是不是就是宜于论述并能够得心应手论述的论题呢? 这也是未必的。所以,还必须与媒介本身的性质、地位、服务对象,以及社会环境等因素联系起来,作第三重筛选,即可行性和可能性筛选。比如,《人民日报》作为党中央的机关报宜于论述的论题,地方党报、非党报或专业性报纸就未必都宜于论述;各级电台、电视台虽然性质相同,但所处地位不同,也同样存在着宜不宜的问题。这是可行性的一面;可行性还有更重要的一面,这就是从全局出发、着重从政治和社会效果方面权衡利弊得失,以十分负责的态度慎重地对待所谓"投鼠忌器"问题。茅盾曾说:

> 鼠可以指人,也可以指事,而且鼠有大小,而小鼠之后有大鼠撑腰。故投鼠,亦非简单。器可以指社会主义制度,也可以指党。投鼠不中而伤器,这是极不应该的(意在投器的别有用心者,不与同例)。如何能击中老鼠而不伤器,且使器之光辉更加发扬,这就有赖于作者的思想水平,政策水平,分析综合能力,以至于写作技巧了。①

这个意义上的可行性筛选,是关系着评论方向的根本问题,自然不能掉以轻心。可能性筛选,则是居于媒介传播方式的适应性选择,这对于广播、电视评论尤为重要;它提醒我们在选题方面自觉地实践扬长避短的方针,防止与报纸评论简单攀比。经过这重筛选之后,选题也就可以确定了。

在这三个阶段中,直接关系选题现实意义强弱的,主要是前两个阶段。新闻评论面向广大受众,任何时候都不能忽视受众这

---

① 转引自林放:《未晚谈》,上海人民出版社 1986 年版,第 128 页。

个因素，忽视必要性筛选这一环节。当然也不能机械地理解受众因素，片面地以必要性否定重要性和可行性。有些重要的问题可能还没有引起受众的关注，但只要善于从群众的角度提出问题，是可以唤起受众的关心和接受兴趣的。而对于有些社会上议论纷纭的热门话题，则务必立足全局、冷静分析、慎重对待，切忌赶浪头，凑热闹。

立论的思维过程和思维特征　立论一般是在选题的基础上提炼的。因此，酝酿进入立论阶段时，作者首先面对的是作为评论对象的特定事物。整个思维过程的任务是：透彻地分析特定事物，弄清它究竟蕴含着一些什么，提供了哪些立论的可能性，然后在这个基础上经过必要综合、提炼，形成鲜明、中肯的中心思想和适当的基调。这个过程也可以大致概括为图 2 所表示的三个阶段：

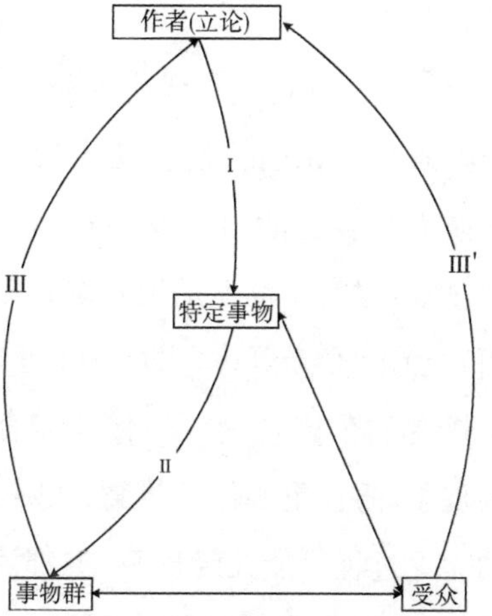

图 2　立论思维过程

(一)形成认识深度——即通过对特定事物的解剖、分析，洞察其内里，具体了解它的方方面面。对特定事物认识越深越细，就越能把握评论对象蕴含的各种立论可能性。经过这个阶段，出现在作者脑海里的就不再是事物的外在表现，而是内在的种种蕴含（甚至是本质特点），以及可能成为立论基础的种种初步想法，以至于观点和见解。

（二）确定立论角度——分析特定事物之后所掌握的各种立论可能性，其实就是一个个供选择的立论角度。从哪个角度立论可以产生更为积极的影响，或者说可以获得举一反三的舆论效果呢？这不能光凭主观判断，而需要再回到事物群中去，弄清楚不同的立论角度与周围事物的关系；同时与受众联系起来，具体掂量哪个角度更贴近受众，更能够引起广泛的共鸣。经过这两方面检验之后确定的立论角度，通常就可以为评论实现预期的舆论效果奠定较好的基础。

（三）控制立论高度——这一阶段主要是从受众的实际，包括他们对特定事物的既有认识（正确的、错误的、有疑虑的、误解的等等），以及认识能力和容受能力出发，确定立论基调，适当掌握立论的思想高度、理论深度。也就是把基调控制在既有利于揭示事物本质，也有利于消除受众疑虑、误解和纠正错误认识，同时又是多数受众易于接受的范围之内。这样才能有效地防止曲高和寡或庸俗浅薄的现象，防止重蹈任意拔高、无限上纲之类的覆辙。

具体评论的立论过程可能几经反复，但都需要认真解决认识深度、立论角度和思想理论高度这三个问题，才能保证评论的思想质量和社会效果。贯穿在这个过程中的思维特征，是与选题相对应的纵向的微观分析。这里的纵向指由表及里、由浅而深的思维走向，微观指注重解剖、透视事物的内里，分析指思维方法。

选题和立论是一个思维过程，而且经常是一个群体思维过程。能否形成具有一定现实意义的选题和思想价值的立论，从根本上说，取决于是否坚持实事求是、从实际出发的思想路线，认真研究客观实际和作为评论对象的特定事物。问题是怎样理解客观实际和特定事物。对于面向群众的新闻评论来说，有必要特别强调把处于实践第一线的广大群众作为重要的、不可忽视的认识对象，把“从实际中来，到实际中去”与“从群众中来，到群众中去”统一起来。这样，只有这样，才能有效地防止见事见物不见人的倾向，才能真正赢得广大受众、收到预期的社会效果。所以，在选题和立论的思维过程中，受众是一个举足轻重的因素，是同事物具有同等意义的认识对象。

思考题：

1. 选题是什么？如何理解选题的两个侧面和它们的关系？
2. 何谓立论？为什么立论必须注意适当控制基调？
3. 如何理解选题趋同、立论互异的现象？认识这一现象的意义在哪里？
4. 结合示意图，说说你对选题、立论的思维过程和思维特征的理解。

第二节　广播、电视评论的选题

广播、电视评论的选题，与其他媒介的新闻评论大同小异。不过，“小异”虽小，却是广播、电视评论个性特征的体现，是它区别于其他评论选题的质的规定，所以本节着重探讨“小异”。而为了准确把握这个“小异”，却又需要首先明确“大同”，即新闻评论在选题方面的共同点。

选题的共同点

新闻评论选题的共同点，除上一节所说的以外，还包括共同的选题目标、选题根据和基本要求。

(一)选题目标

选题目标关系着论题的价值。一篇评论拿什么作为评论对象，放在什么范围内论述，是一个十分严肃的问题，任何时候都不能随心所欲。该评论的问题而不予置评，或囫囵吞枣、敷衍了事，那等于放弃自己的社会责任；不加选择、眉毛胡子一把抓，则可能干扰中心工作，干扰人们的注意力。所以，新闻评论无不以论题切合客观实际，具有普遍的现实意义作为追求的目标。所谓现实意义，有三个基本标准，即：(1)论题所接触到的是社会现实生活中确实存在的，而不是主观臆造的问题；(2)是与当前社会的注意重心(主要矛盾)方向一致的，而不是逆向的问题；(3)是人们普遍关注的，而不是只有少数人感兴趣的问题。一般的说，合乎这些标准，尤其是避免了那些“不是”的论题，对受众就具有一定的吸引力，也就能够在一定程度上发挥引导舆论、指导实践的作用。

(二)选题的根据

具有普遍现实意义的论题是从哪里来的呢？辩证唯物主义的回答是：既不是从天上掉下来的，也不是作者头脑里固有的，而是理论与实践结合、主观与客观统一的产物；既不能“唯书”，也不能“唯上”，而只能“唯实”。邓拓在讲到《人民日报》社论的选题时，曾经提出“五个方面的根据”：(1)党中央和国务院的决定和指示;(2)地方党委和政府提供的情况和意见;(3)从主管部门了解到的情况和意见;(4)记者提出的报道题目和线索;(5)读者来信反映的情况。[①] 以后,有的同志又概括为从来自"上面的精神"和来自"下面的呼声"选题。[②] 这两种说法其实是一致的,就是在"吃透两头"的基础上选题。不过,这里需要强调两点:首先,"上头"、"下头",重点是"下头"。这是因为"上头的精神"是"下头的情况"的正确反映和概括,离开下头的情况就难以透彻理解、领会来自上头的精神;同时也因为"下头的情况"往往为人们所忽视、常常因此而闹出"歪嘴和尚念错经"的事情来。其次,"吃透两头"关键是"吃透",即经过自己的头脑,把它们联系起来,作一番由表及里、由浅而深的思考,作一番去伪存真、去粗取精的加工提炼,否则即使"两头"都摆在面前,也不可能自动转化为有实现意义的选题。

(三)基本要求

新闻评论的具体选题千差万别,论题的现实意义也可以因时、因地、因新闻单位的性质和地位而异,自然不能用一条等高线去衡量具体选题。但是,凡是具有一定现实意义的选题,事实上又都包含着一些基本的因素,它们也就成为检验具体选题的基本要求。其中主要有以下几项:(1)符合党的基本路线、基本原则和方针政策精神;(2)与时代、社会的脉搏相吻合,与党的中心工作和人民群众的注意重心保持一致的方向;(3)从全局、大局出发,符合国家和人民的整体利益和长远利益;(4)为人民群众普遍关

---

① 邓拓:《关于报纸的社论》,《邓拓文集》第1卷,北京出版社1986年版,第317—318页。

② 范荣康:《新闻评论学》,人民日报出版社1988年版,第207、209页。

心或能够引起他们的关心；(5)有一定的新鲜度和启发性。这些要求实际上都包含在选题的根据之中，也是实现选题目标的保证。

以上这些共同点，决定着新闻评论选题的方向和价值，是任何媒介的评论都不可忽视的。广播、电视评论当然也不例外。

广播、电视评论选题的前提

广播、电视评论的内容选择性，表现在选题方面，就是既有特别善于论述的论题，也有不善于表现的领域。就常见的情况看，大致可以概括为“四长四短”：

(一)长于小，短于大 这里的大小，指论题的角度和论述范围，而不是意义和重要程度。论题的角度小，接触面窄，自然比较容易在有限的节目时间里，运用声音、图像符号和相应的表现手段，作既深入中肯又具体生动的论述。像《微笑的美》、《致富不能“鸡啄米”》、《桐乡粪桶事件留给我们的启示》，都以切入角度小，取得或比较精致巧妙、或颇为新颖独到、或较为深刻中肯的表现效果。如果切入角度大、论述范围宽，无论广播评论或电视评论论述起来恐怕都难免力不从心。如《保护耕地，刻不容缓》这则电视述评，虽然费了很大的气力，却仍然给人以深度不足的感觉，恐怕与涉及面太宽不无关系。比较地说，电视评论对于角度的大小更敏感些，因为只有角度小，才可能拥有典型事实和场景，才有画面驰骋其表现优势的天地。

(二)长于广，短于专 “广”指广大受众共同关心的论题，如影响面宽的新闻事件，社会发展和社会政治、经济、文化生活，与群众休戚相关的社会现象和社会问题等等。这类论题不仅有广泛的受众基础，而且都便于从思想、政治或伦理的角度论述；一般只要与群众的关心点联系起来，就不难捕捉到引人注目的焦点，从而也比较容易作深入浅出、雅俗共赏、能够引起受众共鸣、形成某种交流感的论述。像《让我们伸出双手》、《“三国四方”何时拆除篱笆墙》、《惜哉文化》和《学习安珂敢于同坏人坏事作斗争的精神》、《拜金主义要不得》这些评论获得较好的播出效果，都直接得益于论题，尤其是作为评论对象的事实本身具有的扣动社会神经、为人深切关注的震撼力和吸引力。“专”指专业性、业务性强的论题；这类论题只有“很少一部分人关心或感兴趣”[①]，主要面向具有相当文化水平、而且为读者提供可以反复推敲条件的报纸评论尚且要避免，何况广播、电视评论？这当然不是说不能评论专业、业务领域的问题，而是说要尽量避免这类论题的专业性、业务性，否则就必然陷于专业人士“不过瘾”、一般受众“懂不了”的境地。

（三）长于动态型，短于长过程　“中广”的短评《理应嘉勉》[②]，“国际台”的新闻分析《美国决定退出教科文组织说明了什么》，都是论述动态型论题比较成功的例子。在洛杉矶奥运会期间，台湾“新闻局”始而禁播大陆选手的镜头，继而开禁，嗣后发函嘉勉“华视”的转播工作。《理应嘉勉》这篇短评及时抓住这一最新动态，一方面对台湾“新闻局”嘉勉“华视”表示赞赏，一方面含蓄批评它曾经禁播大陆选手镜头的不得人心的做法，准确地体现了国家的对台政策。这些评论的成功说明，广播、电视在论述动态型论题方面，的确拥有不可忽视的优势；但需要保持高度的新闻敏感和把握社会注意重点，才能更好地发挥这种优势。而某些需要作长

---

① 邓拓：《关于报纸的社论》，《邓拓文集》，北京出版社 1986 年版，第 313 页。

② 中央人民广播电台 1984 年播出。

过程或多侧面、多层次分析的论题，则往往是在广播、电视媒介的传播条件下，难以得心应手处理的；《焦点访谈》、《新闻纵横》为处理这类论题，多采取跟踪评论的方式，但由于忽视为受众提供集零为整的条件，播出效果并不像预期的那么好。

（四）长于鼓动，短于推理　这一“长”一“短”，反映了声音、图像符号的内在矛盾。声音和图像，都拥有直接感染和移情的表现能力，特别适合于表现鼓动性的内容；而声音稍纵即逝和图像拙于表现抽象的弱点，又使广播、电视评论难以作严密的逻辑推理。请琢磨下面这两个片段：

①各位听众，难道我们就这样眼睁睁地看着大树死去吗？请你想一想，城市一旦失去绿色的生命，人类一旦失去大树的庇护，我们自己还剩下什么呢？我们呼吁，杭州市民赶快走出家门，一齐动手，抢救我们的大树，以实际行动报答大树的恩情。[①]

②（同期声：“卡拉 OK 厅出租问题”）

观众朋友，吉林市博物馆的火灾原因至今还没有定论，但据说是银都夜总会的业主利欲熏心，无视消防法规，才酿成大祸。但是，假如我们撇开直接的火灾原因，我们还会发现，从吉林市、辽宁阜新市，到新疆克拉玛依市连续三起震惊中外的大火无一例外都发生在文化场所，这难道是一种偶然吗？

上海自然博物馆火灾隐患严重，但真要使它转危为安，相信也不会是一件十分困难的事，拿出钱来，维修改造就能

---

① 浙江人民广播电台 1988 年 8 月 8 日播出，《优秀广播稿选与评析(1988 年)》，中国广播电视出版社 1989 年版，第 74 页。

> 解决问题，但是，要扭转人们对文化的轻视，对博物馆事业的轻视，光有钱能解决问题吗？
>
> 也许大家还记得：面对吉林市博物馆的废墟，吉林市的一位出租车司机说了一句动情的话："再穷，也不能不要文化"。看到博物馆的今天处境，我们也想说一句：请重视文化，请善待文化。①

1988年8月8日的7号台风，把杭州的许多参天大树连根拔起；①是浙江电台于当天播出的评论，它以带有浓厚感情色彩的语言号召居民参加抢救大树的活动，据说收到了很好的动员效果。②是上海电视台关于上海博物馆存在着严重火灾隐患的评论，也主要运用鼓动的手段，激发人们关注并思考在市场经济条件下社会主义文化事业的命运。鼓动主要诉诸情感、情绪，恰当的鼓动可以激起人们的联想和思考，它的作用丝毫不亚于理性的推理。这是广播、电视评论的"长项"，何乐而不为。

广播、电视评论在选题方面的这些"长"、"短"，根源于广播、电视传播方式，是不以人的意志为转移的客观存在。正因为这样，正视这些"长"、"短"，注意"量体裁衣"，是正视内容选择性的应有之义，也是广播、电视评论恰当选题不可忽视的前提。

广播、电视评论选题的特殊课题

正视"长"、"短"，重点在"短"。但不是消极地弃短就长，而是在正视的基础上积极地补短扬长。这意味着广播、电视评论在选题方面，必须更加自觉地着力解决两个相互联系的特殊问题：(1)如何扩大选题范围？(2)如何突破自己不善于论述的论题？关键

① 《火警声声向文化》，上海电视台1994年播出；《新闻评论作品选》第197—199页。

是后一个问题，因为只要能够克服自己之所“短”，把不善于论述的论题变得能够得心应手地论述，扩大选题范围的问题也就不难解决了。

突破原来不善于论述的论题，需要多方面的努力，包括立论和论述等环节的配合。在选题范围内，核心问题是设法改变哪些不善于论述而又非论述不可的论题题型。为此，有必要着重注意以下几点：

（一）坚持“从小处着手”

这是“从大处着眼，从小处着手”这个选题原则的一个侧面；作为一种方法，它对于广播、电视评论改变某些不善于论述的论题题型，有着十分重要的价值。

“从小处着手”的“小处”多种多样，比较常见的主要有两种：一是把重大的论题与具体的典型事例联系起来，即通常所说的“因小见大”；一是缩小“突破口”，甚至把“突破口”集中在一点上。前者如《早稻种了不收引出的思考》[1]。这则电视述评接触到粮食生产中的一个方向性问题：如何适应市场的需要，改变忽视效益、单纯追求高产的偏向，引导农民走高产、优质、高效的道路。它从一个对比强烈的典型事例切入：

［解说］观众朋友，我现在站在绍兴县鉴湖镇和平村的田头。这几天，我们在这里采访时，发现了这么一桩怪事，请看：在我的左边，是一片金灿灿的稻谷，一派丰收景象，承包主也在收割他的晚稻了。在我的右边这块地呢，连早稻还没

① 浙江绍兴电视台 1992 年播出，《优秀电视新闻稿选（1992 年）》，中国广播电视出版社 1993 年版，第 112－114 页。

收割！大家现在看到的是早稻谷上长出的秧苗。这之间形成了强烈的反差。

在和平村，我们找到了承包人孟爱珍。

［访谈］记者：你有多少责任田？

孟：四亩五分。

记者：你为什么不割早稻？

孟：收进来还不如付出的多。

［解说］农民不愿收种的早稻，在市场里同样受到了冷落。

［访谈］胡东辉（字幕：杭州市粮油批发市场经理）：那些在市场没有出路的早稻谷只好堆积在粮库中。据了解，我省库存粮中，早稻品种已占了70%以上，粮食企业背上了沉重的包袱。看来，早稻确实到了农民不愿种又不得不种，粮食部门不愿收又不得不收，消费者不要吃又不得不吃的地步。造成这一现状的主要原因是，在长期的计划（经济）体制束缚下，农民缺乏自主经营的环境，严重挫伤了农民的积极性，造成了粮食品种粗劣，结构失调，使弃耕抛荒的现象愈演愈烈，高产低效的矛盾日益突出。

［解说］现在要解决粮食生产高产低效的矛盾，唯一的出路是放手把粮食生产推向市场。那么，粮食生产又如何走向市场呢？

在给予观众强烈视觉印象的基础上提出问题，然后围绕这个问题一步步向前推进，以访谈的方式作简明扼要分析。这样处理，是不是把一个比较抽象的、不便于电视表现的论题，变成由具体而抽象、能够发挥图像的表现优势的论题了呢？在这里，发掘画面再现效果好的典型事例，显然是激活整个论题的关键因素。后者如“中广”的《开展批评与贯彻“双百”方针》[①]。这个论题涉及两个涵盖范围广泛的根本方针,如果直接从这两个方针入手,那就像“横看庐山”,不仅有限的篇幅容纳不了,而且难免面面俱到、四平八稳。这则评论员文章从这两个方针的关系入手,而且与当时的实际结合起来,把论述重点集中在开展批评会不会妨碍思想文化领域贯彻“双百”方针上头。“突破口”经过这样一缩再缩之后,论题就发生了“横看成岭侧成峰”的变化,由“面”变成了“点”,也就比较便于在广播的条件下深入论述了。

事实上,许多评论对象比较宽泛或比较抽象的论题,经过“从小处着手”的处理之后,题型都可以发生类似的变化,或是由宽题变窄题、由泛题变实题,或是由大题变小题、由繁题变简题,从而成为广播、电视评论可以得心应手论述的论题。当然,“从小处着手”也不能忽视“从大处着眼”。“从大处着眼”也就是从客观实际、社会需要出发,它关系着选题的方向;如果忽视这一侧面,“因小见大”就可能沦于“因小见小”、就事论事,缩小“突破口”也可能导致片面性和绝对化。所以,“从小处着手”务必同“从大处着眼”结合起来,这样才能恰当地解决从哪里着手的问题,也才能保证论题的普遍现实意义。

(二)善于从群众的角度审视论题

广播、电视评论面向广大受众,从群众的角度观察事物、分析问题,形成相应的论题,这本来是天经地义的事。这里所以需要再次强调,是因为在这个问题上仍然相当普遍地存在着盲目性,同时也是为了把某些专业性、业务性很强的论题变成受众感兴

---

① 中央人民广播电台 1981 年 8 月 27 日播出。

趣、而且能够理解和接受的论题。

同其他媒介的评论一样，广播、电视评论不免要接触实际工作和业务、专业领域的问题，而且还将随着改革开放的发展而逐渐增多。这类问题往往是受众陌生的，有时不容易引起许多人的接收兴趣，但如果因此而采取简单回避的态度，则可能导致论题狭隘，影响以至于削弱自己的舆论作用。面对这类问题，如何把它们变成多数受众感兴趣、又便于作深入浅出论述论题，关键就在于调整看问题的视角：究竟从领导机关、业务部门还是从群众的角度出发？角度不同，论题的性质、类型，以至于立论和论述的方式都将随之发生变化，播出效果也将有所不同。比如，农村工作中的如何处理继续坚持联产承包和适度规模经营的关系问题，调整经济结构和种植结构的问题，产、供、销服务社会化的问题，这些问题本来都关系着每一个农民的切身利益，都可以引起农村受众的普遍关心和兴趣。但如果单纯从领导机关、业务部门角度论述这些问题，那就可能专门在政策界限、具体工作和业务措施上打转转，那样就未必能够赢得多数农村受众；如果换个角度，认真地琢磨琢磨农民关心这些问题，究竟主要关心什么，有什么没有解开的疙瘩，在这个基础上形成论题、进行有针对性的论述，那么评论就可能真正成为“开心的钥匙”。总之，广播、电视评论要在推动实际工作方面充分发挥舆论作用，就必须转换视角，学会从群众的角度去审视工作、业务问题和处理有关论题。

（三）密切注视事物发展、变化的转折点

注视事物发展、变化的转折点，通过观察、研究事物的转折点抓问题、抓矛盾，是新闻评论选题的重要方法。而对于广播、电视评论，则同时也是改变某些不善于论述的论题题型的有效途径。

这是因为事物的转折状态，一般都具有下列特点，从而为改变论题的题型提供了多种多样的可能性：

(1)事物的转折状态，无不代表事物的现状。把握这个特点，就可以把某些需要作长过程分析的论题，或者转变为动态型论题，或者从分析当前状态的典型事例作为驾驭论题的突破口。上面提到过的《理应嘉勉》，就是利用事物的转折状态，形成动态型论题的一例。台湾“新闻局”从禁播祖国大陆选手的镜头到嘉勉做这种转播的电视台，这是一种转变。然而这种转变究竟是政策上的改弦易辙，还是迫于民心所向呢？评论以“转变”这一表面现象为基础形成具有强烈时效性的论题，作了“有理、有利、有节”的分析论述：

> 台湾新闻当局，能正视现实，从不准播到准许播，并致函嘉奖，这不能不说是一大进步！尽管这种进步很被动，是出于被迫，但仍不失是好事。
>
> 希望(台湾)新闻当局能从这次的电视转播中得到启示：民心是违反不得的。

事物的转折状态，在这里既是论题赖以形成的基础，也是能够这么简洁明快、恰到好处地处理论题的必要条件。而《拜金主义要不得》①，则可以说是从抓事物的现状入手突破重大论题的成功例子。拜金主义这种腐朽的思潮有各种各样的表现，如“一切向钱看”、不择手段弄钱，迷信“有钱能使鬼推磨”的“金钱万能论”，斗富摆阔的“暴发户心态”，以奢靡淫逸为荣、勤俭节约为耻，等等。全面地分析、批判拜金主义这种社会思潮，显然是一则篇幅有限

---

① 中央人民广播电台 1993 年 4 月 8 日播出，全文见本书末附录。

的广播评论难以胜任的，这就需要找到一个适当的“突破口”。然而究竟从哪里入手，可以中肯地触及这一问题的实质呢？这则述评所以引起那么强烈的社会反应，就在于它与当前的社会现实紧密结合起来，把笔墨集中用于揭露和抨击拜金主义在当前的典型表现——斗富摆阔、挥霍浪费。由于这一表现人们最容易感受到，着重从这一角度入手，不仅能够在较短的篇幅里（就这则述评说，篇幅还是长了些）作比较具体、深入的分析论述，而且能够在引发共鸣的基础上唤起人们思考拜金主义的另外一些表现和更深层次的问题。

(2)事物的转折点是连结事物过去和未来的关键环节。抓住这一环，等于掌握了控制整个论题的主动权，既可以追溯过去，通过分析当前状态的实质及其形成的原因，寻求切合实际的解决办法；也可以展望未来，确切地指明事物的发展方向。在这方面，《和农民朋友谈免费》①可以说是比较成功的一例。这则广播评论，旨在提醒人们警惕新形势下的平均主义，正确认识社会主义的优越性。这一论题无疑具有重大现实意义。如果说作者能够捕捉到这个既重要又新鲜的论题，是观察正走向富裕的农村面临新问题的结果，那么能够把这个论题论述得这么中肯而又浅显明白，恐怕就要归因于敏锐地把有些富裕起来的村庄纷纷搞这免费那免费的新现象，与农村一度存在过的“大锅饭”联系起来进行分析。在这里，抓住不分青红皂白乱免费这一似是而非、容易使人迷惑的现象，着重分析它的不合理性，无疑是能动驾驭论题的关键。这个例子说明，把握转折点这一关键环节，等于作者把握了

① 作者王海林，（山西）晋城市郊区广播电台 1991 年播出。

理纷弃繁、突出矛盾症结的钥匙,同时也为受众提供了可以具体而真切地认识事物的条件。

这里说的是具体事物的转折点。至于宏观实际的转折点(如经济领域里的从计划经济向市场经济体制转变)则是正确认识事物不可忽视的社会背景,它对于正确确定论题当然是重要的,不过它主要决定选题的方向。前面已从不同角度讲过这个问题,这里就不赘述了。

(3)事物的转折点也是各种现象和矛盾的交汇点,是多方位观察、研究事物的“窗口”。通过这个“窗口”,可以发现各种各样的典型材料,也可以更准确地把握矛盾的症结,从而也为广播、电视评论扩大选题范围和改变不善于论述的论题题型,提供了广泛的可能性。

当然,注视和研究事物的转折点只是提供了改变题型的可能性,并不等于一定能够恰当转换题型。为什么“不识庐山真面目,只缘身在此山中”?这里有个立足点恰当与否,是不是善于处理整体与局部、全过程和转折点的关系问题。只有立足于党的政策的高度,立足于全局的高度,把转折点与全过程联系起来,才能更好地把握事物转折点的典型表现和本质特点,也才能更好地为实现扩大选题、恰当变换论题题型的目标服务。当然也要坚持从适应媒介的传播方式和体现新闻评论体裁特征出发,否则即使把握了转折点,也未必能够恰当得体地处理好选题的特殊课题。

以上围绕怎样改变不善于论述的论题题型、扩大选题范围这个特殊课题,大致讲了“从小处着手”、转换视角和注视转折点三个问题。它们其实都是新闻评论选题的基本原则和方法,在广播、电视传播条件下的具体运用。所以特别予以强调,主要是因为它们对于广播、电视评论克服自身的传播劣势，突破某些自己不善于论述的重大论题、扩大选题范围，具有特殊的意义。明确这一点是重要的，否则把它们与共同的选题原则和方法割裂开来甚至对立起来，那就难免失之偏颇。

思考题：

1. 为什么说在选题方面，广播、电视评论与其他媒介的评论“大同小异”？所谓“大同”，主要指什么？
2. 试述广播、电视评论在选题方面的“四长四短”；为什么说它们是广播、电视评论选题必须正视的前提？
3. 广播、电视评论怎样突破不善于论述的重大论题？你怎么看待教材提供的三种可行的办法？你有些什么想法和建议？

第三节 广播、电视评论的立论

如果说在选题方面，广播、电视评论与其他媒介的新闻评论“大同小异”，那么在立论方面恐怕就是“微异”了。邹韬奋先生说：“以时事为评论的材料，原有枝枝节节的毛病，但评论所根据之观察点则不得不有其中心思想以为权衡，故于分歧杂错的个别问题中，未尝没有一贯的中心思想为背景，所谓‘仁者见仁，智者见智’，殆亦此意。”[①]这里的“中心思想”，指立场、观点和思想方法。也就是说，一篇评论如何立论，主要取决于新闻单位和评论作者立场、观点和思想方法；媒介传播方式对立论虽然有影响，但

---

① 邹韬奋：《小言论·序》，《韬奋文集》第1卷，生活·读书·新知三联书店1962年版，扉页“韬奋墨迹”。

不像对选题那么显著。何况立论以选题为基础，选题确定之后，留待立论解决的就是如何按广播、电视的传播方式体现立论的共同目标和要求了。所以，探讨广播、电视评论的立论，重点在明确新闻评论立论的基本目标和要求。

立论的基本目标：求真求新

前人论诗文的立意，曾经指出："若不异之是，则庸而已；不是之异，则妄而已"[①]。"是"可以理解为真理性，"异"则是新异、独到的意思；而作为对立面的"妄"、"庸"，则可以分别理解为虚妄、平庸。这一说法，颇具辩证的色彩，对于理解新闻评论立论的目标不无启发意义。事实上，在长期的新闻评论实践中，人们在立论方面所追求的，也可以归结为"是"和"异"，或"真"和"新"的统一。

近些年来，人们较多地强调立论要"新"，有人甚至主张要"刻意求新"。这对于肃清"四人帮"横行时期的那种"小报抄大报，大报抄梁效"[②]的恶劣文风的流毒，对于反对人云亦云，提倡实事求是和活跃论坛，都起了积极的作用。但是，决不可以因此而轻视或无视"真"这个因素。真是新的基础，离开"真"，"新"就像无本之木、无源之水，实际上是达不到的，甚至还可能走向反面、沦于虚妄；如果这样，立论还有什么思想价值、理论意义可言呢？所以，立论必须把求真和求新统一起来，首先在求真上下工夫。

---

① 清・刘熙载：《艺概・文概》。

② "梁效"是"文革"期间"四人帮"在北京大学、清华大学拼凑的写作班子的集体笔名；"梁效"即"两校"的谐音。

(一)立论要求真戒妄

这里的“真”,指真理性。但是,新闻评论的任务主要不是发现真理,而是以真理为武器,正确分析、论述、说明、解释现实社会生活中出现的各种事件和社会现象、社会问题。所以,新闻评论立论的真,包含两层意思,即副实和正确。

所谓副实,就是力求中心思想和基调切合实际,恰如其分。具体地说,主要包括以下三个方面:

(1)副客观事物之实。评论都有特定的评论对象;不论作为评论对象的是典型人物、典型事件、典型经验还是思想作风、工作方法、社会思潮、社会现象、行为倾向,它们都是客观的、具体的,都有不因人的主观愿望而改变的特定蕴含。立论要揭示事物的本质,就要坚持从评论对象的实际出发,在洞察其内里的基础上作恰如其分的概括和抽象,这样才能形成符合事物本身蕴含的中心思想,也才有说服力,才能转化为物质的力量、发挥预期的舆论作用。例如人们称赞孔繁森是“新时期的雷锋”、“90 年代的焦裕禄”。这里就有两个坐标:一个是“新时期”、“90 年代”,一个是类似雷锋和焦裕禄一样的精神,二者熔铸了孔繁森高尚的精神品格和行为风范。换句话说,孔繁森终究是孔繁森,而不是雷锋、焦裕禄,孔繁森精神有不同于雷锋、焦裕禄的质的规定性。所以,《人民日报》在号召共产党员和干部、特别是领导干部向孔繁森学习的社论中[①],始终把孔繁森的思想、行为置于 90 年代这个历史背景和西藏的特殊环境下进行具体分析,突出地强调孔繁森是发扬

---

① 《向孔繁森同志学习》,1995 年 4 月 7 日《人民日报》社论。

邓小平同志倡导的四有精神①的模范，是发扬江泽民同志号召的64字创业精神②的模范。在这里，孔繁森的一系列感人至深的事迹，无疑是立论的基础；假如离开这一基础，而用概念化了的雷锋精神、焦裕禄精神去套，立论就未必能够这么中肯，更不要说有血有肉地体现在评论中了。以典型人物、典型事件为评论对象的评论如此，就是以社会现象、社会问题为评论对象，在立论过程中也不能脱离评论对象的实际。如会风不正，会而不议、议而不决、决而不行是官僚主义的表现，借开会之名游山玩水、出国旅游、肆意挥霍，以及像《是"振兴会"，还是"催眠会"》揭露的那种现象，那就不是官僚主义概括得了的。可见，如果不从评论对象的实际出发，不具体分析事物，那就可能或者为表面现象所迷惑，或者因一概而论而导致片面性、绝对化，或者任意拔高、上纲：总之，都难以准确把握事物的实质，不可能形成中肯的立论。比较地说，任意拔高、上纲更为常见，也更加值得警惕。王充说："世俗所患，患言事增其实；著文垂辞，辞出溢其真，称美过其善，进恶没其罪。"③常说"过犹不及"；无论倡导还是批评，立论一旦超越评论对象的实际蕴含，那就必然削弱甚至失去说服力。

(2)副今天之实。也就是立足于今天，用今天的眼光观察事

---

① "四有精神"即"有理想、有道德、有文化、有纪律"的精神。

② "64字的创业精神"，即："解放思想、实事求是，积极探索、勇于创新，艰苦奋斗、知难而进，学习外国、自强不息，谦虚谨慎、不骄不躁，同心同德、顾全大局，勤俭节约、清正廉洁，励精图治、无私奉献。"据1994年2月5日《人民日报》评论员文章《以高尚的精神塑造人》。

③ 东汉・王充：《论衡・艺增》。他紧接着上引文字，还分析其原因说："何则？俗人好奇。不奇，言不用也。故誉人不增其美，则闻者不快其意；毁人不益其恶，则听者不惬于心。闻一增以为十，见百益以为千。使夫纯朴之事，十剖百判；审然之语，千反万畔。"这其实是说，增实、溢真有其社会的和心理的原因。

物、研究问题，使立论适应今天的客观现实的需要，为认识和解决社会实践中的问题服务。强调这一点，是因为客观事物总是在事物的联系中显示其意义的；而事物本身和事物存在于其中的宏观实际，又都处于发展变化之中。新闻评论是对于事物现状的评论，如果离开今天，用昨天的要求衡量今天的事物，那等于用旧观念去“套”已经变化了的事物，立论就难免落后于实际；反之，不问条件地一般用明天的要求看待今天的事物，也可能因超越客观实际、把理想当实现，作出不切实际的判断，以此为基础的立论也就可能导致始料不及的负效果。特别是论述方针政策的评论，尤其需要认真把握这个原则。比如，批评有些人仍然把知识分子当作“团结、教育、改造”的对象，批评的是他们用老眼光看待今天的知识分子，并不是否定这个方针在50年代那个条件下的积极作用。今天强调保护和发展民族工业，是与改革开放紧密联系在一起的，如果把它与历史上曾经提出的类似口号相等同，那就可能导致排斥先进、保护落后，甚至走闭关锁国的回头路。《人民日报》论述这两个问题的评论①，都把立论的基点放在今天，通过具体分析引导人们划清今天与昨天的界限，正确对待和处理今天面临的问题。当然，强调副今天之实，并不排斥必要的瞻前顾后，但无论回顾历史（昨天）还是放眼未来（明天），都要立足于当前（今天）的宏观实际，即把具体事物的现状和它的过去、未来放在今天的社会现实中观察和分析；也不是说可以在理论上搞实用主义、一天一个主张，因为如果说今天的现实是历史发展链条上的一环，那么要求今天的观点、主张成为真理发展链条上的不可分割的一

① 指1982年4月24日《人民日报》社论《保护和发展民族工业》和10月21日社论《当前落实知识分子政策的关键》。

环，也就是理所当然的了。从这个意义上说，立论要副今天之实，就既要善于把具体的事物放在今天的社会背景下观察和分析，也要坚持用历史的、发展的观点看待今天的事物或事物的现状。

(3)副受众之实。也就是立论的基调——思想高度和理论深度，要尽可能适应多数受众的接受能力。邹韬奋先生说："促进思想较差的人，引到较前进的程度，负着促进任务者不可唱调过高，必须顾到被促进者的容受可能性，虽则他自己的思想尽管是怎样前进。这是努力推广大众文化的工作者所最需注意的一点。"[①]撇开具体的针对性，邹韬奋所说的照顾接受者的容受可能性，即他们的包括思想水平、价值观念在内的接受能力，是立论不能不注意的一个重要原则。由于种种原因，受众的接受能力差别很大；新闻评论要真正拥有多数受众，就不能不适当控制立论的思想高度和理论深度，广播、电视评论尤其如此。这不是迎合，不是迁就，而是为了通过适应，更好地达到引导、提高受众的接受能力的目的；也不是放弃思想、理论原则，因为思想、理论原则一旦与实际(包括受众的实际)结合起来，必然形成各种各样的格局、层次。比如爱国主义、社会主义、共产主义思想是不同的思想层次，能说讲马克思主义只能讲共产主义、社会主义，讲爱国主义就是放弃或背离马克思主义吗？又如社会主义精神文明建设，当然可以与共产主义的大目标联系起来，但强调以"五爱"为基本要求不是更适合当前的社会现实，更能够为广大人民所理解和接受，更有利于保持经常、持久、波澜壮阔的发展势头吗？《"五爱"是当前道德建设的基本要求》的播出效果，就是一个颇有说服力的例证。事

① 《韬奋文集》第1卷，生活·读书·新知三联书店1962年版，第142—143页。

实上，有的评论社会效果不怎么好，甚至令人厌烦，多数与邹韬奋先生所说的“唱调过高”不无关系。

立论副实，正确也就在其中了。力求立论副实的整个过程，实际上就是坚持用马克思主义的立场、观点和方法研究客观实际——包括受众思想实际的过程。在这个过程中提炼出来的立论思想，自然就能体现党的基本路线、基本原则和方针政策的精神，就能与时代精神、社会脉搏和人民群众注意重心相吻合。所以，立论正确与副实从根本上说是一致的；离开副实这个基本前提，孤立地强调正确，不仅不可能提高立论的思想性，甚至还可能走到讲空话、套话、大话的斜路上去。

（二）立论要求新弃庸

新闻评论的立论要有新意，没有新意无论对于媒介还是对于受众都是浪费。所以，评论界有人主张“刻意求新”，邓拓更进而强调：一个人每写一篇文章，总要有自己的见解，要有新的思想，要有新的发现；在你的文章里有别人没有发现的东西。[①] 邓拓在自己的一系列评论作品中，执著地实践了这一原则。

不过，这里需要说明，新闻评论的立论，不同于一般的学术论文、理论著作。它的立论所追求的新，是“真”的升华或研究客观事物的结晶，而不是单纯在理论上标新立异，这是一；是有助于解决实际问题的新见解，而不是为了独树一帜，这是二；主要是为受众求新，而不是单纯为阐明自己的“独到见解”。明确这些前提，求新就有了正确的出发点，也才能达到提高立论思想性的目的。否则一味趋新猎奇，那就可能流于“妄”，走到“求新”的反面去。

① 转引自《忆邓拓》，福建人民出版社 1982 年版，第 67 页。

立论的新有多种多样的表现，求新的途径也各不相同。其主要表现和途径，也许可以归纳为以下三方面：

(1)思想新——建立在理论与实践结合基础上的真知灼见，或者规律性认识。立论思想新，着眼于提供切中事物实质的见解和认识；这些见解和认识未必是“师心独见”[①]、前无古人，却是有助于人们正确认识和处理问题的剀切、中肯的看法。比如，“大锅饭”为什么吃不得？可以列举它的许多弊端，也可以从不同角度进行分析，可是《“大锅饭”养懒汉》[②]却把它归纳为一句话，并以它作为贯穿全文的主线：“养赖——养了一批赖人、赖厂、赖店”。真可谓一针见血、入木三分！这就是新，就是真知，就是规律性认识。又如邓拓在 1957 年的一篇杂文中，先讲了一件事——某县下令全县的棉花在同一天打尖，又讲了一种现象——搞了一个官僚主义机构、调来一批又一批干部、然后又调来许多做人事工作的人……；它们乍看像是风马牛不相及，作者只用一个“庸人政治”，却不仅点出了它们的联系，而且使人不由不作种种联想：

> 我想，假若一定要把这些都说成是“政治”的话，那末，这只能说是庸人政治。大概地说，凡是凭着主观愿望，追求表面好看，贪大喜功，缺乏实际效果的政治活动，在实质上都可以说是“庸人政治”。这种庸人政治除了让那些真正没出息的庸人自我陶醉以外，到底有什么用处呢？[③]

在 50 年后的今天读来，恐怕也仍然不无新意吧？诸如这类的立

---

① 刘勰：《文心雕龙·论说》。

② 1983 年 1 月 27《人民日报》社论。

③ 邓拓：《废弃“庸人政治”》，1957 年 5 月《人民日报》，《邓拓文集》第 3 卷，北京出版社 1986 年版，第 525—527 页。

论，它的思想内涵并不深奥，也未必独出心裁，却能给人以启发，令人恍然而悟；它的道理讲出来人人都能明白，却又让人越嚼越有味，越觉得就是这么一回事。这种浅显的真理说出来平易无奇，得来并不容易。假如没有对事物的深知深解，不善于把具体事物和现象提到理论的高度来思考，怎么可能于平淡中见真知呢？

（2）境界新——从特定的背景出发开拓认识的新深度。新闻评论经常得面对一些老论题，怎样才能避免“炒冷饭”？前人说：“譬如日月，虽终古常见而光景常新。”[①]这句话启发我们想到，敏锐的诗人为什么能就人们习见的日月写出那么多饶有新意的诗篇，重要的一点，就是他们善于捕捉特定环境下的特殊感受。评论论述老论题，并不是嗜“旧”成癖，而是居于当前的需要。所以，只要准确把握论题与社会现实的联系，善于把评论对象置于特定的时间、地点、条件下作具体分析，也就完全可以发掘出新意来。见义勇为、助人为乐，是近些年来常见的话题。如果仅仅作为传统美德来提倡，恐怕很难避免泛泛而论，自然也谈不上发掘出新意。可是，《学习安珂敢于同坏人坏事作斗争的精神》却不仅富于新意，而且使人悚然动容，这不就是把事件放在当前的社会现实之中，在“恐惧症”的强烈烘托下凸显出来的吗？《人民日报》三年中发表了两篇关于保护耕地的评论，中心思想并没有什么不同，但却可以吸引人读下去，除了问题本身重大之外，也在于评论作者着力调动背景材料，启发人们认识问题的严重性，唤起人们的紧迫感。其中一篇，有一段令人读了不能不扪心自问的资料和

---

① 唐·李德裕：《文章论》，《文苑英华》卷742。

议论：

外国学者曾经在研究中国土地历史后著书，认为中国的农田经过五千年基本上没有受到破坏，这在世界历史上是个奇迹。但是这个奇迹还能保持多久，就值得研究了。按照目前这种速度递减下去，50 年以后我国人均耕地将降到 0.6 亩，100 年后还能有多少耕地留给我们的子孙后代！这决不是危言耸听，而是严酷的现实。每一个对子孙后代有责任感的人，都不能无视这个现实。①

另一篇则干脆指出中国“地并不大、物并不博”来突出耕地的严峻形势，前面已有引文；这里只补充一句，它不仅提醒人们正视现实，而且等于拆除了滥用耕地者的最后一个“防空洞”，拆除了那些熟视无睹甚至还聊以自慰的当权者的最后凭借。可见，老论题并不注定只能“炒冷饭”，而善于调动背景则是出新意的有效途径之一。

从特定背景出发，既可以化陈熟为新生，也可以拓深新论题的立论。昔阳县停建“西水东调”工程，如果离开特定的社会背景，充其量把立论定在劳民伤财、得不偿失或好大喜功、“瞎指挥”上头，怎么可能提高到发展农业的根本方针上来，开掘出那么深刻的思想内容呢？说某人爱国就说洋人如何用重金聘请他，他不为所动，或在国外的父兄要他出国定居，他竟然谢绝了：这种情节时常出现在新闻报道或文艺作品之中，人们似乎并不以为非。可是，《一语便俗》却认为：

这种想法好像是赞扬了这些爱国的知识分子，实际上是

① 《保护耕地——三论全面提高农业综合生产能力》，1995 年 2 月 8 日《人民日报》评论员文章。

> 以知识商品化的眼光来测度爱国者的心情，免不了有点俗气吧！

紧接着又说：

> 我怀疑，人们虽然批评过某一个剧本，可是这个剧本主人翁所表现的爱国吃亏论仍然有人同情。不过，现在是倒过来说，叫做吃亏爱国论。①

这一比较岂止妙语解颐，而且在一定程度上把对这种现象的认识推向新的境界，也提醒人们注意用商品价值观看待道德领域问题可能导致的糊涂认识。比较，其实就是把事物放在特定的"参照系"下考察，这里的参照物起类似背景的作用。

(3)角度新——为受众寻求观察事物、认识问题的新途径。事物是多侧面的，不同的侧面都可能以各自的表象表现事物的本质；评论也有各自的接受对象，他们由于所处的地位、具体环境、经验阅历等的不同，关心的侧面也往往不同。这就要求立论时，注意选择既能揭示事物本质，又能引起受众广泛关心、激发他们共鸣的侧面。同样论述向张海迪学习，《中国青年报》从如何正确理解人生意义、创造人生价值立论，因为这是当代青年亟待解决的问题，也是张海迪精神的一个重要侧面；《光明日报》的主要读者是知识分子，它根据知识分子的情况，选择树立和发扬主人翁的高度责任感作为立论角度，从另一个侧面阐明张海迪精神，显然也是恰当的。立论角度上的这种差别，其实包含着为自己的受众寻求认识和学习张海迪精神的恰当途径的努力。这是立论角度新的一面；另一方面就是通过角度的选择，开辟认识客观事物

---

① 《一语便俗》，1982 年 4 月 30 日《新民晚报》；林放：《未晚谈》，上海人民出版社 1986 年版，第 83—84 页。

的新途径。在这方面,《回答一个问题》是很难得的一例。如前面所述,这篇社论着重从历史条件的不同分析问题,其意义不仅在于它是最有说服力的角度,而且为正确运用辩证唯物主义的基本原理分析事物提供了示范。一个善于学习的读者,从这篇社论中除获得关于问题本身的认识外,也许还可以进而掌握如何把问题放在一定的历史范围内分析的思想原则。这里需要注意的是,尽管事物是多侧面的,但并不是任何侧面都是通向事物本质的"入口",所以选择立论角度不能一厢情愿、尤其不能一味走"偏锋",那样就可能导致片面性或走进主观主义的死胡同。

以上从三个方面,大致讲了立论"新"的主要表现和"求新"的途径。"新"的对立面是"庸";"庸"也有多种多样的表现,如陈陈相因、人云亦云、面面俱到、四平八稳等,但都可以归因于昧于实际、缺乏真知。所以,无论求新还是弃庸,都需要在调查研究,尤其在研究宏观实际、研究具体事物、研究受众需求上下工夫,舍此恐怕别无其他途径。

广播、电视评论立论的特殊性

广播、电视评论立论的特殊性,不是追求特殊的立论目标,而是如何按照广播、电视的传播方式和受众的接收状态,精心体现新闻评论立论的共同目标和基本要求,这大致可以归纳为以下三个方面:

(一)焦点尽可能集中些

立论要集中,这是一个普遍原则。对于广播、电视评论来说,立论集中,不只是一般的集中在一个问题上,即所谓"一题一论",而且要集中在"靶心"上,即着力抓问题的关键和矛盾的症结。因为只有集中再集中,才能在有限的节目时间内,运用声音、图像透彻明白、有血有肉地阐明论题，深入而又具体地揭示事物的本质或问题的实质。

论述“宽题”或大论题要力求立论集中再集中，否则不是冗长不堪便是流于肤浅，这容易理解；“窄题”或小论题是不是也要如此讲究呢？这类论题的评论对象具体，便于集中立论，但这不是可以自动实现的；如果不是自觉发掘、提炼和升华，那就可能适得其反。在广播、电视评论中，时常可以看到窄题窄论和窄题散论的现象，就说明了这一点。窄题窄论，从张三的事讲起到张三（或对张三）该如何如何为止，乍看似乎集中，其实是就事论事；这样的立论，不仅不能举一反三，弄得不好，还可能给人如同“针尖对麦芒”似的意气用事，或越俎代庖、取代职能部门的感觉。例如，有些揭露坏人坏事的评论，动辄“应予严厉制裁”或“绳之以法”，不就有点取代纪检或司法部门的职能、甚至干预执法之嫌吗？窄题散论，从一人、一事或一个具体问题引申出多个互不统属的意思，几个意思几条线，拧不成一股绳，如同细水漫流，结果只能是“水过地皮湿”，当然谈不上集中，更无所谓透彻。如不少评论以“启示”命题，其中当然不乏有集中、中肯的立论，但更多的是紧接着“启示”之后就是一、二、三、四“开中药铺”，或者有“启示”而无实质性内容。从这类情况看，小论题尤其需要自觉讲求立论集中再集中，着力发掘其中深层的、具有普遍启发意义的内在含义，才能收到因小见大的预期效果。否则，就可能沦于因小见“小”、因小见“散”或因小见“空”的境地。

怎样集中？前人的经验是“宽题走窄路，窄题走宽路”。这条经验把选题和立论结合起来，强调根据论题的实际情况，采取不同的立论方法。“宽题走窄路”，要求在立论过程中，把精力主要

用于寻求恰当的突破口或切入点;突破口小,切入点准,立论就能直截了当地触及事物的本质或问题的要害。不妨听听下面这一段:

> 这些"特殊公民",有的利用职权为自己的衣食住行获取制度之外的特殊待遇;有的不择手段地为家属亲友的升学、就业、晋级、出国等谋求特殊照顾;有的自己目无法纪,还包庇甚至纵容子女违法乱纪,蛮横无理地干涉公安、司法机关工作,企图依仗权势徇私枉法。有的地区,有的单位,还有那么几个官不大、权不小、惹不起、管不了的"小霸王",他们把一再敲响的警钟当成耳边风,继续为非作歹,闹得很不像样子。"特殊公民"搞特权,损害党的威信,危害社会主义民主和法制,影响人民群众的积极性,妨碍社会主义建设的发展,广大干部、群众对特权现象议论纷纷,提出批评是完全应该的。①

这是《绝不允许有"特殊公民"》中最精彩的一段,也是它的立论的事实基础。从这一片段中,可以看到作者是怎样由一般而典型地列举现象、由具体而抽象地接触问题的实质的。这可以说是宽题走窄路的典型思路。窄题的评论对象单纯、具体,论题的接触面本来就比较小,立论要因小见大,就要走宽路,从事物的联系中引出规律性认识来;这实际上是一个窄——宽——窄的过程,即先引申而后集中,这样立论的基础就由窄而宽、由小而大发生了质的变化,在这个基础上形成的立论思想也就可以具有举一反三的素质。《大瓷盘为什么走俏》、《早稻种了不收引出的思考》,可以

---

① 曹仁义:《绝不允许有"特殊公民"》,中央人民广播电台 1980 年 10 月 17 日播出,《新闻评论作品选》,第 113—114 页。

说是按窄题走宽路的方式立论的适当例子。

(二)角度更加讲究些

客观事物多为“多面体”,因此一个论题往往有多种立论角度,可以导致不同的立论效果。有的角度切中要害,如《绝不允许有特殊公民》突出特权思想与党的性质、社会主义制度的矛盾,颇有高屋建瓴的气势;有的新巧,抓准了就可以避免一般化,《微笑的美》能够“化陈熟为新生”,老论题写出新意,就得益于角度不落俗套;有的精微、分寸感强,像《理应嘉勉》从一事入手,有褒有贬,有理、有利、有节,准确地体现了政策和策略;有的敏锐、及时指出值得注意的新倾向,如《和农民朋友谈免费》,从人们不以为非甚至乐此不疲的现象中提出重要问题,对于农村干部和农民都不失是副清醒剂;有的侧重于揭露矛盾,旨在促使人们研究、解决问题,如《“三国四方”何时拆除篱笆墙》;有的着眼于唤起社会的关注,引导人们思考更深层次的问题,如《火警声声向文化》;有的开门见山、一语中的,如《莫把“衙门”抬下乡》①,三言两语讲清了问题,的确称得上是“经济角度”。如此等等,说明当面对多种立论可能性时,慎重选择角度是一个关系具体评论作品成败得失的重要问题。广播、电视评论所以需要特别讲究角度,还由于它是发挥立论的能动作用、从而得心应手地驾驭论题的基本保证。

至于哪种角度恰当,则要综合考虑多方面的因素。其中主要是下列三个因素:(1)评论的性质(着眼于倡导还是批评)和论题的类型;(2)广播、电视的传播方式和传播特点,以及所处地位和覆盖范围;(3)受众的关注重点、思维习惯和接受心理。《致富路

① 湖南益阳县广播站1986年播出,《新闻评论作品选》114页。

上说养猪》的角度好在平易，既能较好地体现选题意图，又便于农民理解和接受，如果刻意求新，那就可能弄巧成拙。《微笑的美》由于论述改善服务态度的文章多不胜数，要是毫无新意，那就连隔靴搔痒都不如，因此不能不力求新巧。所以，对于立论角度的选择，切勿草率从事，而要综合考虑各种因素，全面权衡得失，力求既能准确揭示事物本质，又便于媒介表现、易于为受众所理解和接受。

（三）调子适当节制些

立论的调子到底高些还是低些好，是评论工作中经常碰到的问题。其实，立论的调子贵在适当，偏高偏低都不是好现象。所谓适当，就是一要与党的基本路线和基本原则保持一致，二要切合评论对象的实际，三要照顾多数受众的接受能力。背离这些标准，调子偏低，不免削弱立论的思想性，流于浅薄庸俗，当然收不到预期的舆论效果；调子偏高，把理想当政策，超越客观实际，则容易陷于曲高和寡、欲速则不达的境地。比较地说，唱调偏高的倾向更加值得警惕。对好事一味拔高，对坏事无限上纲，不仅无助于倡导或反对，甚至可能走向反面，带来意想不到的副作用，这方面的教训难道还少吗？这就是为什么需要适当节制。在这方面，《让我们伸出双手》①是颇值得赞赏的一例。这则电视述评吁请人们关心贫困地区百万因贫困而失学的少年儿童，既晓人以理、也动人以情，其间的分寸、界限都堪称恰到好处，例如下面这几个片段：

---

① 肖晓琳、杨东等：《让我们伸出双手》，中央人民广播电台“观察与思考”专栏 1991 年播出，《新闻评论作品选》，第 204—207 页。

——贫困地区老百姓确实穷啊，一年几十块钱的书杂费，这在一些城里人的手中也许只是一天的支出，譬如说买几包好烟，或是做一次美容，或者是带着孩子逛一次公园什么的。但在我国这些地区，每年却有一百多万名学龄儿童因为付不起这几十块钱的书杂费而徘徊在校园外，成为文盲大军的候补队员。

——几百块钱，就能使一个孩子走出文盲队伍。是的，几百块钱，在现代社会并不是一个多么惊人的数字，但它却包含了丰富的内容。一方面，它密切了党员同普通群众的关系，使我们党的干部能够比较真切直观地看到贫困地区老百姓的实际生活；另一方面呢，也起到了一个一石激起千层浪的作用。据我们所知，在省级主要负责同志的带动下，甘肃省的各个地区、县、乡的主要负责同志都从自己并不多的收入当中拿出钱来，每人负责救助一名因为贫困失学的孩子。我想，这对孩子们也有一种激励作用，孩子们一定会更加珍惜这来之不易的复读的机会，更加发愤地学习。

——看到他们的目光，我的心确实难以平静。“希望工程”毕竟是刚刚开始，到现在为止，接受“希望工程”直接救助的孩子只有三万多名。相对于那一百多万名还没有获得救助的因贫困失学的少年儿童来说，他们是百分之一的幸运儿。此时此刻，我仿佛看到了那一百多万双渴望学习的眼睛。他们什么时候才能获得接受基础教育的机会和权利呢？帮助这些孩子获得读书的机会，帮助贫困地区发展基础教育，是我们全社会都应该来关心的事情。那么观众朋友，让我、让您、让我们大家一起，用自己的双手去帮助他们，去托起明天的太阳！

琢磨一下这几个片段，不难感受到，这理是朴实平易的理，而不是高谈阔论；这情是为孩子们的未来着想的关心之情（当然也是为国家、民族未来着想的高尚之情），而不是出于可怜的同情。

总之，在求真和求新的基础上，尽可能集中焦点，慎重选择角度，适当节制调子，这是广播、电视评论按自身的传播方式体现立论目标的基本方面。至于如何具体体现于评论作品之中，则因评论对象、社会需要和受众的状况而异，那就只能依据具体情况具体处理了。

思考题：

1. 为什么说“若不异之是，则庸而已；不是之异，则妄而已”颇有辩证色彩，对立论有一定的启发意义？
2. 立论要副实有哪些具体内涵？为什么要特别注意副受众之实？
3. 立论求新有哪些含义？
4. 试述广播、电视立论的特殊性？在这个问题上你还有些什么看法和建议？

第六章　广播、电视评论的写作和制作

新闻评论表达阶段的任务，集中到一点，就是调动一切手段，把构思阶段形成的选题意图和立论思想，准确、鲜明、生动地表现为具体的作品。这是构思的继续，也是构思过程中形成的种种设想的实现。没有构思或酝酿，就没有什么需要表达，也不可能表达；没有表达，构思、酝酿中的东西不过是存在于作者脑海里的观念，既不可能周密、完善，也不可能为受众所理解。这也就是人们所说的："只有写出来的作品，没有酝酿腹稿中的作品"①；"不想就不能写，不写也就很难想得明确周全"②。

广播、电视评论当然也不例外，只不过它们的表达不仅是写作，还有符号转化、剪接、合成等一系列制作环节，因此比其他媒介的评论要考虑更多的因素，处理过程也复杂得多。写作和制作当然有方法和技巧问题，更重要却是把握规矩，即基本原则和基本要求。"法，譬诸规矩，规之形圆，矩之形方，而规矩所造，为椭，

① 聂甘弩：《我爱金圣叹》，1982年11月2日《光明日报》。
② 朱光潜：《漫谈说理文》，《怎样写学术论文》，北京大学出版社1981年版，第39页。

为鞏，为眼，为倨勾磬折，一切无可名之形，纷然各出。”[①]也就是说，把握了规矩之后，就可以更有效地调动各种手段和方法，写出各具风格特点的作品；反之，背离规矩，生搬硬套，再好的手段和方法也派不上用场，甚至可能出现诸如“照猫画虎反类犬”的尴尬。所以，本章主要围绕写作和制作，就某些重要的原则和要求作点阐述。

第一节　融理、事、情于一体

任何一则评论，都是为了提倡什么或反对什么，阐述或反驳某种主张和见解。然而，它能否为受众理解并接受，却不以作者的愿望为转移，而取决于作品的内在说服力和论辩力。因为受众接触的是评论作品，他们只是就作品本身去理解作者的主张和见解，而不是按作者的意图去理解作品。如果自己的评论没有为多数人确切理解，甚至引起误解，那只能归因于作品没有表达好自己的所要表达的内容，而绝没有任何理由去埋怨受众。

理、事、情与“三要素”

那么，评论作品怎样才能具有雄辩的、令人心悦诚服的说服力和论辩力呢？王夫之说：“是与非奚准乎？理也，事也，情也。”[②]理、事、情是评判是非的标准，也是论说文包括新闻评论说服力和论辩力的凭借，是评论内容的基本构成因素。新闻评论的实践证实了这一点：凡是给受众留下较深印象的评论作品，不是理、事、

---

① 清·魏禧：《魏叔子文集·八》，转引之郭绍虞《中国文学批评史》，上海古籍出版社1979年版，第485页。

② 王夫之：《读通鉴论》卷20。

情融为一体，便是在三者的某一方面处理得特别引人入胜。

强调理、事、情是评论内容的必要构成因素，并不等于说可以置“三要素”于不顾。理、事、情与“三要素”中的论点、论据，是属于不同范畴的概念；说法不同，其实并不互相排斥，而是完全相通的。评论中的任何一层道理，只要是完整的、可以确切理解的，都是论点和论据的统一，这是相通的表现之一。论据如果按性质划分为理论性论据和事实性论据，则相当于理和事，只不过它们是作为论据存在，隶属于论点，不能独立存在罢了；这是相通的表现之二。情感本质上与论点、论据的倾向性是一致的，并且通过论点、论据的表述体现于字里行间或语气、口吻、表情之中；这是相通的表现之三。论证作为把论点和论据联系起来的方式方法，实际上也是为把理、事、情连接成有机整体服务的。明白这个关系是重要的，因为如果背离“三要素”的要求，那就不可能恰当组织和剪裁表现理、事、情的文字、声音或画面符号；而如果无视内容的构成因素的特点，也很难按媒介的传播方式灵活地体现“三要素”的要求。

恰当处理理、事、情的关系

以说理为主，熔理、事、情于一炉，这是新闻评论表达方面的共同目标。但是，广播、电视评论为了发挥声音、画面的表现优势，克服某些不善于表现抽象内容的弱点，往往比其他媒介的新闻评论更加重视事实和情感的作用。因而在内容处理方面，它特别注意：(1)在控制说理的抽象程度的基础上，发挥事实的论证作用，帮助听众理解抽象的政论性内容；(2)发挥有声语言、画面直接传情的优势，用情感打动听众，增强评论的说服力和感染力。从某种意义上说，事实和情感是广播、电视评论成功说理的重要的，甚至是不可或缺的因素。不过，这是以坚持说理的主导地位为前提的；如果因此而淡化说理，广播、电视评论也就不成其为新闻评论了。明确这一点，也就明确了恰当处理理、事、情关系的方向。

首先，重视以事明理 事实具有论证论点和稀释抽象内容的双重作用。只是由于广播、电视评论依靠声音和画面“叙”事，它在选择和运用事实时不能不考虑声音和画面的表现特点。因此，除了慎重选择事实、力求件件精当以外，要实现以事明理的表现效果，还必须在写作和制作上着重注意：

(1)按说理的需要剪裁事实。评论叙事的目的在于明理，而不是展现事实的始末。一件事实，究竟撷取哪一部分，详略如何掌握，只能以表现立论思想、支持论点，即以说理的需要为转移。例如《南沙精神赞》中的这一段：

> 雷达分队长秦任平在礁上驻守半年之后，第一次收到远方亲人的两封来信，一封是妻子2月份写的，另一封是父亲4月份写的。战友们替他高兴，让他公布妻子的来信，来信报平安，让他放心守海防，可是，当他拆开父亲的来信时，他一下子惊呆了！父亲写的竟是一个噩耗：他的妻子两个月前被癌症夺去了生命。妻子那封信是在弥留之际，用了整整一天写完的，竟只字未提自己的病。秦任平双膝跪在礁盘，遥望北方，任泪水流淌。领导让他立即随船下礁，他摇摇头：“事先没安排人接班，我走了雷达怎么开机？”说着，擦干泪水走进了机房。①

---

① 中央人民广播电台1995年6月15日播出，《1995年度中国广播奖获奖作品选评》，中国广播电视出版社1996年版，第75页。

这里的叙事如果不详尽，就不能表现立论，也难以通过叙事注入情感、收到情理交融的表现效果。而《拜金主义要不得》则以概括的手法列举一桩桩事实，其中五件典型事例虽然较为详细，也不过几十个字；而紧接着的一段，则是一句话一件事：

或许这般挥金如土的人并不多，但这类事所投下的阴影却在平民百姓中日益蔓延：豪华饭店吃不尽的高档宴席；婚丧嫁娶走不完的人流车队；160 元一张的“粉色情人节”入场券一抢而光；10 万元一件的进口大衣买者如云；100 元一个的钥匙链卖得很火；18 元一碗的日本面条餐馆竟高朋满座。可以说，拜金主义正越来越大胆地牵动着人们的衣襟。……

这样剪裁、处理事实，显然是为了唤起人们对拜金主义恶劣影响的高度注意，都可以说详略得当。不过，对于广播评论来说，除非像这两则评论这样出于特殊需要，原则上应当删繁就简，尽量突出最能明理的局部，避免过多地罗列类似的事例。

电视评论按说理的需要剪裁事实，还要考虑是否适于画面表现，以及如何协调声音和画面的关系。请看这一片段：

[仿古街画面，同期声解说]各位观众，这里是以卖旅游商品为主的西安市书院门仿古街。11 月 15 号，又有一家商店宣告关门。到此，仿古街上的店铺已经有三分之一的商店更换了生意人。

[访谈同期声]记者：原来在你这儿做生意的为什么不干了？

房主：亏了，没赚钱。

[画外音解说]据我们了解，书院门仿古街上的 101 家生意人有 80%都亏损。而离这里不到两公里的另一条旅游商品街——大清真寺化觉巷又是怎么一番情景呢？

[化觉巷画面,访谈同期声]记者:你这个小摊子一年能挣多少钱?

摊主:大概六七千吧。

记者:你的生意怎么样?

摊主:不错。

记者:你呢?

摊主:还行。

[画外音解说]这两条街两头都有西安的名胜古迹,都卖的是旅游纪念品,但买卖的效益为什么差别这么大呢?

[化觉寺画面,访谈同期声]记者:你们这个市场是怎么形成的?

老人:八六年以前只有一家卖咱们民间的小玩意,到清真寺的外国人都从咱们门口过,抢着买,大家一看赚钱,就都干起来了。①

这是电视述评《市场不相信权力》的开头部分:两个旅游商品市场,一个繁荣、一个萧条的景象,相当洗练地凸显了出来。在这里,简洁的事实,经过画面、同期声和画外音等多种手段配合一致的表现,形成了相当强烈的对比,既为引出问题也为以后的分析提供了有力的依据。可见,电视述评运用事实为说理服务,也应遵循贵在精当的原则。

(2)顺说理的方向叙事。同一事实,从不同角度叙述,往往显现不同的意义。如下面这一段:

共产党员杨威一面同歹徒搏斗,一面大声疾呼:"共产党

① 陕西电视台1992年播出,《新闻评论作品选》,第199—201页。

员、革命同志帮我抓坏蛋!”当时,餐馆的十几名职工在场围观,竟然没有一个人出来相助。恐惧症到了这等地步,令人愤慨。①

现在这么叙述,事与理榫卯相应,颇有令人对“恐惧症”的危害感同身受的效果;如果不是强调在场职工袖手旁观,而是叙述搏斗的过程和结果,恐怕未必能有这么强的说服力和感染力。所以,事实能否为说理服务,既取决于二者之间是否有必然联系,也受叙事角度直接影响。叙事与说理角度吻合,方向一致,这是把事实纳入说理轨道的必要条件;忽视这个条件,就可能陷于南辕北辙的境地。

在电视评论中,体现事、理榫卯相应原则的难度,要比广播评论大得多。它既需要调动画面诸因素(如拍摄角度、景别、光度)和组接技巧,恰当地表现典型事实,更需要认真细致地处理好声音与画面的关系。有时一个细小的环节处理不当,都可能导致事、理分离或相背。

(3)为强化说理配置材料。事实是在相互联系、相互比较中显现出意义的。恰当配置材料,使有关材料相映成趣、互为作用,不仅可以增强说理的论辩力,而且有利于提高可听性。例如:

我国在世界7%的耕地上,解决了占全世界22%人口的温饱问题,这确是件了不起的事情。

这个论断的雄辩力量,正是来自两个百分比的恰当配合。假如去掉其中一个百分比,或者把百分比换成绝对数字,能够这么不容置辩地说明我国农业的伟大成就吗?又如《火警声声向文化》结

① 《学习安珂敢于同坏人坏事作斗争的精神》。

尾部分大声疾呼：

这难道纯粹是一种偶然吗？

不妨想想，假如不把自然博物馆的困境与三起震动全国的特大火灾联系起来，这个呼声能否引起强烈的回响吗？这两个例子不仅说明合理配置材料的重要性，而且也说明配置材料要从事与理、材料与材料的必然联系出发，在分清主次和突出联系点上下工夫。否则，不是事例雷同、材料堆砌，便是主次不分、喧宾夺主，都不能达到预期的目的。

上述三条，主要是从更好地为说理服务的角度强调的，至于如何剪裁和叙述得便于听知，还得处理好语言、结构等方面的问题。

其次，善于以情化理 广播、电视评论怎样发挥有声语言直接传情的优势，更好地调动情感为强化说理的感染力服务？基本方向是明确的，这就是在具体情感内涵上与社会主义精神文明的准则保持一致，同时充分利用有声语言的各种传情因素，如语词、音调、节奏、语境等等，恰如其分地在说理、叙事过程中注入情感。至于如何注入，则因作品而异，只能从具体作品中去体味。

为了借鉴，且以林放的《蟹市新闻》①为例，略作说明。上海一度出现高价螃蟹市场，一斤大闸蟹当时（1985 年）的售价竟高达 25 元。这篇短论从分析顾客入手，引导读者思考这个畸形市场背后的问题。它以主要篇幅分析三类顾客，字里行间渗透着不同的情感。对"够得上高消费水平的"一类顾客，短论通过诸如"毫不在乎"、"若无其事"、"不成问题"的措辞，表达了讥刺之意。对第

① 林放：《蟹市所闻》，1985 年 1 月 25 日《新民晚报·未晚谈》；全文见本书末附录。

二类顾客，则用另一种笔触叙述，引导人们注意他们的背景：

有两位顾客值得用浓笔介绍：一位是个体户，这是个爱面子的“开拓型”人物，做生意顺手，要买几十斤来摆个“蟹宴”，以酬谢有关单位给他帮过忙的干部同志。还有一个是外地采购员。他要买蟹送到某工厂某科长家里，请科长帮忙搞些原材料。“反正可以报销”的。（引文中的下划线为引者所加，下同）

声明“浓笔介绍”，却又淡淡叙来，似无喜怒，其实透过纸背，更使人感到蕴涵着深沉的焦虑和愤慨。写第三类“硬着头皮上”的顾客，短论在引述他们的话之后，点了一句“打肿脸孔充胖子，无怪其言也哀”。这一句，笔端带着多少感情，能够引发人们多少联想啊！

如果说对顾客的分析，情感主要渗透在叙述中，颇有因事而发、随时点染的特色，那么末段的情感则与议论融于一起，属于凝聚后的喷发，蕴含着强大的震撼力：

……虽然同是买蟹，甘苦却是大不相同。最值得注意的是那两个送礼请客的例子，说明了高价大闸蟹怎样打进了官商之间的开后门批条子的关系之中。对于那两位“硬着头皮上”的，我们只能一掬同情之泪，因为这已不是人吃蟹，而成为蟹咬人了。至于“持螯对菊”之类的文人韵事，久已成为绝响，不提也罢。鲁迅说：“第一次吃螃蟹的人是很可佩服的，不是勇士谁敢去吃它呢？”[1]现在还可以补充说，最后一次吃

① 鲁迅：《集外集拾遗·今春的两点感想》(1932 年)：“许多历史的教训，都是用极大的牺牲换来的。譬如吃东西罢，某种是毒物不能吃，我们好像全惯了，很平常了。不过，这一定是以前有多少人吃死了，才知道的。所以我想，第一次吃螃蟹的人是很可佩服的，不是勇士谁敢去吃它呢？螃蟹有人吃，蜘蛛一定也有人吃过，不过不好吃，所以后人不吃了。像这种人我们当极端感谢的。”

螃蟹的人也是很可佩服的，不是勇士谁敢去吃它呢？

一篇短论，蕴含着这么丰富多彩的情感，不能不说是善于用富于感情色彩的语言说理、叙事的结果。虽然这是报刊评论，有些句子和词语未必便于说、听，但无论在遣词用语还是创造语境方面，都蕴含着许多值得借鉴的经验。

当然，对于广播、电视评论来说，除了在行文中适当注入情感以外，以情化理还有一个不可忽视的环节——声音转化。如果说这里有什么窍门，那就是文稿写作尽可能为声音转化创造以声传情的条件，声音转化时充分体会、体现文稿的意蕴。在这方面，自己动手写稿的主持人、现场记者蕴藏着很大的潜力。电视评论还拥有另一个有待发挥的优势——即主持人、现场记者的恰如其分的表情和动作。总之，面对特定的评论对象和所要阐明的道理，无论是撰稿人、主持人还播音员，总有自己的爱憎好恶一类的情感，完全可以也应该适当地体现在广播、电视评论作品之中。而只要善于把握自己的感受，善于在文字、声音以至于表情动作上注入这种感受，广播、电视评论就可以在以情化理方面，发挥出其他媒介的评论难以比拟的表现优势。

这里有必要再次强调，以事明理也好，以情化理也好，目的都在于强化而不是淡化说理，在于增强而不是削弱，甚至动摇说理的主导地位。如果颠倒了理、事、情的主次，叙事时忘了为什么叙事，或一味抒发一己之情，那就可能适得其反。从近年来广播、电视评论中出现的某些现象看，强调坚持以说理为主导的原则，决不是多余的。

思考题：

1. 为什么说理、事、情与“三要素”是一致的？
2. 试述事实、情感对于广播、电视的特殊意义。
3. 以事明理的含义是什么？怎样以事明理？
4. 广播、电视评论以情化理，为什么要特别强调声音转化和表情、动作？

第二节　坚持说理的基本原则

这里所说的说理基本原则，指围绕立论说理和说理要看对象这两个原则。

围绕立论说理的原则

评论的说理，就是用论据证明和说明论点的过程；立论则是这个过程的出发点和落脚点。围绕立论说理，包括两个层次：围绕立论组织论点，即按体现立论思想的需要设置论点，根据论点间的逻辑关系安排表达次序和角度；围绕论点组织论据，即根据论点的要求，选择、配置和表述论据。广播、电视评论在体现这个说理原则方面的特殊要求，主要是：

——务必少而精当　少而精当重点是精当，即论点切中要害，论据“一以当十”。《莫把“衙门”抬下乡》[①]只有一个论点、两个概括社会现象的论据，却给人以言简意丰、切中时弊的深刻印象，这种效果当然有文字表达的功夫，但从根本上说，却主要来自作

① 《莫把“衙门”抬下乡》，湖南益阳县广播站 1986 年播出，《新闻评论作品选》，第 114—115 页。

者对形式主义作风种种危害的真切感受。所以,少而精当的关键在于认真研究实际,善于分析事物,并在这个基础上恰当地弃伪存真、弃芜存菁。而在写作和制作方面,则要求:(1)尽可能突出重点,能够用一个论点体现立论思想时,千万不要节外生枝;能够用一件材料说明问题时,切勿罗列其余,即使那些音响或画面来得不易也要舍得割爱;(2)有节制地运用音响和同期声,这类材料再现能力强,但有时不很精练、准确,所以要慎重选择、剪裁,防止多而滥的现象;(3)力求画面典型、集中、完整,声画配合紧密。广播、电视评论离不开音响和画面,怎样在声、画运用上体现少而精的要求,是一个远未解决的问题,仍然需要不断总结经验和教训。

——力求顺乎思路　这是基于适应视、听需要的特殊要求,指在合乎逻辑、顺理成章的基础上,力求表达与受众的一般思路相一致。根据优秀作品的经验,形成顺乎思路的表达,需要多方面的努力。其中尤为重要的是:适当分解论点,组成前后紧密衔接的说理层次;具体表述论据,力求事理结合、虚实相间;尽可能运用受众熟悉的语言表达方式等。这些问题在第三、四章中都已结合作品作了必要的阐述,这里就不赘述了。

说理要看对象的原则

这个原则,前面也已反复从不同的侧面强调过,这里再集中起来扼要说一说。看对象说理主要看三个方面:

——看受众的需要　包括面对当前客观实际,受众关心什么?为什么关心?有些什么想法或疑难?为什么产生这些想法和疑难?怎样为他们解难释疑?等等。这些都是评论选题、立论以及确定说什么理、怎样说理的重要依据。当然,强调看受众的需要,并不意味可以置那些听众暂时还没有意识到的重要问题于不顾。但就是对这类问题的论述，也必须同受众切身利害联系起来，才能唤起他们的关心，才能收到预期的效果。例如条块分割的危害，如果单纯从工作的角度去论述，恐怕就难以引起人们的普遍关心；而像《"三国四方"何时拆除篱笆墙》那样，利用若干群众体会得到具体事例（如楼上楼下打电话需要通过长途、千里迢迢购入的农机配件竟是本镇产品等）来论述，则不仅可以引起观众的兴趣，而且还可能因感同身受而引发更多的联想和思考。

——看听众的接受能力　所谓接受能力，是思想水平、文化基础、社会阅历、生活经验等多种因素的综合表现，也就是邹韬奋先生所说的"容受可能性"。广播听众、电视观众面广，接受能力差别很大；广播、电视评论要赢得更多的受众，它的立论基调、说理的思想理论高度和抽象程度，就不能不从多数受众的实际接受能力出发。强调这一点，绝非迁就，更不是放弃思想理论原则，而是坚持原则以及引导和提高受众接受能力的必要前提。

——看听众的接受习惯　听众的接受习惯有共同性，也有特殊性。共同性是由思维的一般规律决定的，主要表现为喜爱短小精悍、生动活泼、深入浅出、平易近人的作品；这是构成受众接受习惯的主要因素。当然也不能无视受众的特殊接受习惯，但这要与论题的性质和节目类型联系起来考虑。如，在新闻节目中播出的评论，重点应当放在从内容到形式，力求适应多数听众的共同接受习惯方面；而在专题节目或评论性节目中播出的评论，则需要适当注意与论题关系特别密切的那部分受众的特殊接受习惯，《庄户人也要讲究语言美》作为"对农村广播"节目，那样处理当可以收到让农村听众听得入耳入脑的效果。

在广播、电视评论中坚持看对象说理的原则，固然需要讲究方法，但最根本的是牢固树立为多数受众服务的观念，密切与受众的联系；加强经常性调查研究，及时掌握社会脉搏和受众注意重心。解决了这两个根本问题，也就不难找到看对象说理的恰当方式和方法了。

思考题：

1. 试述围绕立论说理这一原则的主要要求。
2. 为什么要强调“看对象说理”的原则？这一原则包括哪些内容？
3. 说说你对在广播或电视评论体现“看对象说理”原则的想法。

第三节　善于夹叙夹议

夹叙夹议，就是边叙述、边议论，亦即通常所说的摆事实、讲道理。这是一种可以融理、事、情于一体，把观点和材料有机结合起来的论述方式和方法。对于广播、电视评论来说，善于夹叙夹议，等于掌握了适应广播、电视的传播方式、深入浅出地说理，让听众、观众经由具体事实理解政论性内容的有效手段。

夹叙夹议的前提和关键

夹叙夹议，“叙”指叙事，“议”指议论。这乍看不成问题，可是一旦与广播、电视评论联系起来，却就不那么简单了。

广播、电视评论“叙”的方式多种多样。它既可以由评论主体——主持人、记者描述或转述；也可以运用音响和同期声，由当事人作第一人称的叙述，或由目击者、知情人描述或转述；还可以运用画面，直接再现事物、事件、人物活动及现场情景。这样一来，如何“叙”，就不是评论主体可以完全主宰的了，而在很大程度上依赖于广播音响或电视画面、同期声的采录，以及受访人的回应、配合。同时，叙述的多元化和叙述方式的多样性，也要求恰当处理不同话语、不同符号和表现手段间的关系，否则就可能出现相互重复或相互脱节之类的问题。这是广播、电视评论运用夹叙夹议的复杂性、特殊性的一方面。

另一方面，则是如何确定"议"的主体，即究竟是谁的议论。在一则广播、电视评论，尤其是伴有音响、同期声的评论中，往往同时存在评论主体和受访人的议论。受访人的议论，表达的是他自己对事物的看法；这种看法即使与评论主体的看法完全一致，也不过是评论的论据，而不是论点。夹叙夹议中的"议"所表达的是评论对于相关事物的见解，当然只能是评论主体的议论。这两种议论并存在一篇评论中，如果不加区别，那就可能出现以引代论（即以受访人的议论代替评论主体的议论）或议论简单重复的现象。现在有些运用音响或访谈同期声的评论、述评，所以让人感到"访多谈少"或说理不到位、观点不鲜明，很重要的一个原因就是混淆了两种议论的界限。

如果说既有叙事、又有议论，是一般文章运用夹叙夹议的前提，那么明确上面所说广播、电视评论中"叙"、"议"的复杂性和特殊性，就是广播、电视评论恰当运用这种表现方法的另一个前提，甚至是更重要的前提了。

不过，在一则评论中，既有表述得体的事实，又有评论主体的中肯议论，是不是就一定能够形成夹叙夹议呢？这也不能一概而论。胡乔木在讲到文章如何做到观点和材料统一时，曾经说夹叙夹议不仅要有观点、有材料，而且要把"事实和观点安排好"，他说：

> 一个建筑要有材料，有结构，整个建筑还要有设计。写文章和盖房子一样，要看如何布局、设计，是否经济、合理、适用。观点和材料隔绝了，就像工厂的车间和原料离得很远，甚至中间隔了一道墙一样。如果说有些文章材料、观点互不联系，也是冤枉，他自己可能以为材料和观点联系了，但是离得太远了，太噜苏了，或者不清楚，材料就不能说明观点。①

也就是说，除了有叙有议、有材料有观点以外，还要按它们的固有联系，把二者组织成为不可分割的说理层次或有机整体。这就是所谓“夹”的主要含义；掌握这种被称为“夹”的艺术，是恰当运用夹叙夹议的关键。

就说《市井忧患的思考》②吧。1987 年 12 月 10 日，上海出现大雾天气，上海陆家嘴轮渡由于有关人员调度不灵、指挥不当，酿成了重大伤亡事故。事后，上海人民广播电台发表了这篇评论，认为这起“看来好像与大雾有关的天灾，实际上也是一起包含着某些工作人员的失职乃至官僚主义的人祸”。其中最有说服力和感染力的一个说理层次，相当成功地运用了夹叙夹议的表现手法：

> ……那天，大多数乘客都是怕脱班、脱课，怕影响生产和工作而聚集码头的。电话亭前那长龙似的队伍就足以反映他们的焦灼和不安。更有像曹宝根那样的共产党员，在生死关头，挺身而出，自觉履行自己的职责，最后光荣献身，表现出一个共产党员的浩然正气……事实证明，我们的人民是胸

① 《在写文件方法座谈会上的讲话》，《新闻工作文集》，解放军报社编，第 523 页。

② 上海人民广播电台 1987 年 12 月播出，《全国优秀广播节目稿选(1987 年)》，中国广播电视出版社 1988 年版，第 157 页。

怀大局的，他们关心生产的积极性和迫切心情是令人敬佩的。有少数人不讲秩序，不守纪律，但他们决不是人民群众的主流。把事故的原因一古脑推到群众头上，恐怕是不太公道的。

在这一段中，除了画线的两句话属于议论外，其余的都是叙述，不过有的是客观的叙述，有的是带倾向性的叙述。这里“夹”的艺术，主要体现在两个方面：一是按事实与议论的内在联系，把它们紧密地糅在一起；二是运用不同色彩的语言，把这种联系相当自然地表现出来。二者相辅相成，显现了夹叙夹议的表现效果。事实上，大多数成功运用夹叙夹议的评论，都包含着三种语言成分——客观叙述、带倾向性叙述和议论，差别只不过是位置、比重有所不同罢了。其中带倾向性叙述尤为重要，它是从客观叙述过渡到议论的中间环节或“桥梁”。所以许多老评论作者都十分重视在叙述中，逐渐注入主观色彩，为发议论、也为他人接受议论准备必要的条件。

在电视评论中，叙、议都可以同时运用画面、同期声、画外音等手段。这一方面为夹叙夹议提供了广阔的表现空间，同时也要求它除了注意叙、议内容的逻辑联系以外，更加精心地处理各种符号和表现手段的关系。如果忽视后一方面，即使内容本身逻辑联系紧密，也未必能够形成浑然一体的夹叙夹议。比如有的电视述评在现场述评之后，紧接着就是一长段主持人的议论，是否得当就大可斟酌。制播者这样处理，可能是基于增强议论色彩的考虑。这种愿望当然无可非议，但从表现效果看，却可能导致两种损害固有联系的结果：如果现场述评具有较强的夹叙夹议的色彩，那么主持人的议论就难免蛇足之感；如果现场述评不到位或不贴切却仍然保留着，那就等于把主持人议论与事实之间人为地设置了一堵隔离墙。有的评论叠床架屋地运用内容大同小异的访谈同期声，而主体的议论却没有适当地展开，这也难免给人以以叙代议、以访代谈的感觉。所以，对于电视评论来说，恰当处理符号和表现手段的关系，也是恰当运用夹叙夹议的应有之义。

夹叙夹议的基本类型

就结构形式说，夹叙夹议有两种基本类型：一种以说理为主干，另一种以叙事为主干。

以说理为主干的夹叙夹议，按道理的逻辑层次组织材料。目前广播、电视评论中的夹叙夹议，多数属于这一类。如果还原作者的构思和表达过程，大致是：(1)在比较充分地占有材料的基础上，形成一定的立论思想或中心论点；(2)按表现立论的需要，设置若干论点或说理层次；(3)随着论述的展开引用必要的材料，组成若干事、理交融的说理段落。不妨运用还原的方法，对诸如《拜金主义要不得》、《让我们伸出双手》这些比较成功的评论作点分析，包括弄清它们的得失及原因，这样也许将有助更好地认识和掌握这种夹叙夹议类型。

以事实为主干的夹叙夹议，则是按照事实的客观逻辑划分和组织说理层次。这种类型在广播、电视评论中还不多见；这里且引邹韬奋先生的“小言论”《糊涂虫假认真》[①]中一个片段，以资借鉴(引文中的下划线，系原作中的着重号；圈码①②③系引者所加)：

---

① 邹韬奋：《糊涂虫假认真》，1931 年 5 月 12 日《生活》周刊，《新闻评论作品选 · 历史篇》，第 307 页。

②这位省视学原是一个糊涂虫，但他不幸做了什么省视学，每年总要视察几个学校，而且于视察之后，还要做几篇报告，视察和报告都要有些话来敷衍一下，③便苦了他的“特长”！①有一次他到一个很有名的中学校里去视察，②他虽然到各教室里去“视”了一番，原未“察”出了什么，连各教员的姓名都不知道，③这本是他糊涂的好处！②但他一心想着要做报告去呈给教育厅长瞧瞧，不得不认真一些，所以于视察之后，在该校应接室里，便就悬在壁上的玻璃框内的教员姓名表，把姓名和职务照抄在袖珍日记簿里，像宝贝似的藏好带了回去，③这总算是他的深谋远虑了。①不料他所照抄的那个教员姓名表是隔年的，其中有一个教员是已经去职的，还有一个是已经死掉的，②这个糊涂虫做报告的时候，却闭着眼睛一个一个加了几句评语，连去职的和死掉的教员所有的教授法都被他“视”了一下，“察”了出来，③这样的认真，说他糊涂似乎难免罪过！②高高在上的教育厅当然根据他的报告公布，被那个中学校长和教员看见之后，为之大哗。他对于教员势难个个说好话，总要有些不大好的批评，糊涂的批评当然要引起一部分的不平，该校校长本想告他一状，后来想到他对全校的总评总算说了好话，才置之不论。③危哉糊涂虫，间不容发！

引文中的标①的句子为客观叙述，②为带倾向性叙述，③为主观的议论。仔细地读一读、琢磨一番，就可以发现：(1)邹韬奋先生把这位省视学（也称督学，旧中国的教育督察人员）的“视察”全过程，划分为四段；(2)叙述过程的文字，多带有鲜明的倾向性，而且主要运用讥刺性语言；(3)议论虽然都是片言只语，却起着既为前面的叙述“点睛”、又衔接下面叙述的双重作用；在这些议论中，除“危哉糊涂虫，间不容发”这一句正面表达自己对这件事的看法以外，都以反话正说的口吻揭露这位省视学的昏庸，语言的强烈讽刺色彩与评论的主旨非常谐调。这样的夹叙夹议，让人简直感觉不到叙述和议论的界限，可以说已经臻于叙、议浑然一体的境界。

从这一例子中，可以把握以事实为主干的夹叙夹议的主要特点。这种夹叙夹议的基础，是按事实的客观逻辑，把事实分割为若干相对完整的部分。然后依次叙述，并在适当的地方作画龙点睛式的议论。这样的议论直接从事实中引申出来，既概括了对上一层事实的看法，又带出下一层事实，兼具表达见解和承上启下的作用。

这两种类型的夹叙夹议，只要运用得当，都可以收到预期的效果。一般的说，以事实为主干的夹叙夹议，多用于分析典型事例；而以说理为主干的，则可以引用各种相关的事实。广播、电视评论中的夹叙夹议多以说理为主干，这也许与事实来源较为广泛不无关系。不过，以事实为主干的夹叙夹议，由于事实典型，边叙边议，确有易于引人入胜、便于视听的优点，是一种富于表现力的夹叙夹议类型。

夹叙夹议的写作、制作要求

除了讲究内容构成和结构类型以外，恰当运用夹叙夹议，还需要高度重视写作、制作方面的基本要求。不过，同是夹叙夹议，不同媒体运用不同符号：报刊评论运用文字，广播评论运用诉诸听的主体话语和音响，电视评论则在视听结合的基础上运用主体话语、画面、同期声等等。据此，广播、电视评论中的夹叙夹议，大致可以按所运用的符号分为四种：(1)以评论主体的话语表达的夹叙夹议;(2)广播评论中的主体话语与音响结合的夹叙夹议;(3)电视评论中的解说词与同期声结合,以及(4)解说词与画面结合的夹叙夹议。由于符号不同,所以无论写作还是制作的基本要求,又有共同要求和特殊要求之分。

“夹叙夹议”写作的共同要求 虽然所有夹叙夹议的写作,毫无例外都是主体话语的写作,但这里所说的共同要求却是第一种,即单纯运用主体话语的夹叙夹议写作要求。其适用范围,包括诉诸文字的报刊评论、诉诸声音的广播以及主要运用声音的电视评论中的夹叙夹议。它们的写作共同要求,主要有两项:

(一)叙、议穿插恰当

穿插恰当,说理才能显现清晰的层次,也才能形成“叙”、“议”紧密联系的“夹”的格局。

以议论为主干的夹叙夹议,议论是经,事实是纬,事实穿插在议论之中。事实如何剪裁,如何穿插,只能以说理的需要为转移,为展开论述、深化论点服务。例如下面这一片段:

> 近来,中小企业招标承包成了人们的热门话题。招标把竞争机制引进承包,优化了企业领导班子,普遍受到职工欢迎。但是,群众对部分企业招标承包的做法有意见,说是“好戏没有真唱”。
>
> 记者就此做了调查,问题确实存在。一种情况是企业主管部门在投票前就向厂长亮了底,经过讨价还价,甚至私下活动,原厂长以主承包人的名义在合同上签字,叫做“认标”,厂级原班人马组成一个承包委员会,说这是“集体承包”;另一种情况是,竞争的双方是原任厂长和书记,表面上耍刀弄枪,热热闹闹,很像一回事情,实际上是你中有我,我中有你,

> 二者必居其一，大不了是厂长、书记换个个儿；还有一种情况，投票时倒也广开才路，夺标者争相登场，侃侃而谈，群众心悦诚服，很是兴奋了一阵子，殊不知纵然你有百般能耐，千条妙计，可惜由于顶头上司早已另有所爱，“千里马”也得靠边站。看到这些情景，群众失望地说：“这一回又走了过场！”
>
> 招标承包，职工拍手称赞，但是也有所虑。职工是最直接的利害承受者，他们怕就怕把企业再交给那些庸才们，使企业重蹈厄运。难怪他们说：“再不要耍花枪了，快动真格的吧！”①

在这一片段中，作者借反映群众的呼声，以前后呼应的两段议论表达了自己的鲜明看法；中间插入概括三种企业承包中的不正常现象的一大段叙述。这段表达准确、脉络清晰的叙述，既融入议论之中、成为议论的有力依据，又把前后的议论衔接起来、形成不可分割的有机整体，从而使整个说理层次显得跌宕起伏。虽然这一片段并没有完整地表述论点，却是支持论点的一个相当有分量的说理层次。不妨设想，如果删弃后一段议论，直接与下面表述论点的说理层次（“官僚主义和不正之风作怪”）连接起来，情况将会怎样？虽然仍然有充分的事实依据，也可以不影响主要内容的表达，但恐怕难以像现在这样形成比较自然的夹叙夹议，当然也不可能收到跌宕起伏的表现效果。

由此可见，事实的穿插恰当与否，取决于两个条件：一是动笔前理顺思路，形成明确的说理层次；二是叙事准确、明快，繁简适当，杜绝拖泥带水。特别是叙述典型事例，更需要严格按议论的

① 山西平遥县广播站1987年播出，《全国优秀广播稿选（1987）》，中国广播电视出版社1988年版，第60—61页。

需要剪裁，如果一味求全求细，那就不仅可能破坏夹叙夹议，而且还可能冲淡议论，削弱评论的说服力。

以事实为主干的夹叙夹议，议论穿插于叙事过程之中，必须力求精练，避免长篇大论。上引《糊涂虫假认真》的议论，有的甚至只是半句话，所以能够那么严谨地保持叙事的完整性。不过，这个要求只适用于夹叙夹议部分，在文章的其他部分如何议论，还得以表现立论的需要为准绳。邹韬奋先生在这篇“小言论”中，事实上也有相当精详的议论，如：

> 据说宋朝有一位户部侍郎叫做吕端，宋太宗想叫他做宰相，有人说他糊涂，宋太宗说“端小事糊涂，大事不糊涂”。终于叫他做了宰相。这位省视学先生在总评里闭着眼睛说了几句“好话”，也许还可以把“大事不糊涂”自慰，深叹生不逢时，不然也许还有宰相的资格！但是他比吕端更胜一筹的是假认真，天下迟早终必拆穿的是假的事情，糊涂也罢了，糊涂而假认真，便更危险。
>
> 依姓名表上抄下来的姓名，只要抄的时候战战兢兢，如临深渊，如履薄冰，不要抄错，似乎是一件很稳当的事情，谁料这样“触楣头”，却遇着是一个隔年的表格！在做假的人都以为是“深谋远虑”，“万无一失”，不知天下只有真的事情是可以颠扑不破的，假的事情无论如何周密，总是必有一天要拆穿的。

有些评论虽然有议论、有事实，却没有形成夹叙夹议，重要的原因就是叙、议穿插不尽恰当。常见的有两种情况：一是没有穿插，叙事归叙事，议论归议论，这样或者能够明理，但不易形成名副其实的夹叙夹议；一是穿插太多，结果议论和叙事都有点支离破碎，也收不到夹叙夹议的说理效果。

（二）叙、议结合紧密

叙、议紧密结合，首先要求事实、议论在形式上贴近，但更为重要的，却是事实和议论要有必然的联系，即事实是议论的可靠依据，议论是基于事实的确切判断。这样，事实成为议论的“表”，议论揭示事实的“里”，表里相应，叙、议自然就浑然一体了。

在《一则启事的更改引起的联想》[①]中，有一段叙、议结合相当紧密的论述，虽然文字长了些，但可以提供多方面的启发，值得作一番推敲：

> 那么，究竟是什么原因要使他们更改启事的呢？据我了解，台湾的舆论和传播媒介，他们所发表的文字，必须合乎台湾当局的心态和要求，否则就会遭到很大的麻烦和困境，这一点朋友们比我更清楚。比如，1984年《联合报》因为刊登了中英两国政府关于香港问题的联合声明全文，该报的总编辑就被撤了职。中共关于“一国两制”的主张，是台湾当局最敏感和感到最棘手的问题，几年来一直不敢把它的真实内容和含义，全部真实地告诉台湾民众，而且一直对台湾民众进行歪曲事实的宣传，说它是中共“煽动分裂人心的阴谋”，是中共的“统战陷阱”等等。就是在台湾当局宣布解严之后，这样的宣传也没有停止。在这种情况下，《中央日报》等三个单位，要让在校的大专青年和社会青年，自定题材，自由发挥对“一国两制”的意见，显然不符合台湾当局的心态，自然也就不会被台湾当局所应允。这恐怕是这次征文启事变更内容

① 海峡之声电台1987年播出。

> 的真正原因吧。这一点，读一读9月1日台湾《中央日报》第二版上登载的楚崧秋先生的专文《为本报今后办报之方向进一解》，就能够看得出来。楚崧秋先生在专文中说，今后《中央日报》的办报方向，一是要“有党性”，二是“守原则”。不言而喻，原来第一天的征文比赛启事，不符合台湾当局所坚持的“反共拒和”的原则。这篇专文，也算是一份不显露的公开检讨吧。

这里，评论围绕揭穿“更改启事”的实质，引用了两件事实，并针对事实作了相应的分析，实际上包含着两层夹叙夹议：一层借引述《中央日报》总编辑因刊登中、英关于香港回归的联合声明被撤职一事，揭露台湾当局一直敌视、歪曲宣传“一国两制”；一层引楚崧秋（当时的《中央日报》董事长）的变相检讨，从而戳穿了“更改启事”的真正原因：原来的启事不符合台湾当局“反共拒和”的原则。这两层夹叙夹议，每层的叙、议都表里一致、榫卯相应，两层之间的主、客观逻辑联系也相当紧密。如果说这段论述既有助于台湾青年明白“更改启事”的真相，又能激发他们进而思考和领会“一国两制”的精神，那么叙、议的紧密结合恐怕就是获得这种表现效果的一个重要因素。

写作方面的这两项要求，是所有媒介评论恰当运用夹叙夹议的共同要求。不过，广播、电视评论在体现这两项要求的过程中，需要时时顾及视、听的需要，始终坚持口语化、通俗化的表达方向。

“夹叙夹议”写作的特殊要求 这是对于兼用音响、同期声、画面等符号的夹叙夹议的写作要求。这类写作虽然也是主体话语的写作，但是由于需要顾及其他符号，所以各有不同的表述方式方法。这种特殊的写作要求，很难像共同要求那样概括若干条，这里姑且通过几个个例，作点说明。且看《风雨老字号》①。这则广播评论几乎全文都运用夹叙夹议，下面若干片段以前后呼应的方式，阐述人才是振兴“老字号”的关键之一：

[解说]……目前虽然没有一个权威的数字可以说明北京饮食类老字号总体创造的经济效益以及在北京经济建设大局中占的比重，但是明眼人都知道，老字号毕竟衰落了。从记者和一个老字号干部的电话交谈中，您或许能多多少少感受到这种衰落的气息。

[访谈音响]记者：您这儿的人才应该留得住了吧？效益慢慢地好起来了吧？

干部：流失多了。大部分都流失了。

记者：头两年流失比较多吧？

干部：去年流失就挺严重。有好的地方就跑了。

记者：有统计数字没有？流失了多少？

干部：我们这儿有用的人三四年就走了七八十人。

记者：那培养了多少？

干部：随干随培养吧。现在还有两个特级技师，我们用高薪把他们留住了。

……

[解说]堪称北京老字号龙头的“全聚德”烤鸭店目前已组建成为巨大的集团公司，在国内50多个城市开了连锁店，到24个国家注了册、投了资。记者为此走访了集团公司副总

① 胡国华：《风雨老字号》，“中央人民广播电台·新闻纵横”1994年10月9日播出，《新闻评论作品选》，第143—145页。

经理……耐人寻味的是，副总经理反复强调的也是人才问题。

[访谈音响]在人才上，我们现在是广揽人才，另一方面挖掘开发企业本身的人才。关键的问题就是人才。过去有些老店为什么在经营中遇到难度，我认为还是人才问题。

……

[结束语]“老字号”这几个字可以是财富，也可以是包袱。要让它们永远成为财富，关键在政策，在体制，在人才，在对消费文化的认识。“全聚德”、“麦当劳”这些中外名吃在北京珠联璧合，互相竞争，互相促进，营造了一个受群众欢迎的饮食消费市场。饮食行业，不管是东方的还是西方的，只有服务于群众，紧跟时代，正视竞争，不断革新，才会有市场，有出路。而改革，为老字号的先辈们赢得历史的改革，相信同样可以为真正的老字号赢得未来。

从中可以看到，所有的音响都主“叙”；主体话语包括解说和访谈提问，其中的解说词除主“议”之外，还发挥着解释、介绍的作用。这意味着主体话语的写作，需要考虑方方面面的需要，尤其是为听众创造更好理解问题实质的条件。

再看电视评论的一例：

画　面	解说词
黄色、浑浊的烟尘在弥漫、扩张 黑雾笼罩下骑自行车上班的人流	我们曾经以拥有重工业城市沈阳、钢都鞍山、煤都抚顺、阜新而骄傲，以我们辽宁为国家做出的贡献而自豪。可今天，在骄傲和自豪的同时，一种担忧和苦恼已经弥漫在辽宁的上空。
闪亮的粉状钢屑雪花般飞舞、飘落	您不要以为这是晶莹的雪花在漫天飞舞的舞台效果，我们的工人就是在这样的环境中工作，他们生产的是钢铁，吸进肺里的是钢屑！

续表

画　面	解 说 词
炼钢车间腾腾的黄烟，工人们在烟雾弥漫的炼钢炉前挥锨添煤	
……	……
环拍本溪全景	这是一个晴朗的早晨，我们拍摄到本溪全景。（声音停顿25秒）
淹没在烟雾中的烈士纪念碑	多少先烈为我们的今天洒尽了最后一滴鲜血，而这庄严的人民烈士纪念碑，默默地，也只能默默地俯视这一切！（声音停顿5秒）
烟雾笼罩的城市全景	时间是最公正的裁判。我们在向自然无限索取的时候，实际上是在向我们的后代索取；我们在破坏自然的时候，就是在惩罚人类自身！

这是辽宁电视台《人与自然》中的两个片段。这里的画面具体展现了环境污染的情况，主“叙”；解说词则以凝练、富于感情色彩的语言，既说明、解释画面，又揭示画面的内蕴、抒发作者的见解。二者结合形成了情理交融、叙议浑然一体的分析说理层次。这种夹叙夹议，又有另一番引人的魅力。看来，作者是在按评论的选题意图和立论思想剪接了画面之后，本着话语统率画面的原则撰写解说词。

“夹叙夹议”的制作要求　所谓制作，实际上是一个按一定的意图或构想整合材料、调制符号的过程。一组“夹叙夹议”的制作也大致如此，只不过它的目标是尽可能密切“叙”、“议”之间的联系，争取“弥纶莫见其隙”的表现效果。至于如何整合、调制，限于实践和认识，恐怕说不出所以然来，姑且提点零星的想法吧。

——单纯诉诸主体话语的夹叙夹议的制作过程，主要是由文字稿转化为声音的过程。其中包括利用音调、节奏、语气把叙事话语同议论话语适当区别开来，根据内容赋予适当情感，电视评论还可以配合内容再现播报者的表情；对于同音或易于引起误解的关键词语，采取适当的弥补措施，如配以字幕（电视）或解释（广播）等等。不妨设想，如果将《糊涂虫假认真》中的那种一句话兼有三种语言色彩文字转化为言语，不调动相应的声音手段，能否确切地达意传情？如果以所谓“零度风格”来播诵这篇文章，能否让受众感受到其中隐含的嘲讽讥刺？可见，在声音转化中如何“再创作”，既是这类夹叙夹议制作中的重要日常课题，也是其他夹叙夹议类型主体话语不可忽略的制作环节。

——广播音响评论中的夹叙夹议，音响主“叙”，主体话语主“议”。因此，制作中经常面临着如何精练音响素材、区分素材性质（提供事实还是提供看法）、恰当处理音响与主体话语关系之类的问题。一般的说，现场音响素材外在于采录主体，即使是访谈音响也不是采录者可以完全主宰的。在这种情况下，恰当筛选、剪裁、精练音响，自然是制作的首要环节，其结果不仅直接关系着音响自身的素质及其作为论据的表现效果，而且影响着与之衔接的主体话语的处理。在实践中，人们往往以音响的语言表达是否准确、清晰度高低、可听性强弱为取舍标准，这恐怕有点绝对化了，弄不好就可能导致音响失真，乃至断送音响的表现功能。所以，制作中把握好音响这一环节，关键在于确保音响真实性、客观性，然后在这个基础上力求精练。至于如何处理与主体话语的关系，主导权则掌握在话语主体手里，完全可以顺乎已经选定的音响材料作必要的调整，赋予主体话语以议论、解释、衔接等功能，这样也许可以更有效地增强夹叙夹议的表现力度和效果。电视图像评论在制作过程中，实际上也可以这样处理夹叙夹议中主体话语与画面、同期声的关系。

——电视图像评论中的夹叙夹议，可以同时调动电视媒体拥有的各种符号。这是它的优势，也是它的制作难点所在。由于其中的任何方式的夹叙夹议，都离不开图像或同期声，而现场图像、现场同期声的采录，又往往因受现场稍纵即逝的限制，不易获取富于再现功能的素材，所以制作时常常陷于“巧妇难为无米之炊”困难境地。这也许是以现场画面、现场同期声配合主体话语的夹叙夹议不多见，而更多采用非现场的访谈同期声的原因所在。怎么突破这一难点，仍是一个有待整个采录制作群体持之以恒探索问题。

以上是关于夹叙夹议的若干要点。有人主张：“任何评论文章，都应该尽可能地夹叙夹议。”①广播、电视评论要深入浅出地表达政论性内容，赢得广大听众，尤其应当向这方面努力，否则势必因为泛泛而论或叙、议“两张皮”而削弱或丧失对听众、观众的吸引力。

思考题：

1. 何谓夹叙夹议？这种表现方法对于广播、电视评论有什么特殊意义？
2. 试述广播、电视评论叙、议的复杂性和特殊性。
3. 试述夹叙夹议的基本类型。
4. 结合具体作品，说明恰当运用夹叙夹议的基本要求和应注意的问题。

---

① 安岗：《关于评论写作的几个问题》，《新闻战线》1958 年第 13 期。

附　录

新闻评论作品选

（本附录所选的作品，按本书引用先后，依次编排）

说“雅好”

刘效仁

人们对世间万物总是有所系，有所好。有的好饮，有的嗜吃，有的爱戏成痴，有的爱石成癖。可谓“萝卜青菜，各有所爱”。嗜好亦有雅有俗，崇雅恶俗也是件好事。

有点情趣，有点雅好，这是再正常不过的事。爱字画、爱古玩，都是文雅之事，但雅兴雅致之外，包藏着不雅之心，就变成了一件坏事。比如，在个别人那里，雅好变成了堂而皇之搞腐败的遮羞布；在一些宵小之徒那里，迎合有权势者的雅好成为打通关系的铺路石。这样的雅好就全然变味了。

胡长清喜书法，本应下苦功临池，他却以其为发财之门径。他的书作一时间“一字千金”，题遍街头。他的来源不明的几百万资产，不少是以出售书作为名获取的不法收入。有人讽刺：“男厕所女厕所男女厕所，东写字西写字东西写字。”他颇不以为然，“我是以一个书法家的身份去写。”其实，别人请他题字，目的岂是纯正？如果他不是有权势的人物，何来离谱的润笔费？以字牟利，人们看得明白。

案发后查获的总财产折合人民币千万元之巨的温州一公安分局局长，好收藏古董、字画。到2003年3月案发时，他拥有书画作品195件，瓷器及西方艺术品27件，邮票、鸡血石及其他文物1000多件。由于珍藏甚巨，他不得不购一套高级公寓专门陈设，被称为“私家博物馆”。如果凭自己经济实力来实现这一雅好，倒也是一桩美事。但面对他人投其所好送来之物，便只知笑纳,还说他人只是“玉成其事”而别无他图,这其实不过是搞腐败的一个借口。

本来,干部能有一些雅好,人们会称许有加。然而,不要忘了,这里有一条原则,就是要公私分明,决不可利用手中的权力获取不义之财、不义之物。这方面教训很多,主要一条是在有些人心目中,所玩所好皆成了攫取名利的手段和载体。于是明知不可为而为之,把手伸得很长,巧取豪夺,以“好”谋私。这样做,即使被冠以“雅好”,也是为法律所不容的。

常言道:“上有所好,下必甚焉。”明太祖朱元璋就曾对侍臣说过:“好功则贪名者进,好财则言利者进,好术则游谈者进,好谀则巧佞者进。”镇江某房产公司经理为了结识一官员,就打听其爱好,得知其喜欢字画,很快便出3万元买到了不久前他看中的两幅画。见雅好之物,爱不释手,赞不绝口,心理防线焉能不自溃?有雅好而不自警自制,雅好就会成为清廉防线的薄弱环节。更不要说,有的人本来就没什么雅好,所谓雅好不过是一种包装。但这样的包装骗不了人,到头来只能自食恶果。从古到今,这样的例子不胜枚举。

(2005年9月14日《人民日报·人民论坛》)

“腐败定论”比腐败更可怕

练洪洋

最近,安徽省政法委为一名县公安局长特批了2万元的困难补助金。据悉,这位局长为了给妻子和母亲筹集巨额医疗费,不仅卖掉了房子,而且还举债30多万元。(据8月14日《新安晚报》)

新闻在各大网站挂出后,网评如潮。笔者纵观网友跟帖评论发现,居然赞许者少,怀疑者多,甚至有人认为他不过是一个“贼喊捉贼”者。

母亲的心脏手术花了10万元,爱人的肝脏手术花了30多万元,而他一个月的全部收入加起来也就2000来块,所以只能卖房、举债。这本是一道再简单不过的算术题，摊到普通人身上，谁都会相信，可发生在县公安局长身上，情况为何就迥然不同？因为社会早已形成的“腐败定论”——小官小腐，大官大腐，凡官必腐，无官不腐。在许多人眼中，连上路执勤的小交警都是“肥差”，公安局长反倒“两袖清风”，自然就没有多少可信度。

这位公安局长卖房、举债是不是假的，仅从报道中无从解读，我们也无法作价值判断，不过社会上这种“腐败定论”比腐败更可怕，倒是千真万确。

“腐败定论”首先严重影响官员的心态，使得腐败官员心安理得，也使得清官的生态环境更加恶劣。当社会形成“腐败定论”的集体无意识之后，清廉的官员处于腐败官场挤压与社会不信任的双重打击的焦虑之中，稍有不慎，思想大堤就会出现“管涌”。就像上面的公安局长，面对足以寻租的权力与经济的窘迫、社会“腐败定论”的不信任感，他的个人修养能坚守多久？

当人们都有这种心态，无权时大骂腐败，正气凛然；一朝大权在握，靠山吃山，腐得比谁都起劲。“腐败定论”形成“染缸效应”，浊者自浊，清者不能自清，反腐又从何谈起？

当社会有了这种心态，就会提高整个社会对腐败容忍的阀值。腐败可不可怕？如果整个社会都对官员的腐败疾恶如仇，有“人人得而诛之”的心态，腐败就不可怕，也将有根除的一天；如果腐败侵入社会成员的骨髓，成为一种思维定式，见腐不怪，骂娘只是因为自己沾不了腐败的光，那么，根除腐败永远只能是镜花水月。

反腐到今天，依然有“前腐后继”者，多少与一些人“腐败定论”的心态有关。单纯的腐败现象，清理起来不难，而腐败思维、腐败心态，清理起来就没那么容易了。

（2005 年 8 月 23 日《检察日报》“廉政周刊”）

媒体为什么要扒粪

章敬平

当“搞”这个字眼大行其道的时候，“扒粪运动”正在中国闪烁出点点滴滴的燎原星火。“阴谋”、“黑洞”——中国媒体对商业领域内有影响的公司和公众人物的质疑和曝光，比以往任何时候都要来得猛烈。

“扒粪运动”始于 1902 年前后的美国。愤怒于美国社会政治道德的堕落，一批由记者和作家组成的中产阶级知识分子，充当了“扒粪者”的角色，英文叫 Muckrakers，直译过来就是“黑幕揭发者”。他们利用传媒，无情而犀利地批判了美国政界商界以及社会生活各个层面的腐败现象：政府和黑道的勾结、金融业的欺诈、药品和食物的掺假、街道上的卖淫。美国总统罗斯福怒斥“黑幕揭发者”，就像 17 世纪英国小说《天路历程》中的扒粪人，手拿粪耙目不转睛，专注于腐败堕落卑劣丑陋的人和事，对美好的事物视而不见。随着美国黑幕揭发运动的不断推进，扒粪者一语很快成了高贵的尊称，一枚光荣的勋章，为扒粪者欣然接受。

我不厌其烦地介绍扒粪，是想说，“扒粪者”和“扒粪运动”从诞生之日起，就不是一个贬义词。尽管对扒粪的态度全球各有不同，但我认为，扒粪有理。如果没有书报检查制度，我们相信“盛世坏消息”是永远不会错的。董桥说，今日的新闻就是明日的历史。我不否认这位香港第一才子的说法，但我坚信记者的历史使命不是史官，媒体不应该负责记录完整的历史，它的使命是一个“小心社会撞上冰山的瞭望者”，在于为社会和公众提供一双警惕的眼睛。

我赞同扒粪，但我还是要问“我们为什么要扒粪”这个问题，是因为当下的很多媒体并没有遵循扒粪者推动社会进步的宗旨，而滑向距离社会公器越来越远的轨道，即便那些秉承公共利益的宗旨在“做正确的事”的媒体，在方法论上也没有做到“正确地做事”。

或许公众最不能容忍的，是基于商业目的而扒粪。曾经，我们对官方主流媒体中的少数记者“黑吃黑”，深恶痛绝。而今，我们发现一些以市场化媒体自居的传媒，也开始奉行绿林好汉的逻辑。据信，不久前的一家媒体，在质疑一位富豪的时候，曾数次将写好的稿子，交给被质疑的大亨，希望换取 100 万元人民币的广告。我不知道，这样的行径与繁峙矿难中收取金元宝的新华社记者，有什么本质的不同？

还有一种扒粪是为了争夺眼球。在眼球决定成败的今天，一些媒体试图闯入"禁区"的冲动，异常强烈。能不能在有"粪"的禁区内打好擦边球，有时候被视作眼球争夺战中的核心竞争力。为了闯入有粪的禁区并全身而退，铤而走险者开始在"政治正确"上下工夫。于是，我们看到一些报刊如何类似仰融事件的报道中，高举着所谓国家利益的大旗，置法的精神于不顾，在正常的司法程序进行当中，便单方面为打倒诉讼一方的当事人(仰融)献计献策，想到这样的扒粪，这样的扒粪立场，我们很容易联想到"在粪堆上插鲜花"。

我最想强调的是另外一种扒粪，基于道德判断的揭黑。与前两者不同的是，它在动机上要纯粹洁净得多。关乎富人的财富来源于"肮脏的原始积累"的判断，成了他们扒粪的原动力。发现疑点而后调查之，是媒体作为社会公器的天然属性，然而，我们切不可将疑点当作事实，用道德上的怀疑取代必要的调查采访。我们要采访当事人，而不仅仅是接近消息来源的"知情人"；我们要核实传闻，而不是捕捉传闻作为拉长文章的"料"。虽然连官方的司法机构也未必有能力将涉及到权力和市场的大人物调查清楚，但要求媒体调查清楚之后再揭黑，并非苛求。

据说，今天很多媒体对揭黑的兴趣，来源于《财经》的经验。一般的说法是，《财经》因为"银广厦陷阱"等揭黑文章，同时赢得了两个效益。闻此说，我想到了"银广厦陷阱"那则报道中的一纸证明，一张由天津海关出具的证明，那薄薄的一页纸，是调查的力量，证据的力量。那些准备大搞特搞的媒体，在大扒特扒之前需要想一想，我们能准备那样的证明吗？

套用法学上的一个说法，除了实体正义，我们还需要程序正义。在"扒粪"的时候，我们同样崇尚程序正义优于实体正义。我们不是为了扒粪而扒粪，作为媒体，我们应该从事实出发而不是从其他什么目的出发。我们需要对市场和权力保持永远的警惕，但我们不可以怀疑一切，更不可以在莫须有的情形下，捕风捉影，任意进行舆论鞭挞。毕竟，"扒粪"不是泼粪，泛道德角度上的理直气壮的原罪式质问，并不能替代基于事实的采访调查。

（2003 年 11 月 1 日《南风窗》）

我们共同的使命

丁　刚

北京宋庆龄故居的纪念馆里，珍藏着一件 60 年前的旗袍，深蓝色的绸面上绣着朵朵白花，素静雅致。旗袍背后的故事感动着许许多多的中国人。

60 多年前，中国人民正在为抗击日本侵略者英勇奋战之时，大洋彼岸的美国，活跃着一位身穿中国旗袍的美国妇女。她向民众宣传中国的抗战，为中国人民募捐和筹集药品。这位妇女名叫波莉·福斯特尔，她穿的旗袍是宋庆龄女士亲手所赠。

上世纪 30 年代，在菲律宾工作的波莉受美国著名记者斯诺及其夫人海伦·斯诺的影响，积极支持中国抗战。1941 年，她途经香港回国。宋庆龄女士听说后，就把自己的旗袍送给了她，请她穿上旗袍，向美国人民介绍中国的抗战。正是这件旗袍，鼓舞着波莉，肩负起宋庆龄女士的重托，为中国的抗战奔走呼喊。

像波莉这样因抗战而认识中国、关心中国，从而走上支持和帮助中国的外国友人，还有很多很多。他们使世界了解了中国的抗战，也用自己的行动，让中国人民感受到了国际主义的崇高精神。为了中国抗战的胜利，他们当中有许多人献出了自己的热血和宝贵的生命，他们的名字永远铭刻在中国人民心中……

斯诺，他的报道让世界看到了中国的希望。美国历史学家拉铁摩尔曾这样评价斯诺：在全世界面临战争灾难的前夕，他报道了一支远离西方各国的独立的战斗力量……斯诺起了具有世界历史意义的重要作用，因为他推动美国以至世界舆论接受中国共产党作为盟友参加反对国际侵略的斗争。

白求恩，一个在中国家喻户晓的英雄名字。他让我们懂得了怎样才是

“一个高尚的人，一个纯粹的人，一个有道德的人，一个脱离了低级趣味的人，一个有益于人民的人”。几十年来，他的名字和张思德、雷锋这样一些平凡而伟大的中国人并列在一起，成为一代又一代中国人学习的榜样。

陈纳德，他领导的“飞虎队”威震神州，创造的战绩让人们敬佩不已：击落敌机2600架，歼灭日本飞行员1500多人，击毙日军官兵66700名。重庆的许多老人至今仍记得，1945年8月，陈纳德回国，重庆市民涌上街头，夹道欢送。

柯棣华、史沫特莱、罗生特、汉斯·希伯、马海德、林迈可……这个名单可以列得很长很长。这些国际友人不远万里来到中国，与中国人民同甘苦、共患难，携手共进，团结奋战，他们的精神鼓舞着中国人民英勇地抗击日本侵略者。早在1943年12月1日，《大众日报》发表的社论就指出：“我们的斗争不是孤立的，我们不仅有社会主义国家苏联，同盟国英美，和全世界反法西斯人士的援助，就是在轴心国家中，也有不少反法西斯人士在关心我们、援助我们。”

为世界反法西斯战争的胜利，中国人民付出了巨大的民族牺牲；为中国人民抗战的胜利，国际友人做出了卓越的贡献。温故而知新。抗日战争中展现出的这样一幅国际主义大合作的壮丽画卷，蕴含着深刻的启示：维护世界和平、促进共同发展是全人类共同的使命。

7年前，美国女作家贝靖宇因读了海伦·斯诺的书而了解到波莉的故事，她千方百计找到了那件旗袍，带着它来到中国。相隔近58年后，这件旗袍终于从大洋彼岸的美国回到中国。贝靖宇在北京的演讲中讲到了宋庆龄，讲到了海伦·斯诺，也讲到了旗袍。她用这些故事阐述着演讲的主题：我们每个人都应该为这个世界做些什么。

（2005年9月6日《人民日报·人民论坛》）

警惕“伪科技”迷信

吴兴人

如果你向一个青少年说“巫医跳大神能治好病”，他一定会说你迷信，可是如果你让他讲一讲星座，他能讲出许多你闻所未闻的“新奇理论”。如“星座运程说我今天不适合红色，所以我不穿红色衣服。”“我以后要找一个天秤座或者狮子座的妻子，这样我的婚姻才可能幸福。”网络算命已成为披着高科技外衣的现代迷信。

网络迷信有泛滥成灾之势。在搜索网站输入“占卜”两字，可检索出47.1万个网页，输入“星座”两字，可检索出249万个网页。占卜网页3天净增1.8万个。网络迷信包括人生预测、爱情事业预测、占星奇缘、十二星座解说、周公解梦等。网络算命无需求助他人，只需输入姓名、出生日期和时间等信息，几秒钟就能得出结果。披上了高科技的外衣，这些古已有之的占卜术“俘虏”了大批年轻信众。在中学生中有38%的人算过命，有近40%的人认为《易经》算命是“中国文化中的积极部分”，是“未知科学”。

迷信是对客观世界的一种扭曲反映，由于人们对某些自然和社会现象缺乏正确认识，常常作出错误的解释和进行盲目的崇拜。迷信是科学的对立物，迷信在不同的时代带有不同的色彩。60多年前，作家赵树理写的小说《小二黑结婚》里三仙姑的装神弄鬼，现在已经吃不开了，但网络迷信却将迷信与科学技术嫁接在一起，披上了一件光灿灿的华丽外衣，以一种新的形象走进青少年的生活。这无疑是对科学技术的嘲弄和讽刺！

网络算命、计算机占卜的原理很简单，就是通过一个软件程序，把一整套迷信数据贮存在计算机里，然后利用数据库进行随机组合，毫无科学依据可言。但时尚的网络算命得出的结果却迷惑了当代青年人的双眼，搅乱了他们的思绪。网络迷信对思想尚未定型的青少年具有很大的欺骗性，将影响他们的人生观、价值观，使他们屈从于命运的安排，丧失竞争的勇气与动力。它是一剂麻醉人性的精神鸦片，使许多涉世未深的青少年纷纷上瘾。它是一把杀人不见血的软刀子，一种新的精神污染，是青少年成长的拦路虎、绊脚石。

网络迷信的走俏不是无缘无故的，它在一定程度上与青少年承受着巨大的心理压力有关。心理学家韦斯在《迷信心理学》一书中指出，无助、恐惧、抑郁、焦虑等都是迷信滋生的心理诱因。心理压力过重过大，他们就会寻求某种精神的寄托和慰藉。迷失了信仰，就会使思想走错道路，就会求助于占卜和算命。一些网站抓住了部分青少年的这些心理，传播迷信，赚钱牟利。

目前，很多网站都设置了防火墙，过滤、屏蔽含有色情关键词的网页，效果很好。可是，屏蔽迷信网页的功能却很少。不是因为我们力不从心，而是因为没有引起足够的警惕。我们期待有关部门对网络迷信重拳出击，好好开展一场大扫除，还网民一片明净的天地。

（2005年9月20日《人民日报·人民论坛》）

对学术腐败者也不必慈悲

张天蔚

日前，国家自然科学基金委员会破天荒地动了真格手段，通报批评了19名在科研项目中弄虚作假的科研人员，并对情节严重者施以点名通报、撤销资助项目、取消一段时间内的申请资格等重罚。

学术腐败，由来已久，近年来被媒体披露的各种学术腐败现象更有日趋普遍和恶劣之势。被自然科学基金委点名通报的3位造假者，其情节具有一定的典型性和代表性，但比起媒体陆续披露的学术腐败现象，却又算不上最放肆和最恶劣的。学术腐败所造成的损失虽然未必如官员腐败那样直接和醒目，但其对学术风气和社会风气的败坏作用，却不可小视。迟至今日，终于有权威机构祭出“重拳”，总算给学术腐败者一个比较实在的打击和惩罚。而在此之前虽然也有科学院的“院士自律准则”，或各高校等学术机构的相应规定，但其作用却十分有限，以致在人们的普遍印象中，被冠以“学术警察”之名的方舟子，成了与学术腐败孤军奋战的孤胆英雄。

有英雄是好事，至少可以使学术腐败者有所忌惮。但方舟子如此醒目，却只能证明比起腐败现象之普遍，打击腐败的力量还太过渺小，支持打击学术腐败的制度，还远远没有建立起来。目前被披露的学术腐败的手段并不复杂和高明，其被发现的可能性甚至比官员腐败的曝光风险还高。但相对而言，学术腐败暴露之后的处罚手段和力度不足，导致学术腐败成了潜在收益巨大而风险系数极低的行为。即使此次自然科学基金委痛下“重拳”，也只对 3 人进行了点名通报而已，对其他 16 人的“内部通报和处理”，就颇有“爱护”之意。而人们公认的常识是，对违规、违法者的曲意回护，就是对守法者的不公，就是对腐败现象的放纵，最终的恶果，则是学术风气和学术环境的败坏。如果那些放肆剽窃或伪造学术成果的人，总是能够安全地隐身于“学术界”的“内部”，则“外部”公众对这个“学术界”必然无法建立信心。自然科学基金委官员所称的“绝大多数科研人员兢兢业业、守诚敬业的形象不会因此而受到损害”，也就只能是一厢情愿的想象而已。

如果学术腐败现象所影响的，只是学术界内部的游戏规则或利益分配，则学术界“外部”的公众也可以抱戏谑的态度看他们怎么表演。但在一个社会生活日趋被科学、技术，及各种繁复的制度、规则所影响乃至支配的时代，专家、学者以其本当中立的立场和科学的态度，对公众的判断和各方之间的利益关系，有着重要的影响。近年来各种媒体上的学者观点、专家意见日见其多，可见公众对专家意见的巨大需求。在这种情况下，如果学术风气的败坏导致专家意见被利益所左右，则公众利益必受直接或间接的损害。近年来经济学家在国有企业产权制度改革中所扮演的角色已经受到质疑；几天前，又有媒体披露，在广东兴宁特大矿难发生之前，曾有若干专家对该矿的安全性进行考察论证，并给出肯定的结论。不久之后的矿难，不得不让人对这一结论的产生过程顿生疑虑。

学术腐败已经危及公众利益，公众有权要求学术界清理门户、打击腐败不留情面。而目前看到的情况是，学术界对内部腐败现象的曲意避讳，比人们想象的更甚。

（2005 年 9 月 6 日《北京青年报》）

一家哭何如一路哭

——赞北青报的评论《对学术腐败者也不必慈悲》

陶世龙

教育科研部门早已不是清水衙门,学术领域中的腐败现象愈演愈烈,有目共睹。但是不仅很少受到应有的惩罚,而且还有人为之回护,甚至倒打一耙,攻击谩骂揭露腐败者如方舟子及其所办新语丝网站,诬之为“信誉死亡站”云云,说明正如今日北京青年报上张天蔚的文章所指出:“方舟子如此醒目,却只能证明比起腐败现象之普遍,打击腐败的力量还太过渺小,支持打击学术腐败的制度,还远远没有建立起来。”

“对学术腐败者也不必慈悲”,说得好。马上想起范仲淹的一句名言,“一家哭何如一路哭”,那是他一度当上宋王朝的参知政事,相当副宰相,有点用人大权时,曾把那些不胜任按察使的人从候选名单删去。这时有人劝他说:“一笔勾之甚易,焉知一家哭矣!”指的是那个落选的人一家子该伤悲了。范仲淹的回答是:“一家哭何如一路哭!”也就是说岂能照顾此一人的荣禄而使一路的百姓受害!(“路”在宋代是一种行政区划,和今天省的地位相当,按察使是“路”的最高长官)对学术腐败如果视为细微末节,让搞腐败的人继续掌握学术乃至行政大权,腐败何能制止。张天蔚说得好:“学术腐败所造成的损失虽然未必如官员腐败那样直接和醒目,但其对学术风气和社会风气的败坏作用,却不可小视。”我还想补充一点,现在任用官员重文凭,所以有些人会花重金以及其他手段去换回一张高学历的文凭,此亦为当前学术腐败猖獗的一个重要原因,而如让其得逞,这些人便可因而得掌权升官;在学校里学得的抄袭剽窃,弄虚作假那一套,也用于行政,就不止败坏社会风气大案问题了。

(“五柳村”网站,XYS20050906)

构建和谐社会须倡导第三次分配机制（记者述评）

新华社记者　鹿永建　郑黎

国庆节前后，发生几件令人深思的事。上海金茂大厦举办一场耗资百万元的婚礼。安徽寿县仇集村李多友家，五口人的午饭是萝卜缨子一盆菜。浙江宁波，一位中年男子向慈善分会捐赠108万元不留名，只说想回报社会，人们称他为“我想回报”。三件事从不同侧面提醒我们，构建和谐社会必须大力倡导和培育第三次分配的机制。

效率优先、兼顾公平的第一次分配，要在不断规范的市场机制中实现。税收等政府调控下的第二次分配则以公平为主，从而缩小初次分配造成的过大的收入和财富差距。第三次分配则是指动员社会各方面的力量，调动各方面的积极性，建立社会救助、民间捐赠、慈善事业、志愿者行动等多种形式的制度和机制，是社会互助对于政府调控的补充。目前，宁波等地开始注重培育第三次分配机制，并取得一些成果，很有示范意义。

第三次分配的作用是前两次分配所不能替代的。从国际经验来看，第三次分配在照顾孤寡老人、帮助残障人群、保护弱势妇女、收养孤儿、帮助失业者、贫困者、艾滋病者、行为偏差者方面，可以发挥特殊的作用。浙江省慈善总会善款的总额为18亿元，其中宁波市为5.8亿元，占了近三分之一；宁波把这些钱用在助学、助困、助病方面，加上其他的捐助形式，有效地缓和了各利益群体间的矛盾，减少了社会在快速发展中的震荡和冲突。

主动、积极参加慈善、捐助和志愿活动，帮助了别人，给自己带来极大的快乐，可成为提高生活质量和人生境界的新天地。与那位在金茂大厦为婚礼一掷百万的人士不同，宁波企业家储吉旺白手起家创下了上亿资产，却将其中的2800万元捐献给困难群众和公益事业。在民营经济发达的宁波，这样的“爱心”企业家有相当一批。前些日子，台风刚离去，一帮青年志愿者就相约在宁波恩美福利院探望残疾儿童，给孩子们讲故事、陪玩，献了爱心也玩得很开心。与挥金如土相比，这样的人生追求太值得提倡了。

在这种社会互助形式里，政府和党员并非无所作为。宁波在积极推进完善社会第三次分配时，以各级党员领导干部、先富起来的企业家和广大青年活跃分子这三个特殊群体为重点，把爱的资源整合起来，倡导人人向善的风尚。市委书记巴音朝鲁带头，30150名党员干部参加结对帮困活动，起到示范带头作用，数以万计的困难户得到帮助。

帮助弱者一定要注意受助者的人格尊严和心理感受。宁波某企业家捐款多次、已达百万元，留名“顺其自然”；宁波许多人捐款不肯留名，也说是“顺其自然”。这种“爱心要悄悄地给”捐助方式，对于心理上处于弱势地位的受助人来说，精神压力较小，便于他们以一种较平和的态度接受帮助，克服困难，走出阴影。

愿中国出现更多的“我想回报”、“顺其自然”，使更多的人得到充满爱心的帮助。

（2005年10月7日“新华网”）

是“振兴会”，还是“催眠会”（解说词）

杨诚勇

观众朋友：您不妨猜猜看，这里是在干什么？

有的躺卧，有的侧眠，这里似乎是车站候车室；

有的看报，有的聊天，这里又好像是宾馆休息厅。

然而都不是，这里正在开会。这是8月18日上午，开封市直机关“为发展生产力服务，振兴开封经济座谈会”上的情景。参加会议的是市直有关部、委、局的负责人和有关人员。

会议开始不久，一些人就鼾声大作。记者的摄像机也未能使座中诸公从酣梦中醒来。

“振兴开封”的标语悬挂在一群昏睡者的头顶。一方面是言者谆谆，煞有介事;另一方面是听者藐藐,睡意蒙眬。这是多么具有讽刺意味的强烈反差!

如果是会议内容十分重要,那么,这些与会人员连听会的精神头儿都没有,哪里还谈得上贯彻落实?如果是会议内容实在乏味,那么又何必在这酷暑大忙季节召集这么多人堆在一起活受罪?

是会风不正,还是作风不正?是领导机关的形式主义、表面文章在作怪,还是一些领导干部懒散成习,逢会必睡?

像这样无意义、无效率的会议,还能让它继续开下去吗?这类会议赖以存在的现行体制,不改革,行吗?!

惜哉文化

赵微等

主持人:11 月 15 日,吉林市发生了一场特大火灾,以收藏世界最大的陨石而著称的吉林市博物馆以及图书馆在火灾中损失严重。日前,记者赶赴现场进行了采访。

[画面](熊熊燃烧的博物馆和图书馆热焰腾空,从建筑物的各个窗口向外喷着火舌,消防队灭火的场面,人声嘈杂。)

[解说]11 月 15 日凌晨 1 点多,吉林市银都夜总会内部起火,火势迅速漫延到两侧的市博物馆和市图书馆。这幢面积为 14000 平方米的大楼成为一片火海。在这场火灾中,除银都夜总会被烧毁之外,损失最重的是吉林市博物馆。这个博物馆里收藏有世界级国宝吉林陨石标本,其余还有各级文物上万件。

[画面](由大火燃烧时的场面切换到火灾后的现场。火灾后的博物馆、图书馆一片焦土瓦砾和残垣断壁,恐龙化石早已荡然无存,残破的展台上残留着几根固定恐龙化石的铁丝。)

[解说]大火熄灭之后,人们看到,正在这里巡回展出的一具珍贵的恐龙

化石已经付之一炬，其余损失不详。整幢大楼将近一半面积被烧毁。

[画面]（采访聚集在现场的群众，现场群众一片惋惜和气愤的情绪。）

市民甲：这个博物馆在我们心中是非常神圣的地方，今天看到烧成这个样子，我们江城人民心中感到特别气愤。

市民乙：太可惜了。那些文物太可惜了，太可惜了。

记者：损失有多大，你清楚吗？

市民乙：无法估量，无价之宝。

史吉祥（吉林大学教师、原吉林博物馆馆长助理）：我在长春听说之后，昨天晚上赶回来。看了吉林市电视台播放的新闻，一宿没睡着觉，一闭眼全是火。我们博物馆收藏的东西是几千年的文物遗留下来的。我们博物馆是1962年建馆的，三代人惨淡经营，现在毁于一旦，上万件文物所剩无几，真的，唉……

[画面]（采访博物馆党委书记武国礼，最后以手挡开记者）

记者：损失有多大呢？

武：不知道，现在还没有清理，不知道损失有多大。

记者：那你看到的情况呢，损失有多大？

武：你不已经看到烧成这样吗。不要照了，不要照了，我不好回答你的问题。

记者：为什么？

[画面]（采访吉林市公安局丰满分局副局长）

记者：你能给我们讲一下里面大致损失的情况吗？

副局长：不清楚，现在不清楚。

记者：根据现在已经勘察的情况呢？

副局长：我不负责现场勘察。

记者：你不负责勘察，那我们可以进去看一下吗？

副局长：按照市政府领导的意见，现在正在清点，一律不让进去，连我们都不能进。

记者:是市政府的意见?

副局长:哎,对。

[画面](在一家宾馆门前采访吉林市市长战月昌)

记者:损失到底有多大?

战:损失不大,楼房烧毁了,文物和图书……132 万册图书损失不到 10 万册,而且是儿童刊物,损失不大。

记者:那博物馆那问题,文物那部分呢?

战:文物那部分,一级文物有八个保险柜,一点没损失。其他一些出土文物,凡是属于不怕烧的都没损失。

记者:那么损失有多大?

战:这个不好说。

[画面](在市政府的一间办公室里,市文化局领导赵廷贵在发言)

[解说]11 月 16 日,市政府召开新闻发布会,通报火灾情况。

赵廷贵:给两馆造成很大损失。从文化系统的职工情况看,大家都感觉到心情很沉痛。全市人民,乃至全国人民比较瞩目的也是我们国家的国宝、世界之最——吉林陨石雨的标本应该说是被完好地保存下来了……

[解说]据了解,陨石雨标本由于本身耐高温,的确没有受到实质性的损害。对其他馆藏文物的损失情况,我们又做了进一步了解。

[画面](在被焚毁的博物馆和图书馆现场采访史吉祥;穿插被焚毁的文物特写)

记者:据你所知,损失了些什么东西?

史:我刚刚到那边随便看了一下,我们的考古品全完。出土文物、传世文物、书画,还有其他木的、纸的东西全完,已经全部没了。关键是可惜什么呢?这文物如果没有数据跟着,这东西也不值钱。

记者:这次资料也损失了很多?

史:资料全没了。图书数据、文献数据、照片、录音、录像数据全没了。

记者：那么这些损失不可弥补吗？

史：永远无法弥补，永远无法弥补这个东西。而且这东西不像商店或者工厂着火了，我们把楼重新盖了，再进些设备再生产就完了。文物不能再生产，文物最大的特点是不能再生产。

[画面]（火灾现场外景，围观的群众）

[解说]大火之后，作为火灾起源的银都夜总会成为人们议论的中心。这个夜总会是租用市博物馆的房屋改建而成，每年上交市文化局租金30万。

[画面]（火灾现场采访市民。穿插火灾后特写镜头："博物馆"、"图书馆"的招牌不见了，而铁制的"迪士高舞厅"的招牌，依然高悬在残破乌黑的屋顶）

市民甲：迪士高，什么舞厅呀、夜总会呀，建在这个主要地段，在这儿一天乱哄哄的。

市民乙：你即使同意开了，是不是该有保护措施，形成一个隔离带，或者形成什么，出现问题了，我可以防盗、防火，着了火能把文物保护住。但没有设计任何措施，你开这个东西，今天不发生这事，明天也可能发生这事。

[画面]（采访"带有几分倨傲"的副市长徐祚祥）

徐祚祥：这个事，现在不能和火灾联系起来，我认为。谁知道有火灾，谁啥也不干了。

记者：夜总会在开业的时候有没有经过消防部门的审查？

徐：有。

记者：有验收吗？

徐：有验收。

记者：验收通过了？

徐：要不开不了业，这是程序、手续，必须有。

记者：就是说如果没有消防单位的验收，应该是不能开业的是吗？

徐:不能开业,这是肯定的。

记者:那么当时他有这个手续吗?

徐:那肯定有啊,没有他不能开业啊。

记者:您是……

徐:这,我昨天核对这个问题了。

记者:您已经核对了?

徐:哎,有。

记者:您是看到这个档了……

徐:我没看档,我需要听汇报。那,我哪能不相信我的局长呢。

记者:是文化局的同志汇报的?

徐:哎。

[画面](在新闻发布会场采访文化局副局长赵廷贵)

记者:有没有经过消防的验收?

赵:那就得问他们夜总会了。对我们来讲是把房屋租给他,他呢,一切手续由他办。

[画面](在市工商局采访局长张铁军)

张:消防这个手续上,我刚刚说了,程序上没有明确要求。但是,我们在审批娱乐型企业上手续是完备的。根据这个情况,我认为,这个手续不会缺的,我可以肯定地说不会缺的。

[画面](在新闻发布会会场采访文化局副局长赵廷贵)

赵:我们只是负责整个文化这方面,办文化事业这方面,消防的问题由消防支队来审查。

记者:如果手续不全的话,这样的企业能不能开业?

赵:不全的肯定不能开业。

[解说]按照各有关部门的说法,博物馆出租房屋,以文养文,无可厚非,而且既然夜总会建筑符合消防要求,那么火灾的发生应当是个意外。但是,刚刚开业一年多的银都夜总会发生这场大火到底是不是纯属偶然的?我们

采访了吉林消防支队负责人。

[画面](记者在中央电视台办公室电话采访吉林市消防支队队长徐士采;穿插火灾现场全景和一些特写镜头)

徐士采:他们搞的这个是他们自己整的,也没有经过我们消防部门。我们消防部门不知道这个事,但是我们在检查当中发现了这个问题就批评他,就责令他停止营业。提出的问题就是夜总会利用博物馆中央电影厅部分改造,耐火等级比较低,它属于三级建筑,必须严格做好与原博物馆其他部分的防火隔断,并且给他提出九条审批意见。这个都有……

记者:文件都有?

徐:都有。可他们也没有经过消防监督验收部门的验收,就投入使用。1994年(就是今年)3月,市消防监督部门对全市65家外商投资企业开展了专项检查,再次提出了银都夜总会存在的防火问题,并以武警吉林市消防支队(19)94年第20号档《关于对外商投资企业开展消防专项检查的监督报告》,分别报给市政府、公安厅、消防局和市公安局。这个我们都有文字在这里。

记者:分别都上报了?

徐:都上报了?

[画面](在某宾馆采访副市长徐祚祥)

记者:这个夜总会有没有因为消防工作不太合要求,接到过什么通知要进行整改,有这个事吗?

徐:那个,他们去检查过,说你不要有明火,不准有明火。

记者:你指消防部门吗?

徐:不是,指文化局。(房子是)文化局租给他们的。

记者:消防部门对这个建筑……

徐:那我不了解,正常业务不能和我报告,每次检查都和我报告不可能。

[画面](继续对消防支队队长徐士采的电话采访)

徐:今年7月份,他们一看不行,又报来一个对银都夜总会进行消防验收。我们在(19)94年7月26日下发了建筑工程竣工消防意见书,对消防验收中发现的七条重大的火险隐患提出消防意见。意见的最后一条是进行彻底整改,但是他们没有进行整改,也没有经过消防验收,还是擅自使用,所以导致三四个月后发生这场大火。

记者:你们从来没有给他们出具过消防方面的验收证明是吧?

徐:没有。

记者:他为什么能擅自开业呢?

徐:这个问题你刚才提了,我也不好谈,我说不太清楚为什么能够开业,现在都挺复杂,具体我也说不太清楚。

[画面](采访吉林市副市长陈福。由于他拒绝摄像机拍照,否则不予合作,记者只好放下摄像机。即使这样,这位副市长也没有像样地回答任何问题;没有关掉的录音话筒,记录了下面几句令人遗憾的对话。这里插入一幅松花江的画面:江上风平浪静,水波不兴,与节目开头熊熊烈火形成了鲜明的对比,似乎这平静的水面反映着某种人的心态。)

记者:银都夜总会营业的时候有没有经过消防部门的批准或者是验收?它的消防手续是否齐全?

陈:我无可奉告。

记者:你这也不愿意……

陈:我无可奉告,我不能回答你。我知道,但是不能告诉你。

记者:那么这个夜总会曾经被消防部门通报整改,有这个事吗?

陈:我无可奉告。

记者:您这也不愿意回答?

陈:无可奉告,不愿意回答。

[画面](火灾后的现场,越来越多的围观人群。)

[解说]据了解,这场火灾造成两人死亡,到目前为止,统计出的直接经济损失达670多万元,这还不包括不可估计的文物损失在内。火灾发生之

后，每天都有许多市民自发地聚集在广场，关注着事故处理情况。

群众甲：悲痛之后，我们应该思考问题，为什么会着（火）。

群众乙：这个事必须追究责任。

[解说]人们期待着能够尽快听到有关这场火灾的令人信服的说法。

主持人 这次火灾的原因、责任以及造成的损失，目前还在调查之中，我们将继续关注调查的最后结果。

（1994年11月19日播出；文据《焦点访谈精粹》，中国人民大学出版社1998年版，第104－111页。其中画面说明，收入本书时有所删改。）

伤心一跪

何绍伟等

主持人白岩松：今天我要讲一个故事，这个故事是作家梁晓声授权我讲给大家的。梁晓声也曾经把这个故事讲给大学生们听，可是讲完之后，接到了大学生递上来的条子，上面写着："讲点别的，讲点能逗我们开心的。"显然这个故事不是能逗大家开心的。

那么，在广东的珠海有一个电子公司，它的管理者是一个三十多岁的外国女人。她经常让这个厂里的中国职工加班加点，最厉害的一个月，加班加点的时间就有二百五十个小时。也就是职工每天要干两天的活，而且加班加点从来没有任何报酬，谁要是有抱怨的话她就开除谁。结果有一天在加班加点到了十五六个小时之后，她给了十几分钟的时间去上厕所。就在这个时间里头，有一个老职工可能实在是太累了，趴在工作台上打了一个盹，结果被这个三十多岁的外国女人看见了，她拿起一个金属的板台就砸在了这个老职工的后背上。然而这才仅仅只是个开始，她接着就开始发怒，把所有的中国职工都叫到她的面前，开始大声地训斥。

令人伤心和气愤的一幕就在这个时候发生了。她突然喝令中国的职工跪在她的面前，每人反省。一百多个中国职工几乎全都跪下了，而且低下了头，在这个三十多岁的外国女人的面前，这是令人伤心的一跪。然而也有一个例外，一个中国青年站着。当他看到同胞跪下的时候，他感觉到了一种羞耻和一种愤怒。这个外国女人问他，你为什么不跪？这个中国青年回答："我觉得这是对中国人的侮辱！"外国女人又说："你觉得是侮辱那就是侮辱，如果你要是不跪的话就给我滚蛋！"听过这话，这个中国青年愤然离去，告别了他正在跪着的同胞们。过了几天他告发了这个外国女人，然而当他回到车间的时候，却遭到了十几个人的围攻，对他说呢，你太没有良心了，老板给了你工作，给你发工资，你怎么还能告发老板呢？这十几个人当然是我们的同胞。后来调查组也到了这个企业里头，在接受了调查组调查之后，一转身，这个外国女人就对着中国的职工说："不就是罚钱吗，罚多少我给多少。但是你们要记住，我还是你们的老板，如果你们要是不听我管教的话，我让你们滚蛋。"

后来听说在一个报纸上，很短很短的一个文章里头，这个外国女人做了一个很简单很简单的道歉。我不想再议论这个外国女人，因为我觉得她连被议论的资格都没有。当我听到一百多个中国职工跪下去这个情节的时候，我不知道怎么一下就想到了 47 年前，毛泽东在天安门城楼上说的那句话：中国人从此站起来了。

这令人伤心的一跪，不是在刺刀的下面，也不是在枪口的前面，而是在一个口袋有钱的外国女人的面前。相信不会有人误解，说这个故事讲完之后，会对对外开放有什么不好的影响。因为我们大家知道，我们现在过的好日子，是从对外开放之后才开始的。但是曾经的贫穷不该是我们觉得比别人低人一等的理由。现在的生计和金钱的诱惑，也不该是我们双膝发软的原因。在奔向富裕的道路上，我们应当把腰杆挺直。站直喽，别趴下！更不要跪下！

（《东方时空精粹》，中国人民大学出版社 1998 年版，第 223－224 页）

市长换锅的启示

王燕春

各位听众！最近，有这样一件事传遍古城西安：一位居民提着一口有毛病的铁锅找到市政府，要求帮助到商场退换，正好碰到代市长张铁民。张铁民听了反映以后，第二天就同副市长王世俊一起提着铁锅到了商店，听了各方面的意见之后，提出了自己的建议：一是挑口好锅给顾客送去，再赔个礼；二是通过这件事把服务质量抓上去；三是把残次品挑出来送回工厂，对工厂也促一促。

对于市长换锅这件事，大家称颂的是两点：一是张铁民作为一市之长，对于一位找上门来要求换锅的居民，不是简单推给下边去办，也不是批上一个条子了事，而是亲自到商店去面对面地解决问题，没有官架子，办事效率高；二是张铁民讲究思想教育艺术，不是进门伊始就批评一顿，而是先听意见，后提建议，通过解决实际问题使商店人员认识到应当怎样真诚地为顾客服务，应当怎样通过这个纽带促进工业部门搞好生产。这对商店人员是一次具体而生动的思想教育，把本来做得不大好的事情变成了改进工作的动力。这样就把思想工作和改进业务、解决实际问题紧密地结合起来了，效果又好，大家也高兴。

当然，我们不能要求每一个领导同志在每一件事情上都像“市长换锅”那样去做。但是，“市长换锅”的精神应当发扬光大。这种亲自动手，把解决实际问题和进行思想教育结合起来的作风，值得大力提倡。

（“中广”1982 年 3 月 11 日《全国联播》播出）

庄户人也要讲究语言美（摘要）

马德

说起语言美，也许有些社员会觉得，这跟咱庄户人关系不大。我就听到这样一种说法："唉，咱整天价跟石头土块儿打交道，想说什么就说什么，管它什么语言美不美呀！"在他看来，讲究语言美，那只是城里人或干部们的事儿，跟自己不沾边儿。真的是这样吗？其实不然。依我看哪，语言美不美，跟咱们庄户人不仅有关系，而且有很要紧的关系。你要是不相信，就听我先举个例子说说。

在一个村里，有这么小两口儿，刚结婚，互相之间你爱我我疼你，感情还真不错。就是有一点——两人说话都不大讲究。有一天哪，这小媳妇儿给丈夫做了一顿油炸糕，包着豆沙枣泥馅儿，男人吃着又香又甜，就说："油糕真不错，我最喜欢吃。"一听丈夫这么说，妻子当然高兴了，正好头天的馅子没包完，第二天她就又做了一顿油炸糕。这一天哪，她丈夫干的是割麦子的活儿，干了一上午，是又热又喝。中午回来，他一心只想吃点稀的、汤的。一看又是油糕，就说："怎么又吃这个？"妻子说："你不是说油糕好吃吗？"丈夫说："好吃？好吃也不能天天吃这个呀，你这不是存心整我吗？"

其实，他也是顺口这么说的。可是说话的无意，听话的有心，妻子本来满心想让丈夫吃顿顺口饭，谁想他却不冷不热地冒出这么一句，当然不高兴了，也就来个不客气说："哼，好心当成驴肝肺，早知道你这样，我还不如把油糕喂了猫呢。"得，这么一说，丈夫可受不了啦，俩人就你一句我一句地吵起来了。瞧瞧，就因为他们俩说话不注意方式方法，不讲究语言美，结果是一顿好饭惹出了两肚子气。

村儿里有一句俗话：一个锅里的勺子笊篱免不了磕碰。为什么会磕碰呢？好多人家吵吵闹闹，往往就是因为一两句话引起的。所以说，语言美不美，实在是影响家庭关系的一个大问题。

……

要做到语言美，有一点需要特别提醒大家，就是要注意说话的场合、对象。村里的年轻人，好多都喜欢开玩笑。年轻人嘛，在一起说说笑笑，逗一逗乐儿，这倒是没什么，但是你要有个分寸。比方说吧，你的邻居呀，朋友呀，刚结了婚，你去跟新人新娘说笑说笑，这完全是正常的。可是你如果当着新女婿或者新娘喊对方的外号或者拿人家的什么短处开玩笑，这就不好了，人家非讨厌你不可。弄不好，还会给人家造成家庭不和。

……

有人说庄户人说话粗，不讲究，这种说法是没有根据的。其实，我国的农民对于语言美是有很好的传统的。我在农村接触过不少老辈人，他们说起这方面的规矩，可真是一套一套的。比如，母亲叫你的时候，要赶快答应，不要不吭声；父母教育你的时候，不要顶嘴；要是到别人家去，进门以前要先问问屋里有谁，进了屋要大声跟主人打招呼；人家要问外面来的是谁，不要简单地说声“是我”，要告诉人家姓名；跟人家谈话，不懂的不要乱说，自己把不准的不要瞎说，更不能花言巧语哄人；不要挖苦别人，不要说不干不净的话。再比如，人家没空的时候，不要东拉西扯地打扰人家；人家心里不安宁的时候，也不要没完没了地跟人家多说；人家不想对别人讲的事不要打听，更不要去宣扬。这些老传统、老习惯，我们应该继承和发扬。

……

（山西人民广播电台 1982 年 4 月 19 日“农村节目”播出，文据山西台《优秀广播文选》，中国广播电视出版社 1989 年版，第 86－89 页）

失踪的基本农田

演播室主持人翟树杰：

从 2003 年开始，国家对一些地方乱建开发区、工业园的问题进行了大力的整治，这使得大批的工地，尤其是基本农田被随意占用的情况得到了遏制。可是，日前，江西省进贤县的农民来信反映，他们那里的一处工业园仍然在推田倒土，侵占基本农田。

[画面解说]今年 5 月 18 号，江西省进贤县的温福工业园区内，推田倒土

的车辆开向了绿油油的稻田。

[现场访谈]何友明(江西省进贤县温圳镇路边村村民):两部车子在这里推行,把我们这个排水沟、抽水沟都搞掉了,拥堵掉了。当时我来的时候,就是把他们阻止下来,把车子堵下来。

[解说]村民们保护下来的这套排灌系统,是2000年国家花了300多万元建设起来的农田水利项目。

村民:如果他们把这个水沟搞掉了,这300多亩全部像一个荒山,我们就没有种植能力了。

[解说]那么,究竟为什么,温圳镇镇政府要毁掉这些国家花巨资建设起来的水利排灌系统呢?村民们说,这都是进贤县和温福工业园要搞开发,才不惜毁掉他们稻田中必不可少的排灌系统的。

[访谈]记者:哪年开发公司到这个地方的?

林纯枢(江西省进贤县温福工业园开发公司董事长):是2003年元月份来的。

记者:现在已经征了多少土地了?

林纯枢:土地大概是四千亩不到,在2003年,政府打算是征下一万亩,搞一个大型的开发区。

[解说]建设这样的一个大型工业园区,首先要解决的就是土地问题,为了了解这些土地的情况,我们找到了当地主管土地的部门,进贤县国土资源局。

[访谈]记者:温福工业园这个用地是经过哪级批准的呢?

翁同国(江西省进贤县国土资源局用地股负责人):这个2003年之前才叫温福工业园,在2003年的土地市场治理整顿,根据国家的有关规定已经撤销了,现在我们都是按单个的项目用地来供应。

记者:已经报批了,批回来了吗?

翁同国:由于国家对土地市场治理整顿,在当时特定的情况下,一直到目前批复还没有拿下来。

记者：就是截止到目前，温福工业园整个的用地，一亩地也没有经过正式批准下来？

翁同国：批复还没有拿下来。

记者：这个土地现在已经盖起了一些厂房，或者一些商家已经进驻的这个土地，时至今日还没有拿到正式的土地批复，是这样吗？

翁同国：还没有。

[解说]尽管声称温福工业园早在2003年10月就取消了，但实际上，目前园区的道路等占地项目，还是按照工业园的规划在建设中，而所有这些居然是在根本没有任何批准手续的情况下未批先建的。很显然，这是违法行为。不仅如此，这种违法行为到记者采访时仍未停止。那么，这个项目违法占地的面积究竟有多少亩呢？

[访谈]记者：有多少家企业了？

吴国和(江西省进贤县温圳镇干部)：现在已经落户的，我不太清楚。

记者：有个大概的统计吗？

吴国和：我心中没有数。

记者：大约有多少家企业已经落户到这个园区里了？

吴国和：已经落户的，至少目前有几家要落户的。

记者：现在已经落户的有几家？

吴国和：现在落户的，现在落户的我都不清楚。

[解说]连一共有几家企业未批先建就落户在园区之内都说不清，这位负责人自然就更不会向我们提供，这里违法占地的面积究竟有多少了。让我们来看看这个温福工业园，目前对外招商正在使用的宣传片中，提到的一些数据吧。

[宣传片的画面和解说]工业园规划占地面积一万两千亩，商业、生活、道路用地两千亩，近几年来，工业园区基础建设步步推进，园内已由开发公司进行统一施工，推成平缓坡地。如今，五千平方米的办公大楼拔地而起，长6公里、宽24米的主干道路平坦伸展。首期开发土地四千亩，入驻企业

20余家。

[解说]如此规模的违法占地，占用的都是些什么土地呢？

[访谈]记者：温福工业园当时规划图范围之内，有多少是基本农田？

翁同国：没有。

记者：没有基本农田？

翁同国：一分基本农田都没有。

[解说]这是一张温圳镇1997至2010年土地利用规划图，从图上看，温福工业园区范围内果然没有深黄色的基本农田，全是红色的建设预留地。

[访谈]记者：我们看了一下，就是这个温福高科技工业园区，这是哪年开始建的呢？

吴建华（江西省进贤县国土资源局耕地规划保护股工作人员）：我就搞不清楚了，乡下的事我不知道。

记者：这个图是哪年的？

吴建华：图是1997年的，那张是1997年的。

记者：这张是1997年的？

吴建华：是。

记者：1997年就有这个温福高科技工业园区了？

吴建华：图上有，实际上有没有我就搞不清楚了。

记者：你现在不要考虑这个图，是不是基本农田？

吴建华：那当然不是了，图上如果标明不是那就不是基本农田，我是根据这个图来的，基本农田保护图，我们规划图你可以看到，这里也有土地。

记者：这个图你告诉我是哪年绘制的？

吴建华：这是1997年。

[解说]据了解，温福工业园是2003年1月动工兴建的，但它却提前出现在了6前年，也就是1997年绘制的规划里。经过记者再三的追问，才得到了一种新的解释。

[访谈]王新明(江西省进贤县国土资源局征地股负责人):中间2003年修订过一次。

记者:从哪个地方能看出来是2003年修订过的呢?

王新明:要不然拿1997年的图可以看出来,跟这个图比较一下就知道了。

[解说]可我们在对比了两张规划图后,还是无法解开时间是如何倒流的谜团,直到我们找到了2003年重新修订规划时的文字说明才发现,不仅这两张图都是后造出来的,而且在工业园范围内还有大量的基本农田神秘地失踪了。

[访谈]记者:调整以后这基本农田都上哪去了?

吴建华:是减少了,不是上哪儿去了。

记者:但是你报批的土地手续我看了,进贤县国土局往上报的,所有的征地面积里头没有一亩是基本农田。起码从这个数字上看,2565公顷,2245公顷,将近300公顷。300公顷的基本农田是哪块?

吴建华:减少的地方是吗?

记者:对。

吴建华:当时这个基本农田调整是我们原来一个股长,这个我没有参与,这个基本农田的调整。

[解说]基本农田保护是我国耕地保护中的重中之重,国家的法律法规对此有着十分严格的规定,调整基本农田必须按照法定的程序,上报国务院批准才能进行。可进贤县不仅自己就调整了,而且调整的数量还如此的惊人。按照以往的惯例,基本农田都设有保护的标志,可这里农田边上的标志却大都被破坏掉了。我们意外的在路边一堆耐火材料的后面,才找到了这样一块写有基本农田保护的墙。

[访谈]记者:哪年立的?

江西省进贤县国土资源局温圳镇国土所负责人:这是2003年立的。

记者:你再拿出那张图,你跟它比一比,你看看相差有多大?都是2003

年绘的图，怎么会不一样呢？

[解说]对比一下这两张图，差别是十分明显的，同样都是 1997 至 2010 年的基本农田保护图，同样指的是一个地方，墙上的图在工业园占地范围内还有许多深黄色的基本农田，而到了纸面上的图却都变成了红色的建设预留地了。

这个牌子，刚才问了是 2003 年立起来的，这个图也是 2003 年绘制的，哪个是真的，哪个是假的？

尽管基本农田在图上失踪了，但实际上在温圳镇的一些村子调查中记者发现，基本农田被侵占已经是一个不争的事实。以路边村为例，据村干部们讲，他们被征的土地一共有 1500 多亩。

[访谈]记者：1500 亩里面有多少基本农田呢？

何小亮（江西省进贤县温圳镇路边村村委会主任）：有几百亩吧。

记者：大概有几百亩？有一个大概的数字吗？就是到底有几百亩？

何小亮：这个田我又不是很熟悉，我也说不清楚有多少。

记者：有一半吗？

何小亮：一半应该有的。

记者：基本农田？

何小亮：是。

演播室主持人：2003 年，国家早已经明令取消了温福工业园的项目，可是在其后的四年间，当地在园区的范围内仍然在继续建设，而且还无视国家严格的基本农田保护规定，在规划图上做手脚，这显然是违法的行为。有数据显示，2006 年我们国家的耕地面积又比上一年净减少了 460 万亩，耕地总量的减少，已经逼近了国家规定必须坚守的 18 亿亩保障粮食安全的红线。但是如果任由进贤县这种情况蔓延，那么，我们国家的粮食生产又怎么能够得到安全保障呢？

（主持人翟树杰；《焦点访谈》2007 年 6 月 14 日播出）

顽疾之害

——根除医药商业贿赂毒瘤(一)

演播室主持人:我们今天节目的关键词是“商业贿赂”。商业贿赂一般是指这样一种行为,商业交往过程中,经营者利用行贿的办法,来取得商业利益或者交易的机会。在医药购销领域发生的这种行为就是医药商业贿赂行为。今年初,医药购销领域的商业贿赂这只过街的老鼠,开始受到一场全国性的治理风暴的扫荡。在治理商业贿赂专项工作中,医药购销领域的商业贿赂被列为六大重点治理之一。那么,医药购销领域的商业贿赂到底有什么危害?为什么会发生?它的腐败链条如何延伸?如何根治这个久治不愈的顽症?《焦点访谈》栏目将和您一起来关注这个话题。我们先来看一组我们都不愿意看到的画面。

医生:那不也是多点收入吗?现在像形成风气似的,大夫挣的也不多,一天也挺劳累的,开点不也得点吗?

[访谈]任建明(清华大学廉政与治理研究中心副主任):回扣使医生丧失良知,这样一个非常不幸的后果,而这个就是说一再这样的事情发生,就是导致医患不信任的源头。

[解说]这是2006年10月出版的求是《小康》杂志,这期杂志上公布了一项由5495人参与的职业信誉度调查结果。虽然很多医务工作者敬业奉献,但一些医务工作者的不良行为,破坏了人们心目中白衣天使的美好形象。我们不愿意看到的是在信任度最差的五个职业群体中,医生这个职业赫然在列。

[访谈]舒富民(求是《小康》杂志社长):医生,我们认为可能今天信任度不被社会民众所认可,应该说是在意料之中的。

[访谈]任建明:医生这个职业,目前在道德方面遇到了很大的不信任。这个也确实是我不吃惊的,因为我们也能够感受到,通过我们的研究,为什

么是这样的，其中很重要的原因就是医药购销的回扣。

[解说]类似于医药回扣这样的商业贿赂伤害了医患之间的信任关系，破坏了医药审批部门和医疗部门的形象，毒化了社会空气。

医生收受医药代表的回扣只是商业贿赂的一种，但商业贿赂还包括药厂为了获得生产批文，向药品监督管理人员行贿；为了申报价格，向价格管理人员行贿；为了药品中标，向卫生管理人员行贿。商业贿赂的主要形式有现金、实物回扣、软回扣，如提供出国机会，为对方装修住房，为对方体提供盈利项目等。

[访谈]王振川(最高人民检察院副检察长)：商业贿赂我归纳了三句话：一个是非常普遍，一个是非常严重，一个是非常隐蔽。比如说医药行业里头，一个是药品的流通，药品的采购、医疗器械和耗材的采购，这个过程当中最为普遍，最为典型。

[解说]巨额的贿赂在一定程度上抬升了药品和医料器械的价格，最终付出代价的还是使用这些药品和医疗器械的患者。医药购销领域的商业贿赂，首先让患者承受了本不该承受的高额医疗费用。

这是一个县医院2004年部分回扣药品的目录清单。在这份清单上，一种名叫那琦针的药品市场零售价仅为七毛钱，而在这家医院里却卖到了每支65块钱。而医生向患者每开出一支这种针剂，就能从医药代表手中拿到10元钱的回扣。

[访谈]医药代表：因为很多医生也跟我这样讲，现在这个药品回扣太正常了。他说他要打击，要监管我，他管得着我吗？医院里有这么多人都拿回扣，要抓不可能就抓我一个人！

[解说]医药购销领域的商业贿赂不仅让患者承受了本不该承受的医疗费用，甚至还直接影响了患者的健康。朱美丽从来没有想过自己也会成为商业贿赂的受害者。在安庆市立医院做了人工髋关节置换手术后还不到半年，她感到疼痛难忍。原来，植入她体内的人工髋关节发生松动，要想解决疼痛，只能再做一次手术，重新换一个。她更想不到的是植入她体内的人工

关节是没有获得国家准字号注册证的问题产品。

那么,给这个患者带来巨大痛苦的问题产品是怎么出现在医院的手术台上的呢?秘密就在这两张发票里。医院开出的发票是7000块钱的手术费用,而另一张发票却是一家公司开的,是人工关节的27000块钱的发票。朱美丽怎么也没想到这27000块钱的大约十分之一,直接装进了主刀医生的口袋。

[访谈]记者:您每做一例这个产品,您能拿到多少钱?大概。

孔令法(原安徽省安庆市立医院骨科主任):它多少钱?

记者:两万七千块钱。这当中您能拿多少?

孔令法:他给过我。

记者:大概多少?

孔令法:给过我,记不太清楚了,可能大概是两千多块钱。

[解说]就这样,一个手续不全的问题产品,通过商业贿赂打通关节,进入正规医院,而主刀医生在收取贿赂以后就把问题关节植入了患者体内。商业贿赂使不法商家和收取贿赂的医生都有利可图,患者却成为商业贿赂最终的受害者。

[访谈]朱美丽(患者):现在你可以看到,就是这样,我也不知道是怎么回事,自从做手术两个月以后就是这样。现在痛几乎是讲不出来的,它是间断性的痛,它没时间的痛,每一天的夜里感到比白天痛得要厉害。

[解说]事发后,有关部门吊销了主刀医生的职业医师资格,处理了医院的负责人,而患者朱美丽也获得了一定的赔偿。朱美丽只能再做一次手术,再经历一次痛苦,再花一笔钱,把不合格的人工关节取出来,重新植入一个安全的关节。

[访谈]王振川:根据我们掌握的情况,医药行业商业贿赂是我们国家规定的一些重点行业里头发案率比较高的。从目前我们查办案件来看,开始国务院定的六个重点治理领域发案率是第二位。

[解说]据不完全统计,2005年8月至2006年7月,全国卫生系统配合

纪检、监察、检查、工商等部门查处商业贿赂案件790件，涉案金额超过5700万元，已被刑事处理230人，党纪、政纪处理和其他处理266人。今年以来，全国食品药品监督管理系统涉及商业贿赂的案件有200多件。比较典型的有原国家药检局医疗器械司司长郝和平受贿案、原吉林省药监局副局长于庆香受贿案。

要打破潜规则，根治商业贿赂，重建医药行业的信用，根本的对策就是加大惩处、完善法律、深化改革。3月28日，全国卫生系统治理医药购销领域商业贿赂专项工作会议召开，卫生部部长高强强调，商业贿赂危害极大，比较严加治理。4月13日，全国治理药品、医疗器械生产经营企业商业贿赂专项工作会议召开。

[访谈]邵明立(国家食品药品监督管理局局长)：商业贿赂应该是一个社会毒瘤，必须从根本上进行治理，尤其是在我们医药这个系统里，如果任其泛滥，它不仅仅危害这个行业，它会直接危害公众的健康和生命安全。所以说对于商业贿赂，我们最近这一年以来，按照党中央和国务院的部署，从我们机关，从我们系统，包括整个医药行业都在下决心、下最大的力气来进行治理。

[解说]吉林省食品、药品监督管理局原副局长于庆香，在为医药企业办理生产批准文号的过程中，多次收受医药企业负责人的股金、钱物，折合人民币70多万元，还有740万元巨额财产不能说明合法来源。2006年4月，吉林省长春市中级人民法院一审判处于庆香有期徒刑15年。

安徽省医学情报所原所长丁杉在担任阜阳人民医院副院长、院长期间，收受他人现金、存单、购物券等，折合人民币共118万元，并有188万元人民币和5100美元的巨额财产不能说明合法来源。2006年1月，安徽省高级人民法院判处丁杉有期徒刑15年。

四川省简阳市中医院原院长蔡先全，在药品和医药器械采购、医院工程建设和土地开发过程中，先后收受贿赂共计114万元，并有70万元巨额财产不能说明合法来源。2006年1月，四川省资阳市中级人民法院判处蔡先全有期徒刑16年。

蔡先全(四川省简阳市中医院原院长):真实的感受,自由最珍贵,失去自由的滋味非常之难受。确实在高墙里,确实天天都在忏悔自己,说实话自己如果是没伸这个手,就不会有今天这个结果。

演播室主持人:我们看各地查处的典型案件,像病理标本一样,让我们看到了医药购销领域商业贿赂的三大危害。一是一些药品审批人员和医务人员收受企业回扣,最终由患者承担了这所谓的贿赂成本,使得患者和家属付出了不该付出的高额费用,使得看病难、看病贵的状况更加严重。二是一些质次价高,甚至假冒伪劣的药品和医疗器械进入了生产领域和医疗领域,直接威胁着患者的健康。三是毒化了社会空气,破坏了医药审批部门和医疗部门的形象,伤害医患之间的信任关系。医药购销领域的商业贿赂为什么会出现,甚至蔓延?全国范围的专项治理工作正在如何展开?请您继续关注《焦点访谈》特别报道——根除医药商业贿赂毒瘤。

(主持人敬一丹;《焦点访谈》2006年12月11日)

微笑的美

顾执中

人在什么时候显得美丽呢?我常常感觉到是微笑的时候。

微笑的美,超过任何服饰。如果一个人红装素裹,目现凶光,就会令人又可怕,又讨厌了。所以有的人生得美,看者不觉其美;有的人生得并不美,人却不觉其丑。其原因在此。

在营业员中,尤其在女营业员中;在服务员中,尤其在女服务员中;有的人年轻美貌,只因她们老是习惯于板着脸,瞪着眼,厉声粗气地来对付顾客,全无一些笑容,就自然使对方感到不胜其丑了。相反,有些女营业员脸上已有皱纹,头发有些灰白,打扮并不入时,可是她脸现笑容,讲话和气,使人感到她是美的。因为她们不仅有面容上的美,而且有心灵上的美。我们盼望这种为国争光的美，能在各地各商业等单位中，普遍灿烂地呈现出来。

这种微笑的美，每个人都可以掌握到，都可以享受到，千万不要忽视，千万不要放弃！

（上海台 1984 年播出）

拜金主义要不得

胡占凡

在我们步步推进社会主义市场经济建设的时候，这样一个声音越来越清晰地回响在我们的耳边：还是要艰苦奋斗，讲高尚的人生观、价值观，拜金主义、奢侈挥霍之风要不得。

改革开放使人们手里的钱多了，这是好事，可钱怎么花却大有学问。对占人口绝大多数的工农大众来说，从国民经济的大局来看，“勤俭是咱们的传家宝”依然是最动听的旋律。可偏偏有人对此不以为然，于是人们看到一些奇怪的现象。

在杭州，有两个“大款”为了斗富，竟在众目睽睽之下，比赛烧人民币，每人烧掉两千多元而面不改色。

在长春，一家卡拉 OK 厅，一个富翁宣布：包下当晚所有的“点歌费”，另一位大亨立即声明：买下全市当天所有的鲜花：你不让我点歌，你也别想献花。

春节时，一个青年富豪仰望着纷纷落下的爆竹纸屑兴奋地流下热泪，因为他刚刚点燃的 4 个爆竹是用两千元人民币卷成的。

一位北京的“大款”用两万元一桌的宴席招待广州“大款”竟遭到奚落，随后广州“大款”用六万元一桌回请，而北京这位“大款”竟“啪”地打开密码箱，甩出 35 万元说：“今天这桌就照这个数！”

至于某人身上的穿戴价值十几万，某人甩出两万元点一支卡拉 OK，30 万元一只的哈巴狗被“大款”们眼都不眨地牵上就走这类事，也时有所闻。

尽管这般挥金如土的人并不多，但这类事情所投下的阴影却在平民百姓中日益漫延：豪华饭店吃不尽的高档宴席；婚丧嫁娶走不完的人流车队；160 元一张的“粉色情人节”入场券一抢而光，10 万元一件的进口大衣买者如云；100 元一个的钥匙链卖得很火；18 元一碗的日本面条餐馆竟高朋满座。可以说，拜金主义正越来越大胆地牵动人们的衣襟。在许多人那里，斗富、显阔、纵欲被称为“潇洒人生”、“过把瘾就死”；大款、大亨、大腕被当作崇拜的偶像，金钱、别墅、宠物被看成辉煌人生的象征。

这种种现象已经不仅仅是个怎样花钱的问题，它鲜明地反映了一些人的价值观、道德观。这种奢靡之风正在污染着社会环境，污染着社会主义的人际关系。艰苦奋斗、克勤克俭是我们中华民族永远值得骄傲的美德。从“粒粒皆辛苦”的古训到周总理衬衫上的补丁，我们民族的文明史上一直闪烁着这种崇高节操的光彩。如今发展市场经济，我们依然必须清醒，人际关系决不仅是金钱交换，等价交换的原则决不能移植到思想道德领域，物质与精神，永远是人类文明进步这架天平的两端，失去哪一端，社会都会出现倾斜。金钱我们需要，高尚的道德情操我们更要追求。艰苦的年代如此，发展市场经济的今天同样如此。如果让金钱的光环遮住了比它更美好的精神世界，人类文明将是残缺的，人格将是病态的。

还应该看到，奢靡之风给涉世未深的青少年带来的劣性刺激和心理影响是严重的。不少人比吃比穿比享受，就是不比工作、不比创造、不比贡献。东北一位大学生说：“过去觉得上大学光荣，现在，落榜的同学成了‘大款’，作为大学生我很自卑。”北京一位教授则急切地呼唤人们听一听中学生在唱什么：“世上只有钞票好，有钱的孩子像块宝”。这位教师实际上是在呼唤人们：青少年是我们的未来，警惕奢靡之风吹落了我们未来的精神风帆！

如果我们把目光从灯红酒绿的宴席移到农舍窑洞。警惕拜金主义的话题就变得更加沉重。改革开放给我们这个 11 亿人的大国带来了前所未有的变化，但现在还远非黄金铺地。我们人均还不到 400 美元，在全世界人均国民生产总值的排行榜上，我们的座次远远排在第 96 位。光是在我国的中西部地区，就有 2700 万农民仍在为温饱发愁，河北一个失学的孩子，天天在家扎扫帚，想凑够不过四五十元的学费。对比这些，那种千金散尽，挥霍无度在“潇洒”该有多么不协调。再进一步说，在党和政府千方百计解决这些困难的时候，“大款”、“大亨”、“大腕”们如果能从酒店歌厅转过身来，看看失学孩子求助的目光，看看农民们满面尘土，把财富的支配与为国分忧为民造福联系起来，向他们伸出手去，这才叫真正的潇洒和幸福。令人高兴的是，许多先富起来的人已经或正在这样做。

“艰苦奋斗”是一面鲜红的旗帜，在我们奔小康、奔四化的路上，让这面旗帜高高地飘扬！

（中央人民广播电台 1993 年 4 月 8 日播出）

蟹市所闻

林放

去秋以来，就听说上海人爱吃的大闸蟹价钱很俏。据说最高贵到二十五元一斤，一般亦在二十元上下。谁是这种“高消费”的顾客呢？两位有心人带着这个问题，分别守候在十六铺市场和五原路市场的蟹摊上观察采访，得到下面一些信息。

两处摸清了八位顾客的身份。其中三位是够得上高消费水平的：一位是明天就要飞回香港的港商，毫不在乎地买了若干斤带回去送人；又一位是蟹摊的老主顾，“老头子留给他十几万遗产”，每天吃几斤蟹自然若无其事。还有一个主顾是卖水果的个体户，每天赚十五六元，偶尔吃几次蟹也不成问题。

有一位顾客也是小商贩，买蟹是为了转卖。有两位顾客值得用浓笔介绍：一位是个体户，这是个爱面子的“开拓型”人物，做生意顺手，要买几十斤来摆个“蟹宴”，以酬谢有关单位给他帮过忙的干部同志。还有一个是外地采购员。他要买蟹送到某工厂某科长家里，请科长帮忙搞些原料。“反正可以报销”的。

有两个小户头虽然买了蟹，却大有悲喜剧的色彩。一位青工，“磨了近二十分钟的口舌”，最后还是面露难色地掏出五十元买了两斤，说：“今天女朋友第一次上门，只好硬着头皮上一次。五十元钱，顶得我一个月工资。”打肿脸孔充胖子，无怪其言也哀！另外一位是支内工人，多年没有吃到大闸蟹了，难得回上海一次，也是“硬着头皮”吃一次，聊以慰思乡之念。

以上都是照抄材料而加以归纳，虽然同是买蟹，甘苦却是大不相同。最值得注意的是那两个送礼请客的例子，说明了高价大闸蟹怎样打进了官商之间的开后门批条子的关系之中。对于那两位“硬着头皮”上的，我们只能一掬同情之泪，因为这已不是人吃蟹，而成为蟹咬人了。至于“持螯对菊”之类的文人韵事，久已成为绝响，不提也罢。鲁迅说：“第一次吃螃蟹的人是很可佩服的，不是勇士谁敢去吃它呢？”①现在还可以补充说，最后一次吃螃蟹的人也是很可佩服的，不是勇士谁敢去吃它呢？

（1985 年 1 月 25 日《新民晚报》）

① 引自鲁迅：《集外集拾·今春的两种感想》。上下文为：“许多历史的教训，都是用极大的牺牲换来的。譬如吃东西罢，某种是毒物不能吃，我们好像全惯了，很平常了。不过，这一定是以前有多少人吃死了，才知道的。所以我想，第一次吃螃蟹的人是很可佩服的，不是勇士谁敢去吃它呢？螃蟹有人吃，蜘蛛一定也有人吃过，不过不好吃，所以后人不吃了。像这种人我们当极端感谢的。”

后　记

这本教材的初版，距今已经十一年了。作为面向特定专业的应用型教材使用了这么多年，显然不是正常的现象。其实，早在世纪之交，这一教材就已经显现不能反映广播电视新闻评论实践、适应教学需要的滞后性了；出版社也于四年前，正式提出修订要求。修订本迟至现在才能付印，主要由于本人力有不逮。虽说情有可原，毕竟可能耽误教学、贻误学人，谨向大家致以诚挚的歉意。同时感谢出版社的督促、支持和体谅，感谢欣雯为本书编辑、修改、审定付出诸多心力和辛劳。

修订本保持初版的框架，但各章节都有所修改。其中第四章几乎重新改写，而且较多采用开放性、探讨性的阐述方式。这样处理，主要是据于兼顾教材的稳定性和适用性的考虑。教材初版时，恰逢广播、电视新闻评论进入一个新的发展阶段。在此之前，这一领域经历过两度偏离——先是沿袭报刊评论模式而忽视广播、电视独特的传播方式，继而注意了适应自身的传播方式，却又多少弱化新闻评论的体裁特征，尤其是政论性特征。在寻求体裁特征与传播方式结合规律、途径过程中，中央人民广播电台《新闻纵横》、中央电视台《东方时空·焦点时刻》和《焦点访谈》等评论节目、栏目陆续开播，省市一级的电台、电视台也纷纷创办类似的节目，呈现出一派繁荣的新景象。如果说两度偏离呼唤着将既往的经验和教训升华为规律性认识，那么新阶段的实践和探索则是重新改写这一部分的直接推动力，并为改写提供了必要条件。第四章这样改写的着眼点，就在于试图通过增强教材的适用性，争取延长教材稳定性。

此次修订，还就如何在具体内容中兼顾基本原理和技能的阐述，作了些尝试。这主要体现在两个方面：一是两相结合，即阐述原理时适当引用个例加以诠释，分析作品表现技能时注意与相应原理“挂钩”；一是从广播、电视多符号和采录制作多程序的实际出发，强调技能的多样性、互补性，以及发挥各种技能的综合表现功能。这两方面的尝试在前四章中都有所体现。

本人接触新闻评论是“赶鸭子上架”的结果，于新闻教学是“半路出家”，于广播电视评论则纯属“门外汉”。当年怀着诚惶诚恐的心情编写这份教材，在断断续续的修订过程中依然如此。在这种心境驱使下，曾经多次咀嚼过当年被赶“上架”的往事。

那是1957年末的事。刚走出校门到一个边远省报报到没几天，突然蒙总编辑召见，当面布置写一篇关于农具改革的社论，而且明确要求不能出现“必须”、“应该”这两个词。要一个刚走出校门的人写社论形同“赶鸭子上架”，不许用这两个词更是“岂有此理”。然而，初来乍到，只能硬着头皮照办，只是要求宽限些时间。于是，用一天时间翻阅当地的“府志”，用半天时间到郊区了解农具情况，然后用一天半时间写出社论的初稿。这样写出来的社论，当然谈不上质量；可是那个“岂有此理”的限制，却让本人受用至今。不能用“必须”、“应该”，当然只能换个说法。这样一换，语气果然和缓了许多，少了些居高临下、颐指气使等令人厌烦的成分。假如评论工作者都能遇到这样的总编辑，该多好啊！可惜这位总编辑已经谢世了。

从此开始同新闻评论打交道，虽然出手的评论毫无保存价值，自己身边也只字无存，但这一经历却的确有助于自己逐渐适应“半路出家”的境况，至少不至于遭遇太多“念错经”的尴尬。在编撰这本专业教材过程中，所以不致闹出太多“笑话”，也获益于报刊评论的经历。它为自己学会“换位思维”提供了条件，逐渐养成了拿广播、电视、报刊同类型评论互作比较的习惯，不时从中吸取教益。

2008 年 9 月中旬

图书在版编目(CIP)数据

广播电视新闻评论/王振业,李舒著. —2版.
—北京:中国传媒大学出版社,2008.11(2014.1重印)
21世纪新闻传播学核心教材
ISBN 978-7-81127-266-6

Ⅰ.广… Ⅱ.①王…②李… Ⅲ.广播电视—评论性新闻—高等学校—教材 Ⅳ.G222.1

中国版本图书馆CIP数据核字(2008)第155626号

广播电视新闻评论(第二版)

著　　者	王振业　李　舒
策　　划	欣　雯
责任编辑	李钊祥
责任印制	曹　辉
封面设计	风得信·阿东
出 版 人	蔡　翔
出版发行	中国传媒大学出版社(原北京广播学院出版社) 北京市朝阳区定福庄东街1号　邮编:100024 电话:65450528　65450532　传真:65779405 http://www.cucp.com.cn
经　　销	新华书店总店北京发行所
印　　刷	北京中科印刷有限公司
开　　本	880×1230mm　1/32
印　　张	12.5
版　　次	2009年1月第2版　2014年1月第4次印刷
书　　号	ISBN 978-7-81127-266-6/G·266　**定价** 32.00元